AI
Thinking

AI思维

从数据中创造价值的炼金术

丁 磊_著

中信出版集团 | 北京

图书在版编目（CIP）数据

AI 思维：从数据中创造价值的炼金术 / 丁磊著 . --
北京：中信出版社，2020. 5（2025.5重印）
ISBN 978-7-5217-1637-5

Ⅰ . ① A… Ⅱ . ①丁… Ⅲ . ①人工智能—应用—商业
模式—研究 Ⅳ . ① F716

中国版本图书馆 CIP 数据核字（2020）第 033811 号

AI 思维——从数据中创造价值的炼金术

著　　者：丁　磊
出版发行：中信出版集团股份有限公司
（北京市朝阳区东三环北路27号嘉铭中心　邮编　100020）
承 印 者：北京通州皇家印刷厂

开　　本：880mm × 1230mm　1/32　　印　　张：13.25　　字　　数：250 千字
版　　次：2020 年 5 月第 1 版　　印　　次：2025 年 5 月第 8 次印刷
书　　号：ISBN 978-7-5217-1637-5
定　　价：68.00 元

服务热线：400-600-8099
投稿邮箱：author@citicpub.com

目 录

推荐序 “AI 思维”——人工智能的落地指南 / 肖 京 / V

前言 / IX

第一章 AI 思维是时代机遇

大赚 1 000 亿美元的秘密 / 004

寻找你的“阿尔法” / 016

AI 思维的核心价值 / 028

第二章 AI 思维的底层逻辑

模型的泛化能力 / 044

方差和偏差的权衡 / 055

相关性和因果性 / 066

数据的规律性 / 077

第三章 AI 炼金术：数据产生价值

从数据到价值的历程 / 092
AI 如何做出决策 / 103
业务优化方法 / 115
会思考的人工智能 / 128
AI 炼金术的应用生态 / 142

第四章 人人都能理解 AI

AI 的分类和聚类 / 158
AI 感知图像和语音 / 174
AI 理解自然语言 / 192
AI 理解商业数据 / 204
AI 理解消费数据 / 215
AI 理解社交数据 / 227

第五章 数字化赋能

行业数字化是大势所趋 / 242
工业赋能：数字化的物理世界 / 257
零售赋能：智能产品定位和营销 / 269

第六章　企业级 AI 中台

美好而混乱：AI 治理的困境 / 284
以生产目标为核心，提升智能制造水平 / 295
以消费者为核心，赋能智慧新零售 / 306

第七章　AI 实战的故事

零售业 AI 实战 / 322
工业 AI 实战 / 336
金融业 AI 实战 / 346

第八章　AI 的挑战与对策

AI 模型的挑战 / 364
AI 的伦理和法律挑战 / 376
AI 落地的人为因素 / 388

参考文献 / 401
后记 / 407

推荐序

“AI 思维”——人工智能的落地指南

肖 京[①]

近年来，AI 越来越成为万众瞩目的焦点。随着大数据、物联网和 5G（第 5 代移动通信技术）等技术的发展，“万物皆可 AI”不再仅仅是一个美好的愿景，人工智能早已进入我们的生活，并作为核心驱动力，对各行各业进行了深刻的塑造和改变，推动着国家战略、经济结构和商业模式的升级革新。纵观生活的方方面面，人工智能已经和我们的日常生活连接在了一起，并且与每个人都息息相关。智能革命是大势所趋。

人工智能可以分为弱人工智能、强人工智能和超人工智能。

① 此推荐序作者肖京博士，现任中国平安集团首席科学家、集团执委，曾获第九届吴文俊人工智能杰出贡献奖。

目前人工智能处在弱人工智能阶段，这意味着人工智能的能力是针对特定领域的，它只在某些方面比人强。因此，人工智能作为一个赋能的体系帮助行业升级换代，一定要跟具体的应用领域深度融合在一起。人工智能的应用领域非常广泛，在零售、工业、金融、教育和医疗等行业中起着越来越重要的作用。人工智能的落地也迫使人类社会重新分工，促使这些传统行业迅速转型与升级。

我们日常生活的方方面面都需要决策，不论是应用于哪种业务场景下的人工智能系统，想要发挥作用，都需要通过模型来解读数据并作用于业务，达到优化决策的效果。思维的高度决定了决策的质量，因此，如果说人工智能是未来社会发展趋势的话，那么我们有必要做一些相关知识的普及和思维的传播。人工智能技术不仅可以改变我们的生活方式，当它转化为一种思维时，更能真正地为我们的人生带来裨益。

我与丁磊博士在人工智能领域有颇多的交流，我们都认为人工智能不应该是浮于表面的概念。人工智能具有深刻的内涵，值得我们静下心来研究，也值得生活中的每个人去理解。人人都能学 AI，人人都能懂 AI，AI 也能为人人所用。丁磊博士在人工智能领域工作近 20 年，总结出了一套颇具特色的人工智能知识体系和思维方式——“AI 思维”。AI 思维是一种通过数据驱动决策的思维模式，包括数据、模型、算力和业务模式四要素。从数据出发，通过模型和算力形成决策，最终在业务中产生价值。因此，AI 思维的基础在于数据，核心在于模型，实现在于算力，应用在于业务模式。从这种意义上说，本书深入浅出，从“道”“法”“术”“器”“用”“势”几个方面循序渐进地向读者介绍了从数据中创造价值的“炼金术”。

毋庸置疑，人脑和人工智能在处理信息上存在相似之处，我们对事物的认识可以分为四个阶段：信息、经验、规律和思维。这是一个动态的过程，从单个信息的联系中形成经验，在经验中发现规律，再提炼升华出思维。思维阶段，也是方法论层次的总结，进一步指导实践，不断找出更多的规律和结论。人工智能的底层逻辑就是数学规律，万丈高楼平地起，从底层逻辑中衍生出人工智能的知识体系。人工智能落地意味着从数据中产生价值，在这个过程中人工智能既是方法和工具，也是思维逻辑，可以指导行业的应用和发展。

未来的时代一定是智能化的时代，人工智能作为各个行业的风口，也必然会成为未来社会的发展趋势。《AI 思维》总结了人工智能落地实践的全过程，并且具有优化各种业务的突出价值。而对于个人来说，AI 思维可以帮助我们更深入地理解我们所处的时代，把握时代的机遇和发展方向，最终帮助我们更好地生活和工作。这是人工智能的使命，也是我们理解人工智能的意义。

前言

数字时代，既是机遇，也是挑战。互联网、大数据、人工智能的发展使得生产、商业和生活的各个领域都发生了改变，新生信息层出不穷，知识总量爆炸式增长。面对这个日新月异的时代，我们——渺小的个体，有限的精力，受限的知识面——唯有不断更新自我，提升认知，才不至于被激烈而残酷的竞争所淘汰。

我们要改变原有的认知方式，如果单靠知识填充，难以达到质的改变，需要转换思维模式。我一直相信，万事万物皆有规律，只有快速把握规律，才能理性认识存在，提升思维能力，抓住时代脉搏。当然，数字世界也不例外，数据之中也有规律性。在利用人工智能（AI）发现和挖掘数据规律与价值的实践中，我认识到人工智能不仅是一种技术方法，其中蕴含了一种思维逻辑，也就是 AI 思维，这才是人工智能的真正精髓，它集中体现在对数据理解方面的优势，能够帮助我们突破认知局限，从而找到自身的真正优势，获得展现个体主动策略优势的收益。

我与人工智能的故事早在20年前就开始了。世纪之交入学浙江大学，“形上谓道兮，形下谓器”的校歌时至今日仍不时回荡在我的耳边。我对人工智能的探索便开始于在浙江大学读书的阶段。大学四年，我从“器”的层面了解人工智能、机器学习、模糊数学以及神经网络等领域。当时，越来越多的富媒体数据出现在互联网上，我便猜测人工智能接下来的使命是让计算机自动理解这些数据，从而增进用户的效率和体验。读博士时，我毫不犹豫地将当时相对冷门的人工智能作为专业方向，因为我深信人工智能将成为信息技术的下一范式。

我对AI思维的认识和总结，是从实践中不断丰富而来的。在美国博士毕业后，我先后经历过高等研究院所、国际大型企业以及各个阶段的创业公司，服务过IBM（国际商业机器公司）、亿客行（Expedia）、Orbitz（旅程网）和PayPal（贝宝）等公司。在硅谷，我也成为将人工智能运用于深度商业运营的早期实践者和探路人之一。早在2011年，我领导建立的人工智能系统在全球最大的在线旅游平台亿客行上线，通过电商网站访客的行为信号，精准预测访客线上消费行为，并以此为基础投放恰当的广告。这是业内较早、规模较大的电商行为预测和智能营销平台，至今仍优化着全球数以亿计的用户体验。后来，作为PayPal全球消费者数据科学部的创立者和负责人，我在电商、支付和广告领域通过人工智能和深度学习技术，领导团队开发了基于大数据的消费者动机预测引擎、精准推荐引擎以及最佳行动引擎，大幅度提升了全球数百万商家的赢利性和数亿用户的购物体验，并因此受邀在哈佛大学、麻省理工学院等学校做专题演讲。

在美国工作期间，我同样关注国内人工智能的应用和发展，发现国内人工智能的研发与商业运用之间存在脱节的问题。而后我应邀回国工作，致力于发掘人工智能在行业中新的增长点。在百度金融任职首席数据科学家期间，我负责金融领域的数据挖掘和变现，通过大规模特征挖掘和深度学习技术，从海量的互联网数据中提取金融相关变量，提升金融产品的市场竞争力，运用人工智能帮助金融机构升级换代，促进普惠金融的健康发展。

从对人工智能模型的攻坚克难到运用人工智能帮助企业解决业务问题，在长期实践中，我逐渐体会到，人工智能作为一种技术，可以用于商业活动中，处理数据，提高效率，提升体验。但是，人工智能远不仅是一种技术。当下人人都在说人工智能，但往往都说不清。自从 1956 年达特茅斯会议“人工智能”的概念正式提出，人工智能既经历过至暗时刻，也经历过辉煌岁月。什么是人工智能？这是一个很多人在尝试回答，但是又感觉力不从心的问题。

提到人工智能，大众的认知普遍是无人驾驶、视觉识别、语音识别或者是像 AlphaGo（阿尔法围棋）那样的机器人等，但其实这些只是人工智能的具体应用，只是人工智能的冰山一角，却在很多人心中成了人工智能的代名词，这说明目前对人工智能的认识还有局限性。运用于商业各个领域以及工业生产、日常生活中的人工智能是有共通之处的，可以从“器”的层面总结升华出“道”，即一套特有的思维模式——AI 思维。人工智能不仅仅是一种先进技术，其核心意义是一种分析数据的思维模式。深受我的合作导师、计算机视觉之父黄煦涛等几位学术大师的影响，我深信一切现象和对应的数据必有规律性，而 AI 思维就是发现和发掘这种规律性的强大工具。

AI 思维，简单来说就是从大量数据中形成模型，进而对未知情况做出最佳预测的思维模式。这样的预测无论对个人、组织还是社会整体，都有积极的意义，能够避免经验主义带来的主观、片面的判断。AI 思维的基础在于数据，核心在于模型，实现在于算力，应用在于业务模式。AI 思维与大数据相伴相生，恰如炼油的过程，大数据是原油，AI 思维则是从原油中提炼产品产生价值的“炼金术”。

AI 思维也是对现有科学体系进行“数据驱动”升级的方法论。人工智能给社会带来的价值远不只哗众取宠的“黑科技”，也不只是给人们带来便捷或者帮助企业重塑商业模式，它最终能够关乎民生的方方面面。无论是在零售还是金融行业，抑或是在医疗和教育领域，通过 AI 思维你都能更快速、更直接、更准确地预测个体的行为或表现结果，从而既能满足行业发展本身的需求，又能在实践中创造出前所未有的价值，将先进的经验和知识惠及所有人。想象一下，通过人工智能，所有的病人可以获得全球最优秀医生的诊断和治疗，所有的孩子可以获得全球最先进的教育方法的培养，我们生活的世界将会变得怎么样？“千百支蜡烛可以被一支蜡烛点燃，而那支蜡烛的生命不会因此缩短。”在人工智能时代，每个人的数据都可以转化为知识，帮助别人并由此受益。

我阅读过很多面向大众的人工智能方面的书籍，其中讲述“器”和“用”的居多，很少涉及“道、法、术”层面。而且，“器”的介绍较容易变成“动物园”模式，仅仅介绍了人工智能算法，没有总结上升到理论和法则的高度，而“用”层面的案例也主要集中在智能机器人和无人驾驶汽车等吸引眼球的领域，缺乏必要的系统化行业落地框架和实践。这也难怪读者很容易将人工智能误认为是明天的科技，或将人工智能局限地认定在几个特定的领域。在这样的理解下，很难把握人工智能的思想精髓，人工智能对个人和社会的潜在影响也大打折扣。所以，本书试图打破这种局限，分为八章，精心设计“道、法、术、器、用、势”体系，旨在避免上述的问题，既包括 AI 思维的方法论，也包括 AI 思维在行业中的应用和发展，帮助读者从宏观到微观、从理论到实践，一步步、一层层地通过系统性框架，逐渐脱下人工智能神秘的外衣，帮助读者理解 AI 思维的实质以及对每个人的价值和意义。这是我创作本书的初心，但也深知长路漫漫，任重道远。

具体来说，本书第一章从“道”的层面阐述 AI 思维内在逻辑和价值，用 AI 思维来思考问题；第二章从“法”的层面介绍 AI 思维的底层逻辑，从规律的角度了解 AI 思维；第三章从“术”的层面讲解 AI 炼金术如何通过数据驱动决策，形成一套从数据到价值的完整方法论；第四章从“器”的层面引入人工智能落地所涉及的方法和模型，模型在 AI 思维中具有核心位置；第五、六、七章从“用”的层面分别介绍数字化赋能、人工智能平台化思维和人工智能实战案例；第八章从“势”的层面介绍人工智能落地过程中存在的挑战和相应的对策，期待人工智能未来的发展。

本书的章节分别从不同角度逐一阐述 AI 思维的价值和意义，大部分内容都以“数据 + 人工智能 + 场景 = 价值”作为核心逻辑，希望任何一个不想在新经济中落伍的人，在阅读本书之后，都能理解 AI 思维，并对工作和生活有所助益。

第一章

AI 思维是时代机遇

理论上……假如有这么一台计算机，能存储世界上所有的事实，同时拥有完美的程序，能以数学方式表达世界所有不同部分之间的所有关系，我们就能完美地预见未来。

—《原则》—

人工智能的概念自1956年的达特茅斯会议诞生至今，曾经受到万众瞩目，也曾陷入低谷，黯淡无光。互联网、虚拟现实、增强现实、区块链等新技术如雨后春笋般不断涌现，但千帆过尽，人工智能仍然安如磐石，屹立不倒。2016年人工智能机器人AlphaGo战胜韩国九段围棋国手李世石之后，人工智能强势进入大众视野。近年来，中、美、英、俄等越来越多的国家将人工智能的发展上升到国家发展战略和规划，各行各业也都想利用人工智能抢占先机、推陈出新，而普通人的生活也因为人工智能的点缀而愈加便捷和丰富，把不可能变成可能。

万物皆可人工智能的时代已经到来，如果不想淹没在来势汹涌的人工智能浪潮里，墨守成规、故步自封显然是行不通的，只能拥抱未来，提升认知，获得助力。但是，你真的了解人工智能吗？你知道人工智能是如何与商业碰撞迸发出火花的吗？你知道人工智能如何从数据中产生价值的吗？理解事物，就要抓住其核心理念。AI 思维就是人工智能的核心理念。那么首先，我们要从“道”的层面理解 AI 思维内在逻辑和价值，从 AI 思维的角度，理解人工智能。

大赚 1 000 亿美元的秘密

如果你读过《从 0 到 1》这本书，应该对 PayPal 这个公司有所了解——硅谷创投教父、PayPal 创始人彼得·蒂尔便是这本书的作者。另外，PayPal 黑帮（PayPal Mafia）的说法也由来已久。2002 年的时候，eBay（亿贝）以 15 亿美元的价格收购了 PayPal，当时 PayPal 公司的许多重要员工纷纷选择创业，自立门户。PayPal 也因此成为硅谷史上创业者群体最多的一家公司，这些人被称为 PayPal 黑帮。黑帮成员们创建了领英（LinkedIn）、YouTube（优兔）、Yelp（美国最大点评网站）、Space X（太空探索技术公司）和特斯拉（Tesla）等多家大名鼎鼎的公司，有着十分强大的社会影响力。

PayPal 是美国一家提供在线支付服务的公司。马云当年受 PayPal 的启发，创立了支付宝。PayPal 近几年市值的增幅非常显著，远高于同期纽交所和纳斯达克的增幅。PayPal 公司 2015 年的市值接近 400 亿美元，到 2019 年上半年市值增加至 3 倍多，已经快 1 300 亿美元了——这个体量的市值，在美股互联网公司里位居前十。

PayPal 能如此快速发展起来，很大程度上是得益于人工智能系统提供的强大动力。我在 2012 年初加入 PayPal 公司，负责建立了 PayPal 全球数据科学平台。当时 PayPal 对数据的加工和利用还相对比较滞后，不能跟谷歌这样的搜索引擎公司相提并论。值得庆幸的是，在 2012 年，PayPal 公司把营销、广告、数字化方向的人工智能团队收拢在一起，整合构建了在硅谷都颇有影响力的 PayPal 数据科学部。而后，数据科学部经过数年的努力，在 PayPal 用户端内容的个性化呈现、为商家定制的“千人千面”广告推荐，以及在核心产品体验的提升上，全都通过人工智能进行了系统性的升级改造。

当时，虽然 PayPal 在全世界大多数国家和地区都有用户，可最大的市场还是在美国，但是美国国内的用户数已经非常饱和，短时间内无法再有太大的增量。既然开发新用户的难度很大，PayPal 决定另辟蹊径，那就是增加每位用户的交易额。为了增加用户的交易额，PayPal 数据科学部的任务就是为 PayPal 所有的用户精准推荐商家和商品。

理想情况下，PayPal 想知道用户在每一个时间点可能会有哪些需求：比如为了周五晚上聚会，你打算到日用品网站购买些派对用品；或者周日中午，你会想去餐厅吃一顿大餐。有了关于这些需求的预测后，通过定向推荐全渠道精准的广告，PayPal 可以把消费者和最能打动他们的产品或服务连接在一起，从而提高每位用户的消费金额，实现巨大的增量商业价值。

知易行难，PayPal 用了两年多的时间，才成功地建立了自己的人工智能平台。这个平台主要由消费者动机预测引擎、精准推荐引擎以及优化客户生命周期的最佳行动引擎构成，而这几个引擎均部署在大数据平台之上，跟海量的底层数据衔接，面对动态的业务需求能够自动地构建解决方案。

其中，动机预测引擎通过人工智能，预测用户在某一个时间点的行为，包括点击广告、兑现优惠券、购买商品等；精准推荐引擎连接用户和他可能感兴趣的商家或商品，做出恰当的推荐；最佳行动引擎则通过人工智能优化在每一个时间点，商家采用什么样的策略，能够最有效地提升用户的价值。三个引擎相互结合，就有了精准理解消费者行为的能力，就像找到打开宝库的"芝麻开门"，把最恰当的商品和商家服务送到消费者面前。

人工智能平台为 PayPal 带来了成倍的交易增长速度。通过人工智能的精准预测、推荐和优化，PayPal 的营销活动平均响应率提升了 2~3 倍，部分营销活动的点击率和兑现率超过 5 倍，总体投资回报率（ROI）也得到大幅提升，对公司基本面产生很大的影响。但是，通常来说，人工智能对公司的影响并不一定立刻体现，而是随着时间的推移，逐步释放出来。当人工智能平台已经有一定的规模以后，所带来的业务加速的增量会变得更大。2014 年底，PayPal 实现了 19.4 亿美元的利润，比 2012 年底提升了近 30%；2015 年的利润甚至超过了母公司 eBay。随后 PayPal 从 eBay 剥离，单独上市，至今市值已经增长了数倍。

2018 年我接受第一财经的采访，发表过一篇访谈文章《最好的数据科学家，就是把自己给“干掉”》。为什么数据科学家要把自己“干掉”呢？人工智能提升业绩依赖的主要是平台，而不是仅仅靠几位优秀的数据科学家。当然，搭建一个平台需要专业而尽职的团队，但是落地投产以后，优秀的人工智能平台可以独立运行，而不再依赖于某位数据科学家本身。换句话说，人工智能平台就像给机械化的工厂装上了一个“大脑”，在保持高生产效率的情况下，还能千人千面地提供个性化的产品服务，这就是人工智能平台化的魅力所在，也是数据科学家被“干掉”的原因所在。如果一个企业已经形成了人工智能平台化的运营方式——正如 PayPal 对用户的人工智能精准推荐体系，可以实时对全球的三亿用户进行智能推荐，这套体系是可以持续发挥价值的，并且随着时间的推移，用户的黏性越来越强，数据的积累越来越多，这个价值会释放得更加厉害。

现今很多人使用的今日头条、抖音也有内容推荐系统，它们推荐的内容确实是有黏性的。随着用户的使用，积累和沉淀的数据越来越多，平台内容的推荐也就越来越精准，这样就会赢得更多用户的青睐。所以，在以人工智能为核心的智能经济里，只要在恰当的方向上建立了相应的人工智能平台和体系，人工智能就会通过不断的学习形成正向的反馈。正向反馈对应的是业绩更加快速的增长，最终形成一个极具规模的叠加效应，而不是简单的线性增长。这样的叠加效应，依赖于人工智能平台本身的演化，并随着时间的推移产出更多的增量价值。

利己也利竞争对手

亿客行是全球最大的在线旅游公司之一，业务遍及全球，2007 年通过与艺龙的合作正式进入中国市场。在人工智能的支持下，亿客行在广告变现领域满载而归。2010 年时，亿客行的广告营收在 1 亿美元左右，这个数字对于行业巨头来说不是特别大。2011 年，我帮亿客行开发了一套人工智能系统。这套系统上线以后，亿客行的广告营收获得了大幅度的提升。在这个过程中，亿客行坚持了一件事情：通过人工智能系统预测用户在网站上产生购买行为的概率，也就是预测一个访客在网站上转化为交易用户的概率。

人工智能具体预测什么事情呢？如果用户打开亿客行网站或者在手机 App（应用程序）上搜索一个行程，比如从北京到洛杉矶的航班，亿客行的人工智能系统可以实时地预测这个用户的真正行为目标和意图。系统在用户点击“搜索”按钮的这一瞬间触发几百个用户相关的行为数据维度的分析，非常迅速地产出预测结果，通常在几十毫秒内完成。如果这个用户真正要购票的话，人工智能不会给你弹出广告，免得打扰用户，干扰即将发生的交易；如果用户只是试探性查询，只是想要对比下不同网站的购票价格，人工智能就会给用户弹出竞争性的广告。

什么是竞争性的广告呢？这些广告主本身并没有入驻亿客行，所以这些竞争性广告相当于是从站外引入的。正因为这些站外商家和本网站主营内容相似，对于想要比价或者试探性查询的客户来说，这类广告是具有高意向性的广告，广告的点击率远高于平均水平，所以这类竞争性广告的卖价比一般的展示性广告，也就是我们经常在网站页面上看到的横幅广告也要高很多。这个模式成立的关键点在于，亿客行通过人工智能预测引擎，可以很准确地预测出来亿客行网站的某个访客是真正来购票的，还是只是来亿客行对比下价格，对比完就离开，到别的网站去买票的。

这个预测引擎搭建完成以后，它的直接效果是把大量不购买的网站流量做了广告的变现。有统计数据表明，这类不购买的用户占了总访客数的97%。用户既然来网站只是看看，并不购买，那么，网站给用户推荐一个相关类型广告，用户只要点击了广告，广告主就会给网站付费。同时，预测引擎也做到了完备的风险控制，否则如果用户真来网站上购买产品，而网站给用户推荐了竞争性的广告，对网站来说就会造成亏损。

用户如果真的打算去国外游玩，在亿客行上搜游玩行程，多半看不到这种竞争性广告，因为亿客行的广告策略不允许降低网站本身的交易额。但是如果用户只是搜着玩儿，或者看完价格以后要到别的旅游网站或者航空公司去购票，用户多半会看到这类竞争性的广告，而用户的每次广告点击都会给亿客行带来收入。

亿客行的人工智能系统能够预测出来哪些人会购买，哪些人不会买，从而做到精准的广告推荐，这样既增加了额外的广告收益，又控制了潜在的对网站本身交易的风险。由于人工智能对每位访客的意图做出了准确的预测，这套人工智能广告系统在 2011 年上线之后，亿客行的广告营收稳步增长，到 2018 年已经超过 10 亿美元。

亿客行部署的人工智能预测引擎，是人工智能商业化一个早期的实践，后来这个系统的延伸版用在更多的在线交易场景下，也被美国风险投资商经纬创投、红点创投等国际知名风投公司所追捧。通过人工智能的精准预测，网站实时了解到用户的真正意图，把更恰当的内容呈现给用户，从而做到网站经营者、广告主和用户的多方共赢。

BAT① 做金融的秘密武器

人工智能在金融领域中也大有可为。举一个例子，假如一个人刚踏入社会，参加工作时间很短，每个月收入不高。如果他去银行申请贷款，会得到什么样的答复呢？因为收入太低，银行没有很多流水记录，贷款申请会被拒绝，这很可能是当前银行基于现有数据做出的决定。

但是，让我们换一个视角来看，同样是这个人，在大数据

① BAT 即百度、阿里巴巴、腾讯。

的棱镜下，他经常参加网络课程和社会福利活动，爱好音乐和阅读，喜欢软件开发的交流。如果给这么一个人审批，作为金融机构的审批人员，会不会批准他的申请呢？在这种视角下，金融机构很有可能会给他提供一些信贷服务，因为他的兴趣爱好广泛，行为健康向上。虽然在金融领域没有强大的数据支持，但是他在社交和专业活动等方面正面且稳定的行为，可以作为金融机构审批信贷的参照依据。金融行业审批贷款的趋势是使用更多种类的非金融属性数据，通过人工智能来解读这些数据，使其能预测一个人的信用和风险水平，从而服务金融机构的风险控制需求。

如何通过人工智能深度分析大数据并在金融场景下使用，是一批想进入金融领域的互联网公司面临的问题。在阿里和腾讯都投身金融业务之后，百度在 2015 年才姗姗来迟，正式开发金融业务。当时百度的金融业务并不被业界所看好，一个很重要的原因是，虽然百度有很多关于互联网用户的行为数据，却不像消费数据那样与金融有强相关性，怎样通过这些看似与金融无关的数据去开展金融业务，是百度进入金融行业时亟须解决的一大难题。百度想到的是，通过人工智能将二者联系起来。

2016 年初，百度高层找到我，希望我帮助百度在信贷场景用好人工智能。也就是说，通过人工智能去精准预测用户在金融上的表现。所谓金融上的表现，通俗来讲，就是一个用户借了钱后有多大的可能性会逾期不还。如果用户还钱概率很高，那么这个信贷业务就能够赚钱。但是如果逾期不还的人数较多，那这个业务就肯定要赔。我需要帮助百度解决的问题，就是用人工智能预测用户借款后会不会按时还钱。

举一个具体例子，如果某位小企业主的公司出现了经营问题，他想找金融机构申请一笔个人贷款，那这笔贷款对金融机构来说风险很高，因为他很可能逾期不还。通过借款人的行为数据可以分析得知，贷款是大概率用作个人的流转，还是要用作企业经营。这是两类不同类型的借款，借款人如果打着个人借款的幌子去填企业的坑，对金融机构来说风险相当高。在这种场景下，人工智能通过对大量行为数据和金融表现数据的分析，可以得出相应的结论，因而对这些人来说，如果他们来申请个人贷款，金融机构就应该拒贷，不把钱借给他。此外，还有很多在金融上有重要意义的数据，例如，借款人是一个日常生活稳定的人，还是一个居无定所的人。通过人工智能的深度分析，借款人的不同行为在金融上都对应了不同的逾期和风险概率，这些概率成为金融决策规则的一部分，帮助金融机构更安全地提供信贷服务，同时扩大放贷规模。虽然人工智能做出的预测不可能百分之百地准确，但是我们已经可以实现非常高的准确率，这对金融业务的开展仍然有相当大的帮助。

当时我估算过，风险控制上的预测准确率每提升 1 个点，带来的增额收入接近1亿元。基于这样一个人工智能风险管理体系，在控制风险的情况下，把流量逐渐打开用于金融业务，度小满金融（原百度金融）与金融机构合作的资产规模不断增长，在一年左右的时间里累计发放贷款超过 3 800 亿元，为 50 多家银行合作伙伴创造了近 100 亿的利息收入，真正让人工智能赚钱，且风险可控。

传统金融机构的人工智能转型

人工智能的一个重要意义在于它能帮助各行各业转型升级。例如对于银行而言，如何能够低成本精准获客是一大痛点。截至 2018 年末，我国商业银行机构数量已经达到了 4 000 家以上，其中国有大型商业银行 5 家、邮储银行 1 家、股份制商业银行 12 家、城市商业银行 134 家、住房储蓄银行 1 家、民营银行 17 家、农村商业银行 1 262 家、农村合作银行 33 家、农村信用社 965 家、村镇银行 1 562 家、外资法人银行 39 家，银行间的同业竞争十分激烈。而互联网金融公司的兴起无疑更增加了银行拓展客户与业务增长的难度。互联网金融平台以效率高、体验好吸引客户，银行如果止步不前，不注重提高用户体验，由此造成的客户流失可能会越来越明显。

另一方面，随着商业银行不良贷款率的居高不下，信用卡业务、贷款业务的风险控制也成为银行关注重点。根据银保监会发布的银行业主要监管指标数据，2019 年一季度末，商业银行不良贷款余额 2.16 万亿元，较上年末增加 957 亿元，不良贷款率为 1.80%。随着银行业务扩张、客户下沉，客户的金融属性越发稀疏，贷款业务的风险控制也成为痛点。

2018 年，我参与领导了百度与中国农业银行的“金融大脑”项目，在客户画像、精准营销、信用评价、风险监控、智能投顾和智能客服等方面为农业银行提供人工智能服务，从营销、风控到运营、决策，全领域为农业银行的智能化转型赋能。

金融大脑平台是农业银行的核心人工智能系统，以它为核心的人工智能金融平台解决方案，为农业银行打造了全领域的人工智能能力体系，这在业内是首举。金融大脑平台包括感知引擎和思维引擎两大服务引擎，实现统一的智能服务，在大范围多场景下集成了人工智能核心技术。感知引擎和思维引擎就像人的左脑和右脑，让计算机程序像人一样不但能看、听、说，还能针对外部环境的变化做出最优的决策，帮助农业银行更好地开展金融业务。其中，感知引擎可以进行人脸识别、活体识别、OCR（光学字符识别）、语音识别、自然语言处理、语音合成，在保证银行业务安全可靠的同时，不断提升用户的体验。思维引擎则基于机器学习，在营销和风控的核心业务领域，帮助农业银行在快速变化的市场环境中高效、准确地做出决策，提升业务效果。

作为农业银行人工智能的核心系统，金融大脑为智能应用提供人工智能基础能力的支撑。在智能营销领域，思维引擎构建精准营销模型库，实现多渠道协同的智能化系统营销，助力信用卡年新增发卡连续突破 1 000 万张。智能推荐营销响应率达到自然增长的 4 倍有余，单次营销活动可为行内节约营销费用 1 000 万元以上。举个例子，对于银行机构来说，一个通常的广告推送渠道就是发短信。整天收到来自不同银行的各种各样的短信，用户会十分反感，因此对于银行而言，短信一定要发得精准。短信发得不精准会导致两个结果，一是用户被骚扰了，可能会退订短信，或者对银行产生负面的认知；二是发送短信也有成本，虽然单条短信价格很低，但是随着量级的上升，成本也会变得可观。在中国农业银行，我们通过对大量过往用户行为习惯的分析，建立了精准的营销响应模型。这个模型可以帮助我们发现哪些用户看到营销短信之后，会产生积极的行为和反馈。这些产生响应的用户才是营销活动应该选取的目标用户。这样基于人工智能的营销让短信只发送给高意图人群，不会打扰其他用户，降低了营销成本。

在智能风控领域，农业银行的信用分模型和反欺诈模型提供的服务，实现了实时、精准的智能化风控，有效防控了风险。其中，信用分模型可以预测识别出风险客户，比如在自助申请和自动审批的网贷产品“网捷贷”准入场景中识别出 92% 的不良客户。反欺诈模型在日均 7 000 万笔的掌银（掌上银行）交易过程中，可提供毫秒级响应的实时监控，每天平均预警交易可达 1 万笔，有效地保障了交易安全。

以上讲述了 4 个我亲身参与的行业巨头的案例，其中既有比较传统的银行业，通过人工智能实现成功转型；也有互联网科技业，通过人工智能大规模增加效益。无论在传统行业还是在新兴产业，数据和人工智能都产出了史无前例的商业价值。当然，从数据到价值的跃变涉及方方面面的许多环节，需要相互配合、相互衔接，无论哪个环节出现问题不能有效解决，都会阻碍最终价值的产生，不少人工智能项目也因此以失败告终。我在多年的行业实践过程中，总结出一套行之有效的人工智能方法论——AI 思维——来解决这些问题。这几个案例只是一个铺垫，算是了解 AI 思维的热身环节，后面我们会从概念到实操等各个角度，以及金融、零售等多个行业，具体详细地阐释根据多年行业经验凝练而成的 AI 思维。

寻找你的“阿尔法”

世界的变化越来越快，10 年前的许多知识已经被贴上了“落后”的标签；10 年前毫不费力空手套白狼的赚钱思维，现在却不再行之有效。我们总在抱怨这个时代的趋势变幻莫测，难以把握，却没有人静下心来寻找问题的根源。其实，问题的根源正在于我们的认知。人类的认知是有局限性的，不仅受到个人知识背景和社会经历的影响，更受制于自身的喜忌偏好。书本上的知识是权威的，但更新太慢，实际操作价值较低。他人的经验看起来颇有一番道理，但每个人的情况不同，别人的经验在你身上也许就失效了。世界变化这么快，我们怎样才能不停地刷新认知呢？

大多数人可能会选择去上编程课或者英语补习班，或者在知识付费的时代中多学几门网课，多加几个“知识星球”，以达到

“刷新认知”的目的。但是问题在于，如此获得的知识，大多是碎片化的。也许会有人去读 MBA（工商管理硕士），但动辄百万的学费让许多人望而生畏。很多方式是在原本平庸的思维里机械地填充信息，并不会使我们的认知产生质的变化。

要从质的层面去做认知提升，不仅要提升认知能力，还应该转化思维模式。而我们要谈的 AI 思维，是一种时代前沿的思维模式，也许能够为你提供一种新的路径。AI 思维可以在一定程度上解决我们的认知局限性的问题，帮助我们进行认知升级。它不同于目前很多人对人工智能的认知，他们眼中的人工智能等同于机器人、无人驾驶、人脸识别或者语音识别等，但这只是人工智能的具体应用，只是人工智能的冰山一角。我们要阐述的是 AI 思维，可以说是人工智能的真正精髓，是人工智能冰山的内核，它能够帮助我们找到自身真正的优势，获得真正展现我们个体主动策略优势的超额收益，从而使我们的生活和事业蒸蒸日上。

赫布理论：人脑学习的机制

AI 思维与人脑思维有些相似，为了让你更好地理解，首先，我们需要知道人脑的学习机制。在各类经验学习的过程中，无论是视觉、听觉，还是更复杂的决策，人脑都有着它独特的思维机制。

为了研究总结大脑的思维机制，加拿大生理心理学家唐纳德·赫布在 1949 年提出了赫布理论。赫布理论表明，人脑中有许多神经元，前一个神经元通过突触——一个连接不同神经元的结构——持续向后一个神经元产生刺激。在这样的情况下，两个神经元之间的传递效能增加，形成细胞回路；如果这种刺激持续重复，突触传递的效能不断增加，人脑就记住了这两个事物之间存在的联系。比方说，我们在上学的时候，打铃就代表要上课或者下课，也就是说当铃声响起时，一个神经元被激发，而同一时间出现的上课或下课的场景会激发附近的一个神经元，经过多次这样的刺激之后，它们之间的联系会被默认下来，这就是人脑的学习机制。这种学习模式又称作“赫布型学习”，人无时无刻不在接触新的事物，建立事物之间的联系和规律，人的大脑也是无时无刻不在进行着赫布型学习。

宏观上，人们从经验中受到刺激时，人脑就学习到了事物之间的相关性，从而总结出相关的规律。如图 1–1 所示，经验改变了人脑的回路，通过习得的规律，我们可以快速分类新的问题，从而形成判断乃至做出决策。所以，人类对新问题的判断，来自过往的经验。

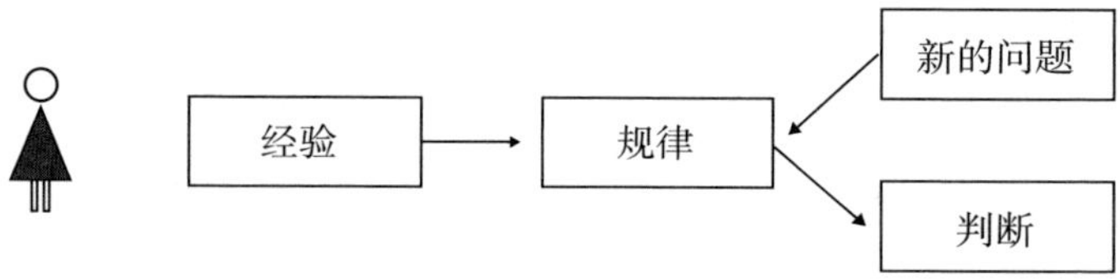

图 1–1　人类习得规律示意图

有人估计过，人脑通过神经元的激活来阅读理解信息的速度是每天 1MB（兆字节）左右。然而，信息的产生速度至少是每天 2.5EB①。所以，人脑通过神经元的激活来处理信息的速度，远远跟不上新信息产生的速度。换言之，我们的认知是有限的，如果你还是以每天 1MB 的速度来处理信息、解读这个世界，那么注定跟不上这个不断更新的时代步伐。

羊群效应

人脑不但处理信息的速度非常有限，而且常常不经思考便追随大众的想法。经济学里有一个专门描述经济个体从众跟风心理的名词——羊群效应，将人类与羊群遇事的反应相类比。羊虽然看起来也是成群结队，但是十分散乱，最常看到的就是它们毫无目的地左冲右撞。然而在羊群之中，一旦有一只羊先行，其他的羊也会不假思索地跟随，也不管前面是否有狼或者身旁是否有更好的草。反观人类自身，羊群效应所导致的盲从行为往往会让人陷入骗局或遭到失败。每个人的认知都有局限性，做出的判断有可能是不准确的。那么，在羊群效应下的人盲目相信别人的认知，跟随别人的做法，做出来的判断不准确的可能性更大，也不能为其带来收益或者规避风险。

---

① 1EB=1 024PB=1 048 576TB=1 099 511 627 776MB。

人类的群居性使得与他人的交互成为人类生存的前提。因此，人的认知必然受他人的影响。相应地，人的大脑在处理信息时，会或多或少地受到外部环境的影响。这种影响有时是有意识的，有时是无意识的，往往使得人的认知缺乏客观性，甚至不由自主地从众，得出与周围多数人一致的结论。此外，人的认知还受到自身能力的限制。这种能力一方面体现于人的记忆力，也就是说，成为我们认知的信息基础能有多少；另一方面则体现于已有的技能和工具，以及它们在多大程度上能为我们的认知过程提供服务。

正是因为人类的认知存在这些无法避免的问题，思维方法才显得愈加重要。我们的思维决定了我们的认知过程，决定了我们如何从历史经验中形成对当前事物的看法和对未来的预判。我们每天都面临着许多决策：在哪安家落户，和谁共度余生，如何出类拔萃……小的决策也许会影响你一天的心情，大的决策则会影响几年甚至是一生的生活质量。一种好的思维能最大限度地把我们的认知能力从束缚中解放出来，帮助我们做出最优的决策，而 AI 思维正是这样一种能够解放我们认知能力的强大思维。

AI 思维

如前所述，过往的经验确实能帮助我们做决策，尤其当我们不得不基于模糊的信息进行判断时，经验能发挥巨大的作用。然而，在信息爆炸、算法决策高度发达的今天，光靠以往经验做判断、做决策的思维模式已经显现出弊端，掌握着大量数据和科学决策工具的人，早已成为你前面的领跑者。落后于时代的思维，带来的是慢于时代发展的速度，其产生的收益必定比他人低，而且会越来越低。

本质上，人工智能模拟的是人脑，但又不同于人脑。AI 思维是从数据产生模型，如果遇到新的输入，人工智能就能通过模型做出准确的预测。AI 思维与人脑思维的相似点在于，AI 思维也是通过对过往的分析习得规律，得出结论，但是 AI 思维分析过往数据的过程是不同的。

那么数据是什么？数据是人类经验的数字化形式。如图 1–2 所示，就像人从经验中获得规律一样，人工智能能够根据数据形成模型。一旦遇到新场景的输入，模型就能做出判断、产生预测。人工智能的这种思维能够充分利用数据，尽量减少主观臆断，以我们想达到的目标为中心，挖掘规律，形成模型，运用模型，产生预测。人工智能就好比一个可预知未来的水晶球，掌握了 AI 思维，你就可以做出科学意义上最佳的决策，产出前所未有的收益。

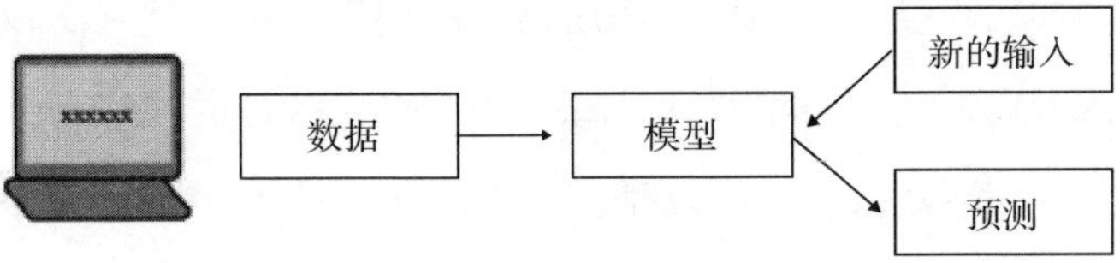

图 1–2　人工智能习得规律示意图

就像过去的互联网思维一样，在互联网出现之前，一个人只能与周围的几十个人产生联系，而有了互联网之后，与世界各地任何人、无数人产生联系成为可能。而人工智能出现之前，人只能借助过往经验或者周遭环境等有限的信息做出判断；而借助人工智能，人们能够发现和挖掘无数的相关信息和数据来做预测和决策，而做出最优决策也是 AI 思维的一大特点。从广义上来看，人工智能具有感知、认知和决策的能力。决策就是通过上述模式而产生的，比如在股市中，人工智能可以根据历史数据生成模型，然后来指导股市决策。人工智能的感知和认知功能包括感知图像、理解语言、识别语义信息等，它的逻辑和股市决策是一样的，也是一种预测，只是预测的目标不一样。例如，人工智能在进行人脸识别时，也是根据许多人脸数据生成模型，然后遇到一个新的人脸数据，这个模型就能判断出它是否是特定的那个人脸。

在商业世界里有一个名词阿尔法（alpha）收益。经常买基金的朋友应该都知道，阿尔法收益是相对于贝塔（beta）收益而言的，贝塔收益是一种基准收益，而阿尔法收益是在贝塔收益期望之上的超额收益，是积极操作所带来的投资回报。就好比我们理财一样，央行的基准活期年利率是 0.35%，就是说我们有 1 万元放在银行存活期，一年可以赚到 35 元，而央行年利率提高 0.1%，我们就多赚 10 元钱，这个就类似于贝塔收益。但是我们用这 1 万元钱去买余额宝、理财通、股票，投资房产，可能收益翻倍，这个多出来的收益，就是我们积极操作所带来的阿尔法收益。1%的阿尔法就意味着比市场带来的投资回报多了 1%。毋庸置疑，无论在哪个市场，你都希望能跑赢它，都希望能找到属于自己的正向阿尔法。AI 思维的作用就在于它能带着你的认知更上一层楼，赋予你跑赢大盘、产生高阿尔法的能力。

相较于人脑 1MB 的处理速度，人工智能可以用任意高的算力为你工作，而且不分昼夜，不知疲劳。人工智能的能力和速度，足以帮助我们寻找到梦寐以求的阿尔法。有了人工智能，你还担心跟不上时代变迁的步伐吗？

股市：智能投顾发现阿尔法

传统上，一个金融分析师配一个程序员，就是量化交易在金融公司的常规形式。分析师出策略，程序员把策略转写为代码，输入到交易程序里。但问题在于，策略是分析师自己设计的，它实际上还是一种主观策略。如果在量化交易中投入人工智能，就能使机器自己通过历史数据生成策略模型，进而预测将来的走势，从而寻找金融市场的阿尔法。现在很多的智能投顾，就是通过这样的模式来运作的。

那么让我们来看一下，人工智能是如何在投资顾问领域创造出价值的。英仕曼集团是全球最大的对冲基金公司之一，它从2014 年就开始使用智能投顾进行自动交易决策，并且获得了巨大收益。2015 年 8 月，美元暴跌，全球股市暴跌，引发大量抛售。但英仕曼的智能投顾在此之前就洞察了市场，并迅速从下跌中获利。而在美国股市下跌约 3% 后，该系统又发现了买入的机会，重新回到市场。人工智能参与决策，为英仕曼集团规模最大的一只基金贡献了大约一半的利润。通过 AI 思维，英仕曼集团在动荡的股票市场中跑赢了其他公司，产出了大量的阿尔法。

那为什么英仕曼集团依靠人工智能就能够在惨烈的股市中杀出重围并大量获利呢？具体来说，传统的金融投资还是要靠策略分析师这样的专业人士来做判断，但是由于人固有的认知局限性和经验的限制性，在面对一些大的变动时，也会出现不知所措的情况，这时做出的判断往往有一定的主观性。但人工智能具有强大的计算能力和信息分析处理能力，能够快速准确地分析金融资产在历史上的表现数据和各种外部环境等各种因素，例如宏观经济、就业情况、社媒舆情等，然后根据分析结果预测金融资产的未来表现，从而避免金融分析师决策的主观性和局限性。

房市：美国房产网站 Zillow 股价两年涨七倍的秘密

杜甫诗云：“安得广厦千万间，大庇天下寒士俱欢颜。”中国人自古以来就讲究安土重迁，对房子钟情千年。不论经济发展如何波动，房价不但居高不下，还一路水涨船高。不论别的行业发展如何不景气，人们对于买房的热情毫不衰减。房子对于人们的重要性不言而喻，房子是人生的一笔重要投资这件事也毋庸置疑。所以，选房和买房也要寻找房屋市场的阿尔法。

在买卖双方的房地产交易市场上，什么东西是最重要的？毫无疑问是全面而准确的房产信息。在传统的房地产中介业中，由于房主不清楚自己房屋的市场价值，买主也不是很了解理想房屋的实际价值，房屋买卖市场的买家和卖家都一头雾水，十分茫然。中介公司便利用这种信息不对称从中抽取丰厚的佣金。这种情况持续了多年，直到 2006 年，一家房产网站 Zillow 横空出世，在美国一上线便引发了轰动。因为它提供的房屋价值评估业务，解决了房屋买卖市场这种信息不对称的问题，并给予客户充分的知情权，这在一定程度上颠覆了传统的中介业。

Zillow 的房屋价值评估业务是凭借其自行研发的人工智能系统建立起来的，其具体运作过程如下：利用 Zillow 上的房屋估值系统 Zestimate，可以了解到房屋的地理位置、建筑面积、卧室数量、卫生间数量、房屋照片、周边环境等多维度的数据，再结合类似房屋的价值范围、历史价格、价格折扣、价值波动等数据，通过人工智能模型，计算出房屋目前的市值以及未来的升值空间。对于房主来说，他们可以清楚自己房屋的估值，对于自己的房屋有一个合理的定价和预期，而对于买家来说，他们也能够以合适的价格买到称心如意的房屋，形成共赢的局面。

目前，Zillow 公司已经运用这些模型为超过 1 亿个美国房屋提供了房屋估值。《华尔街日报》曾将 Zillow 的估价和美国

1 000 个房屋的实际售价进行比较，结果显示，两者的中值偏差为 7.8%，接近于 Zillow 自己估算的 7.2%。这就是 AI 思维的一个实例，从中我们也能看到人工智能的优势，不仅可以处理大量复杂、凌乱、看似没有规律的数据，也可以避免一些人为的主观因素，做出客观的最佳决策。

婚事：约会和恋爱的科学决策

柏拉图说过，每个人都被上帝分成了两半，被分开的人太多了，我们很难找到正确的另一半，但是我们仍然想找寻到称心如意的人生伴侣。有人相信缘分，但如果每天宅在家里，社交圈不大，可挑选的范围也必然受限。随着互联网的发展，人们的交流渠道拓宽了，又出现了新的交友方式——在线约会。新事物的产生又伴随着新的问题。互联网时代在线约会的核心问题在于可挑选的对象太多，用户常常不知道谁是对的人，不知道到底该从何开始。这时，为了帮助用户更好地找到称心如意的对象，提供智能匹配就显得尤其重要。

以前提供这种匹配服务的是传统的媒婆，但是媒婆手里的单身人士数量是有限的，也就是说，她的用户数量很少，所以她可以对这些用户的信息了如指掌，可以轻松地对这些用户的信息进行评估，然后给每个人提供一个最佳匹配。然而，当我们处理数百万的用户信息时，在一个超大的候选库里选择最佳的约会对象时，人工的判断就显得不现实，而且也不那么准确了。因此，在数据大爆发的现在进行婚配，我们十分需要借助AI思维来为用户找到最有可能的匹配。

美国的婚恋网站eHarmony开发了一种基于人工智能的智能匹配系统来解决这些问题。那智能匹配是什么呢？简单来说，就是通过掌握的约会人的信息来评估不同人之间的约会相容性，从而建立起相应的匹配。你可能会对“约会相容性”这个词有疑问，约会相容性指的是约会双方的相似度以及二者相互接纳的满意程度。建立在约会相容性基础上的匹配约会，有最大的可能性获得成功，并获得长期的满意度。

那这个智能匹配系统是如何运行的呢？首先，根据相容性分级来减少潜在匹配池。相容性分级由用户提交的心理自测结果以及年龄、所在地等构成，若用户之间出现年龄意向不符合或者所在地相隔太远等情况，就会从彼此的匹配池中删除，为以后的匹配削减一些不必要的信息。其次，基于文本、图像和其他维度的统计数据等，通过人工智能生成潜在人选之间的相容性。最后，相容性低的人就会被筛选掉，相容性高的人就会被匹配到一起，这样就可以为每位用户找到最佳的约会人选。婚恋行业大量的数据表明，即使在婚恋这个看似非常主观的领域，人工智能也能为它服务的人群带来阿尔法。

也许你以为自己不可能摆脱“羊群”，不敢与众不同；也许你以为自己只能成为一波又一波的“韭菜”，面对股市一片红海畏缩不前；也许你以为自己打拼半生，也买不到一套合适的心爱的房子；也许你以为你终其一生也找不到属于自己的合适伴侣，只能随随便便找个人将就。但看完这本书你会知道，这些都是你的“以为”，都是你认知的局限性。或许，在五年前、十年前，这些“你以为”是真的，但现在，有了人工智能，有了 AI 思维，我们就能突破认知的天花板，跟上时代的步伐，找到属于自己的阿尔法。

AI 思维的核心价值

文字出现以前，人们结绳记事。这种不够清晰的记载方式使人们对宇宙和世界的认知一直停滞不前。后来，人们发明了文字，世界开始清亮，宇宙不再混沌，人类的思维逐渐变得清晰。从这层意义上说，人工智能和文字一样，都是承载和提升思维的工具。文字推动原始社会走向文明，AI 思维赋予现代社会更多发展的可能性。

基于人工智能的个性化学习方案让你在短时间内掌握更多需要的知识，基于人工智能的智能匹配社交帮你更容易找到灵魂伴侣，基于人工智能的房屋评价系统让买房不再是糊涂的选择，基于人工智能的战略规划让国家的发展充满了更多的可能性。可以说，AI 思维是这样一种“修身齐家治国平天下”的思维方法。要想掌握 AI 思维，需要了解的事情有很多。我们不妨先从 AI 思维的要素开始，开启这段新的旅程。

AI 思维的要素

人工智能早在 1956 年美国的达特茅斯会议上就被提出，但直到 2016 年，才开始被大众熟知，近几年才开始被普遍运用在社会生活中的各行各业。这是为什么呢？原因在于，以前很多人工智能所必需的要素还没有发展起来。随着互联网的普及，人们对于人工智能的研究更加深入，这几年这些要素有了突飞猛进的发展。那么，AI 思维得以实现，需要依赖于哪些要素呢？

第一个要素就是大数据。

我们处在一个数据井喷的年代，无论是企业业务环节产生的数据，还是个人移动设备里面的数据，信息量都非常大，并且这个数据量在近几年呈爆炸式增长。如图 1–3 所示，根据智研咨询发布的《2017—2023 年中国大数据应用行业市场全景调查及未来前景预测研究报告》，全球数据总量的年增长率将维持在 50% 左右；并预测，到 2020 年，全球的数据总量将达到 40ZB（1ZB=1 万亿 GB）。我们想想 20 年以前，个人计算机里面的数据可能只有区区几十兆，而现在的数据都是以 TB 或者 PB 作为单位的数量级。我们知道 AI 思维建立在对数据学习的基础上，数据越多，人工智能学会的东西越多，人工智能做出的判断决策就越准确，越具有实用性。所以说，大数据的形成是 AI 思维的一个要素。

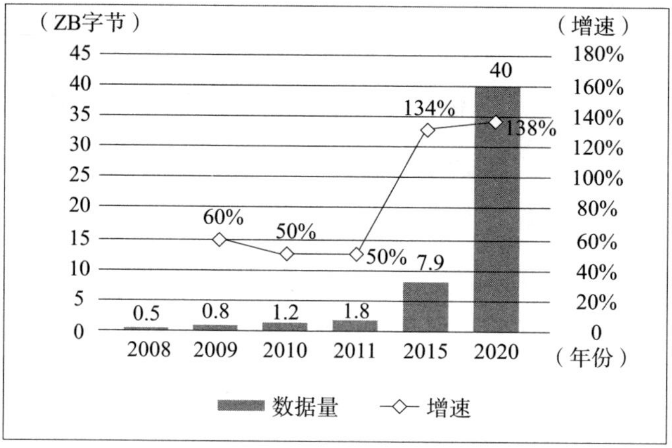

图 1–3 全球数据总量统计图

第二个要素是模型。

我们的大脑由许多神经网络连接而成，每天能帮助我们做各种各样的决策。早期的人工智能模型包括人工神经网络，它本质上是对大脑，也就是我们自有神经网络的模拟。这种模型在 20 世纪 80 年代就已经被发明出来了，它能够帮助我们从数据中提炼出知识。而今我们在人工神经网络的基础上有了更深的研究，产生了一系列的深度学习模型，其实可以把深度学习模型理解为传统的神经网络模型的加强版。一般的人工智能模型随着数据量的增加，预测效果会提升，但很快达到瓶颈。而深度学习的预测效果随着数据量的增加，会持续提升。

深度学习强大的学习能力决定了它能够更好地模拟人类大脑

的运算机制，它最擅长的是理解和识别图像、视频、声音、文本这样的数据。通过对图像进行深度学习，它实现了人脸识别，比如支付宝刷脸支付；通过对声音的深度学习，实现了音频自动转换为文字，比如讯飞听见能够一键录音转文字；通过对文本的深度学习，人工智能已经能够独立创作，比如微软的人工智能机器人小冰出版了原创诗集《阳光失了玻璃窗》。

深度学习不但能为人工智能提供技术支撑，其发展也为人工智能在各个领域的应用提供了无限的可能。ImageNet 是计算机视觉领域很著名的一个图像识别竞赛，是该领域的“奥赛”。很多专家、学者都会参与，微软、谷歌、百度等科技公司也是该比赛中的佼佼者。在 ImageNet 竞赛中，随着深度学习的发展，图像识别能力有了很大的提升，从 2010 年到 2015 年这 5 年间，错误率从 30% 左右缩减到 5%。5% 的错误率已经基本上匹配了人对图像识别的错误率，这促进了人工智能在更为广阔的图像识别领域的应用。除了图像识别以外，语音识别的发展也依赖于深度学习。20 世纪 50 年代，第一个语音识别系统 Andry 只能够识别 10 个英文数字；而现在，深度学习助力语音识别，应用于市场上的语音识别系统对普通话的识别准确率高达 95%，百度、搜狗、讯飞的语音识别的错误率维持在 3%，比人类识别语音 5.7% 的错误率更低，这为人工智能在语音识别的各个领域展开布局提供了强有力的支持。所以说，深度学习的不断发展也促进了人工智能应用的不断普及。

第三个要素是算力。

AI 思维的实现需要很强的计算能力的支撑。我们想到计算能力，首先想到的可能是电脑、手机等智能设备，它们能提供一部分算力。对我们做人工智能来说，这样的算力是不够的。我们需要一个大规模的计算机集群，需要成百台上千台计算机连接在一起，进行大规模的运算。谷歌 X 实验室推出的谷歌大脑就是将 16 000 台计算机的处理器连接在一起，这样强大的算力使其具有强大的自主学习能力，成为全球最大的人工智能大脑之一。

除了计算机集群，算力还需要 GPU 的架构。GPU 全称是 Graphics Processing Unit，就是我们常说的图形处理器，是一种专门在电脑和移动设备上进行图像运算工作的微处理器。与之相对应的是 CPU，即中央处理器，其功能主要是解释计算机指令以及处理计算机软件中的数据。GPU 的架构有别于传统 CPU 的架构，能够很好地支持深度学习模型的运算。你可能对 GPU 这个名称很陌生，其实你可能早已接触过它。如果你是一名电子游戏爱好者，不管你玩王者荣耀还是和平精英，都需要 GPU 的支持来实现游戏中人物的移动及其他图像变换。GPU 现在已经发展到了第四代，它提供的强大算力能够支撑人工智能的开展以及落地。

强大算力的加持，使人工智能有了更为广阔的发展空间。例如，2019 年 8 月，人类在强大算力的支持下首次成功重建了果蝇大脑神经元的 3D 模型。果蝇一直以来都是生物学领域公认的研究动物，但为什么一直到 2019 年才建出第一个果蝇大脑神经元的 3D 模型呢？因为果蝇的大脑有 10 万多个神经元，要想建立一个完整的 3D 模型，需要强大的算力支持，而这个条件是先前并不具备的。2019 年，在谷歌、剑桥大学以及霍华德·修斯医学研究所的合作下，研究人员将果蝇的大脑切割成 7 042 个 40 纳米的超薄切片，并用透射电子显微镜生成切片的图像。这些图像像素高达 40 万亿以上，数量共计 2 100 万张。数千块谷歌开发的深度学习加速芯片 Cloud TPU（Tensor Processing Unit）为这些图片数据的处理提供了算力，最终才生成了人类历史上第一个果蝇大脑神经元的 3D 模型。

第四个要素是业务模式。

我们知道，人工智能要落地，必须在一个场景中去实践它。例如，在金融领域，传统上我们的银行机构只对征信良好的用户发放贷款，而征信记录不良的用户就得不到相应的贷款服务。单纯使用人力去判断一个用户的信用是件费时费力的事情，工作效率极其低下。但通过人工智能，我们能在很短的时间内对用户的信用状况进行分析和判断，决定是否向其提供贷款服务。这样不但减轻了银行工作人员的工作负担，还提高了工作效率。基于人工智能迅速准确且不知疲倦的特点，它还能为更多更大的用户人群提供贷款服务，扩大业务范围。基于这些人的大数据，通过人工智能模型和算力，还能对用户的信用状况进行分级，不但能够判断是否提供贷款，还能判断向这个用户提供多少金额最合适。人工智能为金融机构的工作提供了参考依据，这就是一种基于人工智能的业务模式。实际上，这样的商业模式，把传统的银行和金融机构的业务模式推广到了更大的用户群，帮助我们实现了普惠金融的理想。当然，除此之外，人工智能还能运用在更多的领域，还有更多的创新业务模式。正是因为有了这些创新业务模式，人工智能才能顺利地在各行各业落地，帮助企业产出价值。

如前所述，AI 思维的基础在于数据，而核心在于模型，实现在于算力，应用在于业务模式。只有大数据、模型、算力、业务模式这四个要素同时存在，并行发展，人工智能的价值才能得以体现，AI 思维才算完整。这是从具体要素角度对 AI 思维的阐述，下面我们从认识论的角度展开对 AI 思维价值的理解。

DIKW 金字塔

认识论是关于知识来源和知识判断的理论，认识论将人们的认识过程定义为 DIKW 金字塔，认为认识分为四个层次，如图 1–4 所示，最底下一层是数据（data），数据上面是信息（information），信息上面是知识（knowledge），知识再上面是智慧（wisdom）。DIKW 金字塔的名字就是取了每一层的首字母组合而成的。在 DIKW 金字塔中，越靠下的层级包含的内容就越多，每往上一层，内容就比下一层更加凝练，更富有价值。原始数据虽然数量庞大，但有用的信息全都淹没其中。信息是由数据加工处理而成，信息在实践中被升华提炼产生了知识，而智慧又是对知识的凝聚总结，它是金字塔的塔尖，能够长久地影响人类。

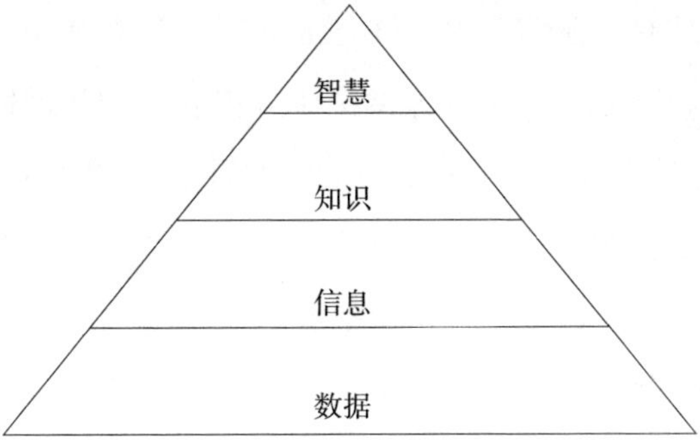

图 1–4　DIKW 金字塔示意图

需要强调的是，所谓信息，指的是根据业务需求处理好的有特定意义的数据。从数据到信息的转换是传统信息处理中比较专注的领域，通过数据库系统和数据处理软件，把相对粗糙的数据转化为信息。而从数据和信息到知识，是 AI 思维所涉及的领域，这个转化过程与数据库运算不同，因为它不是机械的数据规整和变换，而是通过人工智能完成的，是认识层面一个巨大的跃迁。

AI 思维的关键在于生成知识。你可能会问，人工智能为什么产生的是“知识”呢？首先我们要知道，知识就是人类对物质世界以及精神世界探索的结果总和，也就是对规律的总结。我们在前面讲过，AI 思维中的模型可以类比人脑思维中的规律，也就是说，模型体现出来的就是知识本身。随着数据源源不断地更新，模型体现出的知识也会不断刷新，针对新的输入产生预测，为我们的决策提供支持。

著名统计学家拉瑟福德·罗杰斯（Rutherford Rogers）曾说过："我们被淹没在信息中，急切需要知识。"互联网的发展使我们突破了时间和空间的限制，能够获得来自世界各地的信息。但在信息爆炸的今天，我们对信息的获取是呈平方数增长的，在获取大量信息的同时，我们无法辨别哪些信息是对的，哪些信息是有用的，产生了深深的"知识焦虑"。而现在人工智能做的就是把大量无序的信息变成有用的知识，缓解人们的"知识焦虑"。

AI 思维带来认知化革命

在当代，数据是一种重要资产。数据反映了事物的原理和规律，当你找到它的规律后，就可以去预测未来的事情。如果将数据比作原油，那么人工智能就是从原油中提炼各种高价值产品的加工厂，它的重要性可见一斑。从数据中发现知识、洞察和规律，这本身不是一个新的概念，几百年前就有过这样的实践——譬如说，开普勒从几百页关于天体位置的数据中，提炼并总结出了天体运动的三定律，至今仍被使用。现在，在 AI 思维的帮助下，我们借助大规模计算的方法，从海量的数据中自动地学习知识和规律。那么，从实际应用的角度出发，作为一个数据驱动的决策框架，AI 思维都带来了哪些价值？

首先，数据驱动的人工智能框架可以带来个性化的体验。人工智能可以根据用户的历史浏览记录、成交记录对用户的喜好建立模型，得出各商品或内容和用户喜好的相近程度，并把相近程度排行最高的商品或内容推荐给用户。例如，当我们进入一些购物网站，可能会发现许多这样个性化的体验，若你之前购买过衣服，它可能会给你推荐其他的搭配商品，若你之前购买过图书，它可能会给你推送同类型书单。数据驱动下的人工智能框架带来的个性化体验让网站不再千篇一律，网站给出的每一条推荐都是根据用户需求调整和优化后得出的，真正实现了千人千面的精准体验。对于用户来说，这样省去了他们检索的时间，还更加符合他们的需求，带来了更好的用户体验，对于网站来说，这样可以提高网站的浏览量、点击率，还能提高商品的销量。此外，人工智能带来的这种个性化体验也能为我们的生活提供更多的便利，带来更多的幸福感，例如现在的智能家居系统，可以提供自动控温等贴心服务，提升了家居的安全性、便利性、舒适性，并且环保节能，让你感觉到这就是最适合你的，为你量身定做的家。

其次，数据驱动的人工智能框架可以带来细粒度的行业策略。行业策略细粒度意味着企业的经营会更加精细化。例如，企业可以把一个产品的目标客户群简单地划分为一定年龄范围的男性或女性，但这样的客户群划分显然没有针对性。利用数据驱动的人工智能框架进行目标客户群划分，得到的结果更加详细，比如我们不仅可以考虑基于年龄、性别这样的因素，还可以交叉考虑包含更多维度，例如兴趣爱好、行为习惯等的目标客户群，从而得到细粒度的营销策略。以视频软件芒果 TV 为例，为了提高视频的点击率，芒果 TV 运用人工智能来判断向用户推送视频的类型和内容。比如，追求放松娱乐的白领一族会收到《快乐大本营》的相关推送，喜爱烧脑解密的年轻人群会看到《明星大侦探》的相关广告。而随着用户观看视频数量的上升，人工智能的推送方案也会更加个性化，细化到满足每一个用户的需求。与传统方式相比，人工智能提供的细粒度视频推送方案为芒果 TV 提高了 30% 的点击率，真正实现了精细化运营。

最后，数据驱动的人工智能框架可以带来知识和洞察。我们去学校或者从经验中可以学习到知识，而数据驱动的人工智能框架可以赋予我们持续高效地从数据中学习知识、挖掘洞察的能力。这些知识和洞察可能不是列在教科书上的条条框框，但却一定是从数据中实时地、最大体量同时也是最有效获取的，并能够运用于业务实践中。例如美国哈佛大学地球与行星科学系的布伦丹·米德（Brendan Meade）教授团队通过深度学习分析了来自世界各地的地震数据集，发现了余震发生的规律，在此基础上开发了一套能够预测余震的智能系统。这套系统为避免余震二次伤害，顺利进行灾后救援和恢复工作提供了很大的帮助。

AI 思维不是捷径，但它却可以帮你更加快速地抓住事情的本质，找出用户的需求，洞察世事的发展，进行准确的预测，产出更大的价值。这是科学探索的目标动力，也是人类实践的追求所在。

著名的科技思想家凯文·凯利（Kevin Kelly）说人工智能是

认知化。如果说电力化带来了人工的动力，那么认知化带来了人工的智能。大量的实践表明，在感知方面，包括视觉、听觉、语言理解等，人工智能可以接近人脑。前文已经提到过，现在的图像识别错误率已经控制在 5%，基本和人脑识别错误率持平；在专业决策方面，在海量数据的支持下，人工智能甚至可以超越人脑。例如，在金融风控领域，通过人工智能输出模型的 KS 值（通常用来衡量风险识别有效性的一个指标），可以做到 40%~50% 甚至更高，有效地控制住风险。基于人工智能的快速信贷审批，效果可以超越传统的人工方法。在传统出版业，一个编辑编辑一本书至少需要一个月的时间，但全球最大的中文期刊网龙源期刊开发了一个人工智能编辑平台"知识树"，它是一个能够根据定义内容自动编辑图书的智能系统，可以在一天之内完成一本图书的编辑工作，极大地提高了图书编辑工作的效率，缩短了图书出版的周期。

AI 思维是一种"数据驱动决策"的思维，它不怂恿你去追逐虚无缥缈的白日梦，而是教你学会用数据筹码四两拨千斤。不论你研究的是什么领域，从事的是什么职业，通过 AI 思维，你都能从数据中理出头绪，更加快速、直接、准确地预测出研究对象的行为或者结果。绳锯木断，水滴石穿，掌握了以小博大的 AI 思维，你不但是一个梦想家，也能成为一个真正创造价值的实干家。

第二章

AI 思维的底层逻辑

当爱因斯坦说“上帝不掷骰子”的时候，他错了。鉴于黑洞给予我们的暗示，上帝不仅掷骰子，而且往往将骰子掷到我们看不见的地方以迷惑我们。

——《时间简史》——

本章旨在讲清楚AI思维中的“法”，即法则和规律，也就是从数学规律的角度，阐述AI思维的底层逻辑。AI思维，尤其是其核心——模型，是在数学和统计算法基础上发展起来的，必然受到数学和统计规律的制约。只有理解了这些制约，才能理解人工智能与生俱来的局限性，只有了解了这些局限性，我们才能扬长避短地使用AI思维，更好地享受人工智能给我们带来的实际价值。无论在日常生活还是在商业活动中，我们知道，从来就没有解决一切问题的“银弹”，任何事情都不能一蹴而就。社会对人工智能不切实际的预期，多半来自对其底层逻辑的一知半解。很多时候大家没有听说过，也无暇去理解人工智能实用性背后的法则。并且，在众多的商业包装下，人们越来越多地去追捧短平快的“成果”和高流量的媒体曝光，而不去关注支撑应用的基础性逻辑。这种“知其然而不知其所以然”的做法，不会带来长远的发展，所以，在深入讲述AI思维的“术”和“器”之前，我们必须先来理解它的底层逻辑，任何想运用 AI 思维解决实际问题的人都应该知晓并从中获得启发。

模型的泛化能力

首先，我们来回顾一下 AI 思维。AI 思维能够帮助我们捕捉数据的本质特征，根据数据的特征形成模型。在新场景中针对新的输入信息，模型就能做出判断、产生预测。模型使用的一大类场景是分类，也就是预测新的输入所对应的类别。那么，什么是分类呢？如果我们手里有一张照片，你要做的是判断这种张照片里是否有动物出现，你通过眼睛获得了这张照片的视觉特征，这时，你的大脑已经下意识地做出了一个判断、一个分类。这个问题的回答结果就只能是“有”或者“没有”，这是一种分类，叫作二分类问题。

但是并不是所有的分类都可以用是与否这样一分为二的判断来解决，还有很多东西需要人们去分辨它属于多种类别中的哪一类。我们还是拿这张照片举例。当你已经判断出这张照片里有一只小动物后，你还需要判断这是一只什么动物。你会根据这只动物的体型、体毛、耳朵、眼睛、嘴巴等特征，判断它是猫、狗、兔子，还是其他什么动物。这也是一种分类，叫作多分类问题。

在日常生活中，我们每个人都避免不了和他人对话，我们要说，要表达，也要聆听、理解他人的话。其实我们识别对话中的声音信号，从中提取所说的字和词语，也是一个分类的过程。商务印书馆的《现代汉语词典》是目前较权威的大型现代汉语词典，第 7 版收录的词将近 7 万条，其中包括了字、词、短语、熟语、成语等。也就是说，在我们聆听的时候，为了理解这些声音信号的意义，我们的大脑都在将它们中的片段分类成这些字或词之一，这就是一个多分类的过程。但是有的时候，我们也会混淆一些读音比较相近的词，比如说“建议”和“坚毅”、“升起”和“盛气”，这说明人脑的分类也不是完美无瑕的。

我们的视觉要对看见的东西进行分类，我们的听觉要对听见的东西进行分类，我们的味觉要对尝到的东西进行分类……感官的分类可以帮助我们更加完整地认识这个世界。可见，对外界事物的分类能力是人们认知的重要组成部分，可以说，每时每刻我们都在对现实世界中的输入信号做出分类，分类的准确与否直接影响我们生活和工作中决策的质量和效果。

正如人一样，分类也是人工智能进行感知和认知的重要工具。在机场部署的人工智能模型可以识别出通过安检的人是否和证件上的照片一致，刷脸打卡的人工智能模型也在很多机构运用起来，无须戴工卡便可知道人的身份，许多手机的刷脸支付功能可以识别出你是否是该手机的主人来决定是否支付，极大地提高了资金的安全性。在语音识别领域，主流的人工智能识别模型对常见词语输入分类的准确率已超过 97%。除了感知图像、声音领域，人工智能模型的分类还可以用在更多的场景，做出人类都难以达到的准确预测。例如，在营销领域，人工智能模型需要预测客户的喜好度和倾向性等，相当于对未知客户行为的分类。在金融信贷领域，人工智能模型能对客户的风险进行评级，也就是对客户将来风险度的预测，从而将客户分为高风险和低风险客户，并辅以不同的策略。可以说，通过分类，许多常见的问题都可以在人工智能的分类框架下进行考虑。

分类模型的数学基础

向量指一个同时具有大小和方向，且满足平行四边形法则的几何对象，如图 2–1 所示。简单地说，向量是有序的数字列表。人工智能中用到的数据一般是以向量的形式表示的。按一定的次序排列在一起的变量（x_1，$x_2 \cdots x_n$），依次表示事物的各种特征。举个例子，我们打算用过去一年在服装、饮食、住房、出行、健身、娱乐、美容、奢侈品这 8 个类别的消费金额来研究一个人的消费习惯。那么，这 8 个数字构成了一个八维的向量：（x_1，x_2，x_3，x_4，x_5，x_6，x_7，x_8），其中每一个变量对应了一个类别的消费金额。不同类型的人，上述向量的数值也不同，美食爱好者的 x_2 有比较高的数值，高消费地区的租房客的 x_3 会比较高，注重外貌容颜的人 x_7 比较高……

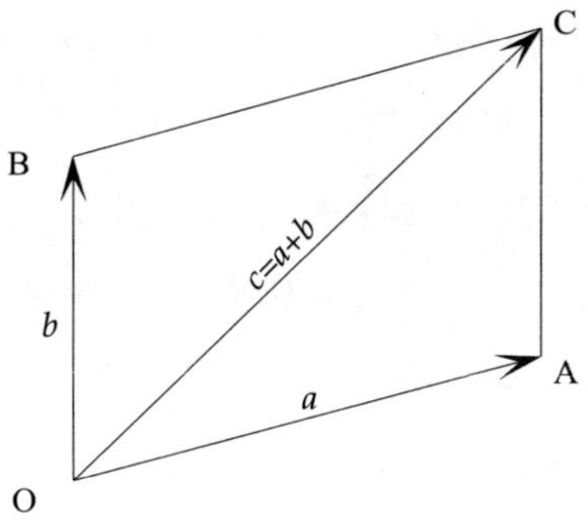

图 2-1　向量示意图

这里面的每一个变量叫作向量的一个维度，人工智能中的向量也常被叫作特征向量，因为它描述了事物的特征。要注意的是，向量中变量是按照一定顺序排列的，顺序变了，向量也就变了。我们举例的向量只有八维，是一个简化的例子，在现实中，人工智能处理的向量通常是高维的，在商业应用中可以达到上百维、上千维甚至更多，在处理基因数据时，可以达到百万维以上。正因为人工智能可以理解高维度的向量，而不是像人脑一样只能分析少数几个变量，所以人工智能会给我们带来更深入、更有效的知识和洞察。

在数学上，分类要做的是，将一个预测函数作用在个体的特征向量上，得到想要的输出结果。如前所述，人工智能中个体的数据是以向量形式来表示的。以图片识别为例，为了识别图片中的物体种类，首先我们要建立一个预测函数 f，预测函数 f 作用在图片的特征向量 x 上，得到一个类别 $f(x)$，比如说“小猫”“小狗”

或者“兔子”。当然，在现实中的图片识别应用中，人工智能可以识别出任意类别物体的图片。

这个看似简单的过程其实是非常强大和灵活的，基本上所有人工智能分类的过程都可以抽象成这样，其中预测的目标是跟具体业务相关、需要提前获知的信息。就像之前提到的亿客行案例一样，网站需要预测一个访客的价值高低。如果我们可以准确地识别一个访客是否具有高购买的可能性，并将其应用于电商领域，根据访客价值定制营销策略，就能取得优秀的阿尔法。

让我们来看看如何设计高价值用户预测的分类模型。首先，我们需要收集历史上具有高价值或者低价值客户的标记，以及各自行为的特征向量。这个分类问题的目标是将任何一个新的访客分为两类之一。所谓高价值、低价值就是看客户一定时间里在网站的购买额度，超过一定金额的定为高价值客户，反之则是低价值客户。这样，我们有了模型训练所需的数据集，可以根据这些数据训练的模型预测一个网站访客价值的高低，即使之前他没有在网站上消费过。既然这个模型的作用这么大，那么我们接下来就具体看一下，它是如何被训练出来的，又是如何进行预测的。

模型的训练和预测

在人工智能领域，机器学习是产生模型的途径和方法论。和我们的学习一样，分类问题的机器学习框架也分为训练和预测这两个最基本的环节。

训练环节中需要给定一个训练集，通过训练集中的标记样本 $\{(x_1, y_1), \cdots, (x_N, y_N)\}$ 训练出一个预测函数 f，也就是我们的预测模型。标记样本是由第 1 个到第 N 个输入数据 x 以及与其相对应的输出数据 y 组成的。在预测环节中，我们要对在训练环节中形成的预测模型输入一个新样本 x，使用 f 输出预测值 $y=f(x)$。需要注意的是，在训练环节中，由于样本是给定的，所以样本的标记是已知的，但在预测环节中，使用的都是新数据，所以样本的标记是未知的。

任何分类模型都要经过这两个环节。在训练环节中，机器通过分析训练集学习模型，发现其中的规律，并以预测模型 f 的形式产出。在预测环节中，碰到新的样本，即使模型先前没有见过这个样本，仍然能够输出相应的分类。正如人的思维方法是从经验中学习规律，人工智能通过训练环节从数据中学习模型。训练环节使用了何种模型，以及模型训练的质量，决定了模型的有效性，其中最重要的指标是模型在新样本上的预测效果。

如果一个模型能够对新样本进行有效的预测，就可以在实际使用中产生效益。比如，一个模型成功地预测了某位用户购买某款商品的概率为 80%，那么商家可以积极地向该用户推送自家的该商品，用户经常接收到自己喜欢的商品的信息，下单的概率也会有所上升。成功地预测出用户是否会购买，帮助商家提高销量，这样的模型才是有实际意义的。

泛化能力是模型的核心

一个模型能带来多大的价值，取决于模型预测的准确率有多高。而模型预测的准确率又依赖于模型的泛化能力（generalization ability）。也就是说，在一定程度上，模型的泛化能力决定了一个模型最终能迸发出多大的能量。那么泛化能力到底是什么呢？

泛化能力是用来描述模型对新样本的预测能力的。我们在日常生活中也称之为举一反三或学以致用的能力。机器学习的目的是学到隐含在数据背后的规律，对具有同一规律、训练集以外的数据，模型也能给出合适的预测。这就是泛化能力的表现。

泛化能力体现了模型智能水平的高低，如果一个模型只在训练数据上能准确地分类，作用是很小的，因为这充其量是模型“记住”了各种输入和对应的类别，在新的场景中没有办法做出准确预测。

在进一步讲泛化之前，我想先讲一个故事。我有一对情侣朋友，女生是一个中国姑娘，叫郭霓禾，男生是英国人，叫安德费汀。郭霓禾是一个牙科医生，她诊病的程序十分烦琐，一个简单的牙疼，她会给病人量体温、测视力、检查血压，有时甚至还要检查心电图，除此之外，她还会询问病人一些无关的信息，比如身高、体重以及最近吃过什么。她饱读各种医学类书籍，还研究过各种偏方，最后再结合她的临床经验，总结出一些独特的治病规律。如果一个新的病人的所有指标符合她总结出来的规律，她才能判断这个人的患病情况，如果情况不符合，她就无法做出判断。比如有一次一个病人牙疼，经过检查和询问，她发现这个病人体温 37℃，视力 0.8，身高 1.7 米，体重 70 千克，是在吃了西红柿之后智齿开始发炎。于是她就总结出一个体温 37℃、视力 0.8、身高 1.7 米、体重 70 千克的人会在吃了西红柿之后引发智齿发炎的规律。刚刚好，安德费汀也符合这几个条件，有一次安德费汀智齿也发炎了，但因为安德费汀没有吃西红柿，郭霓禾认为他不符合自己总结出的规律，诊断安德费汀的牙疼不是因为智齿发炎引起的。而安德费汀是一个股票投资分析师，对于自己的经验和能力十分自信，他认为凭借自己的经验，只需要看一下股票的走势，就可以判断一只股票到底是应该买入还是卖出。他根本不考虑政策、大盘环境、主力资金进出等变化因素，每天只看一下电脑屏幕上股票的涨跌状况就做决定。这样的判断显然十分不科学，导致了他的大部分积蓄都被套牢在股市。

郭霓禾和安德费汀两个人都各有特点。郭霓禾对待事情很认真，看事情很全面，但是由于她顾及的事情太多太细，有时可能会过度重视一些无关紧要的特质，总结出一些没有作用的规律，比如那些奇怪的指标与智齿发炎其实并没有关系，只是那个病人刚好在智齿发炎前是那样的身体状态，刚好吃了西红柿，这样过度关注无关因素反而妨碍了病因的评估。安德费汀则正好相反，他看事情太片面，没有综合考虑影响股市涨跌的因素，导致他的判断和股市的实际情况产生了很大的偏差，成为被迫割肉那一批人。

故事讲完了，我想告诉你，郭霓禾和安德费汀其实都是我虚构的朋友，他们的名字其实就是过拟合（overfitting）与欠拟合（underfitting）的谐音。过拟合和欠拟合是两类统计学现象，有这两种现象的模型，不具备良好的泛化能力。

在统计模型中，由于模型太过复杂而拟合了训练样本中的噪声，以至于输出的结果与真实值相差很大，就像郭霓禾诊断病人一样，这就是过拟合。欠拟合则刚好相反，是由于模型过于简单，以至于得到的模型难以拟合训练数据，就像安德费汀没有考虑到影响股市的其他因素，而导致判断错误。

我们总是希望在机器学习训练时，机器学习模型能在新样本上有很好的表现。过拟合时，模型过于复杂，把训练样本学得过分好了，就很可能把一些训练样本自身的特性当成所有潜在样本的共性。这样一来，模型的泛化性能就下降了。欠拟合时，模型又过于简单，无法很好地学到训练样本的一般性质，所以不论在训练数据还是预测数据中，表现都很差。

过拟合就是过多学习了一些不必要的数据特征。比如你的模型需要区分男人和女人，模型学习了训练样本中所有男人和女人的特征。如果训练样本中的女人刚好都穿了红色的衣服，过拟合的模型就可能会把穿红色衣服作为区分男人和女人的一个特征。我们都知道，穿什么颜色的衣服并不能作为区分人的一个特征，这时模型学习的这个特征就属于过度学习。过度学习不仅毫无作用，甚至还会对模型的预测结果产生误导，比如出现了一个新的预测样本，是一个穿红色衣服的男人，模型很有可能会根据他穿了红色衣服这个特征就把他识别为女人。欠拟合与过拟合正好相反，它对于训练样本的特征学习得不够充分，导致训练出来的模型不能很好地进行预测。而且，由于欠拟合的模型没能很好地捕捉到数据特征，它不但不能对新的样本数据进行预测，在训练集中的样本数据时表现也不是很好。比如你要参加一场考试，考试前做了许多模拟题，发现有一些知识点你还不明白，在模拟题中你有部分题目做不出来，这就是没有很好地掌握训练样本的规律。当你要对新样本进行预测时，也就是当你去参加这场考试时，考试结果也不会很好。不论是过拟合还是欠拟合，都会使模型不能很好地输出预测结果，所以，在机器学习中，这两种现象都是需要极力避免的。

图 2–2 形象地展示了拟合的几种情况。我们有一些数据样本，大致呈二次函数形式，可以看出，用二次函数来做拟合最合适的是图 2–2 中间的图像。但是如果我们不采用二次函数呢？比如，我们用线性的函数来拟合它，我们可以得到如图 2–2 中左图的直线，这显然没有很好地拟合训练样本数据，更不用说预测数据了。我们用高次函数来拟合，可能会得到如图 2–2 右图那样的曲线，显然，这并不是我们想要的模型，它把个别数据的偶然偏离也当成了共性，而过度拟合了进去。

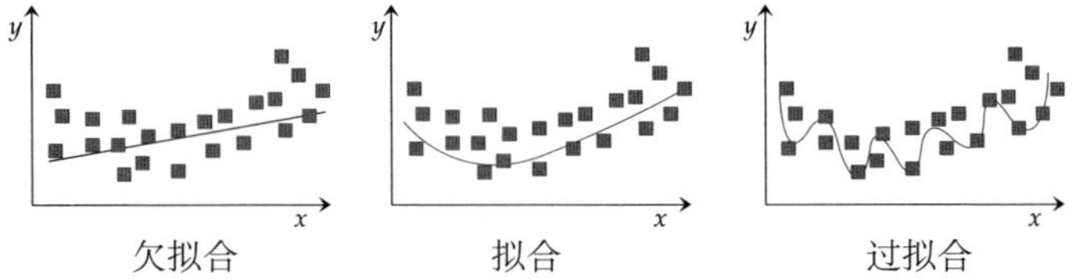

图 2-2 函数拟合示意图

通常，解决欠拟合的方法包括：（1）增加新特征，也可以考虑加入特征各种形式的组合，来增大模型可操作的空间；（2）尝试非线性模型，比如非线性支持向量机（SVM）、决策树、深度神经网络（DNN）等模型。

解决过拟合的方法包括：（1）交叉检验，即拿出大部分样本进行模型训练，留小部分样本用模型进行预测，并通过调节这小部分样本上的预测误差来得到较优的模型参数；（2）特征选择，从已有特征中选择部分特征以减少模型所用特征数；（3）正则化，即为原始模型引入额外信息来限制模型的复杂度；（4）增加训练数据在一定程度上可以避免过拟合。

真正的泛化能力需要回避过拟合和欠拟合，一个好的模型必须真正把握数据的底层规律，既不比数据本身复杂，也不比数据本身简单。人工智能行业的趋势是要用越来越复杂的模型来尝试做出更好的泛化效果，这需要我们更加谨慎地看待：如果训练数据量不够多，或者并不支持复杂的模型假设，那么，很有可能我们只是在过拟合，而不是在产出优质可泛化的模型。什么样的模型既不过拟合，也不欠拟合，是运用 AI 思维时需要考虑的核心问题。

方差和偏差的权衡

我想大家都听说过差不多先生的故事。差不多先生做什么事情都是马马虎虎，差不多就好，但是最后差不多先生就因为这差一点的“差不多”害死了自己。我想，谁都不想“差一点”，包括人工智能。当机器学习建立了一个模型，当然希望这个模型有很好的预测效果，但是很多时候我们发现，这个模型还是差一点，它在预测方面会出现或多或少的问题。而这个“差一点”的问题很多时候是出在“偏差”和“方差”这两个方面。并且在实践中我们发现，这个“差一点”是可以弥补的，只要权衡好偏差和方差之间的关系，就能够帮助我们更好地运用 AI 思维解读数据。那么，什么是偏差，什么是方差呢？我们如何才能权衡好偏差和方差之间的关系呢？

偏差和方差概述

在机器学习中，机器从训练数据中学习到模型。任何有监督的机器学习的目标都是在给定训练数据的情况下，对输入变量和输出变量之间的映射关系（下文称为“真实函数”）进行最佳估算。既然是估算，肯定就会有误差。通常，机器学习的预测误差可分为三部分：偏差、方差以及不可减少的误差。其中，不可减少的误差是无论采用什么模型都不可能被减少的误差，因为这种误差是由未知变量引起的。比如一个预测用户是否会买车的模型能根据用户的收入、职业、年龄、家庭状况等一系列数据进行预测，但是这个预测不一定完全精准。因为一个用户是否会买车不只会受这些变量的影响，还会受生活方式等的影响，而像生活方式这样的变量通常是不可知的，因此这种误差是不可减少的，但是，偏差和方差是可以通过机器学习模型进行影响的。

偏差描述的是在使用不同的训练数据时，预测值的平均值与真实值之间的差距，即模型本身的精准度，反映的是模型本身的拟合能力。偏差的产生是因为为了使真实函数更容易学习，而对模型的假设做了简化。偏差高意味着模型是欠拟合的。

方差衡量的是在使用不同的训练数据时，真实函数的估算值所改变的量，也就是预测值的波动情况，它反映的是模型的稳定性。方差的产生是因为为了使模型的预测结果更加符合真实数据，而对模型提出了更加复杂的假设。方差高意味着模型是过拟合的。

下面我们用一个更直观的例子来说明一下偏差和方差。假如有一个视力不好的人想要学习射击，那么他不管练习多少次，也不能打中靶心。但是如果这个人的视力很好，对环境的敏感度很高，瞄准时还能考虑到风速、风向等环境因素，那么经过训练后，他就很容易打中靶心。如果我们此时给他换一个环境，而他不能迅速适应这个环境的话，他的射击也不会有之前那样高的命中率。

在这个例子中，靶心代表的是真实值，若这个人视力不好，他的拟合能力相对而言就不高，无论怎么练习都不能很好地命中靶心，也就是预测值和真实值之间存在差距，产生了偏差。假如这个人视力没有问题，而且他能够根据环境因素来改变射击的方式以此来提高命中靶心的概率，也就是为了使输出更好地符合真实值，而提出了更多的条件假设，但是他又没有完全掌握这种方式，环境一发生变化他的命中率就会下降，这就说明了提出的假设越多，稳定性就越低，就越容易产生方差。

在图 2–3 中，第一行的两个靶，射击的痕迹都十分靠近靶心，说明其拟合能力比较好，也就是偏差小；第一列的两个靶，射击的痕迹都十分集中，这说明其稳定性非常好，也就是方差小。

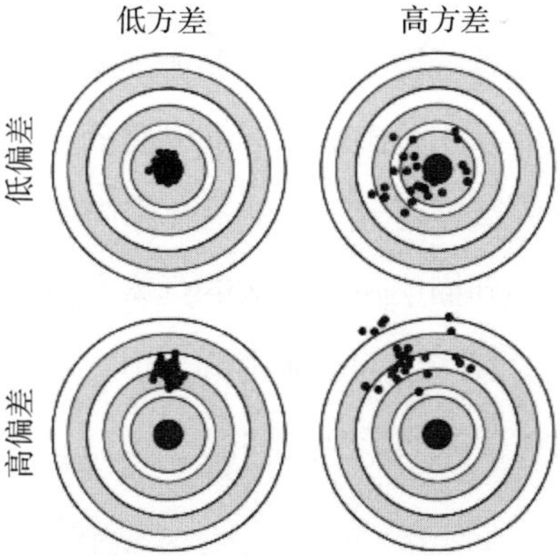

图 2–3　偏差与方差示意图

在数学领域有一个概念叫作“参数”。在研究问题时，我们经常会在模型中引入一些变量来描述数据的变化，这些变量就是参数。一般来说，在机器学习中，参数化的模型会有相对较高的偏差，这样它们学习起来很快，也更容易理解，但是高偏差就意味着它对模型做了很多的假设，在训练过程中，不是每个数据都可以完美拟合，因此，这个模型就不那么灵活。反之，如果这个模型对真实函数提出的假设很少，那么这个模型的偏差就很低，几乎能拟合每一个数据，但是这样的模型近乎一种对数据的记录，预测性能就不足了。低偏差机器学习模型的例子包括：决策树、K– 最近邻和支持向量机。高偏差机器学习模型的例子包括：线性回归、线性判别分析和逻辑回归。

用机器学习模型是通过训练数据来对真实函数进行估算，模型或多或少都会产生一定的方差。理想情况是，训练数据集的改变对真实函数的估算结果不会产生很大影响，这意味着该模型能够很好地计算出输入和输出变量之间隐藏的底层映射。如果模型的方差过高，训练数据对其产生的具体影响明显，那么训练的细节就会较大地影响到描述映射函数的具体参数。如果模型的方差较低，训练数据对其产生的具体影响很小，那么训练的细节对描述映射函数的具体参数的影响也会很小。

泛化误差：偏差和方差的权衡

任何有监督的机器学习模型的目标都是做到低偏差和低方

差，也就是说该模型应达到很好的预测性能。但是在机器学习中，偏差和方差二者又不可兼得，偏差减少必将增加方差，方差减少必将增加偏差。造成这种现象的原因是，当我们想要尽量减少模型的偏差时，我们就会尽可能多地保证模型在训练样本上的准确度，但是这样学习出的模型就会过度拟合，反而降低了其预测能力，增加了模型的不确定性，也就是方差增加了；相反，我们在追求模型的低方差时，会增加许多对模型的假设和限制，虽然这提高了模型的稳定性，但是忽视了拟合程度，偏差也随之提高了。所以为了模型能够拥有更好的预测能力，我们需要权衡偏差和方差的关系。

我们通过在具体情况下选择模型的复杂度来达到偏差和方差的权衡，寻找这个权衡的过程就叫作泛化误差的优化。研究发现，模型的泛化误差可以通过偏差的平方、方差以及不可减少的误差相加而得出：

$$\text{模型的泛化误差} = \text{偏差}^2 + \text{方差} + \text{不可减少的误差}$$

模型的泛化误差还可以通过更加形象的方式来表示，如图 2–4 所示，随着模型复杂程度的上升，模型的偏差越小，方差越大，图 2–4 中最上方的那条线，表示的就是模型的泛化误差。我们要找的方差和偏差的最佳权衡点就是图中虚线所在之处，此时模型的复杂程度处于最佳状态，模型的泛化能力最好。

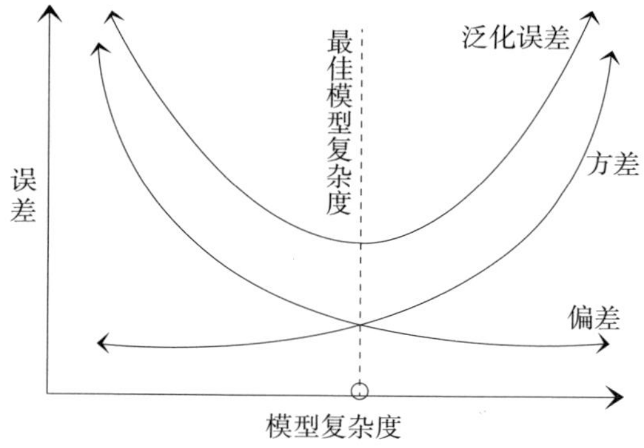

图 2-4　模型的泛化误差示意图

我们从图 2-4 中可以很容易地发现，偏差和方差之间是存在冲突的。虽然大多数情况下，我们不能计算实际的偏差和方差项，但是对偏差和方差的把握为模型预测性能的优化提供了思维框架。

模型的复杂度：VC 维度

前面我们讲到，模型的偏差和方差与模型的复杂度是有关系的。模型的偏差会随着模型复杂度的上升而下降，而模型的方差会随着模型复杂度的上升而上升。那我们是怎么来定义和量化一个模型的复杂度的呢？为了定义和量化一个模型的复杂度，我们引入一个新的概念：VC 维度（Vapnik-Chervonenkis Dimension）。VC 维度是根据提出者统计学家弗拉基米尔·万普尼克（Vladimir

Vapnik）和数学家亚历克塞·泽范兰杰斯（Alexey Chervonenkis）的名字来命名的。

大自然的智慧是无穷的，它赋予我们聪慧的大脑，也在冥冥之中提示我们寻找规律，让我们首先从大自然的角度来理解 VC 维度。海豚经过训练可以打乒乓球、钻火圈，被称为世界上最聪明的动物，海豚大脑的重量占海豚体重的 1.7%。平时我们总会用“蠢萌”这个词来形容的狗，它的大脑重量仅占它体重的 0.8%。经过对多种动物大脑重量占它体重比例的研究以及这些动物日常表现的观察，科学家们提出，大脑重量占体重的比重越大的动物越聪明。人类大脑的重量占人体重的 2.1%，是地球上所有生物中占比最大的，这也充分证明了上述观点。大脑占的比重越大，说明脑细胞相对就越多，也就是大脑的复杂度越高。如果从 VC 维度的角度来看，大脑的 VC 维度越高，就越聪明。

接下来，让我们从理论的角度来了解一下 VC 维度。首先我们需要了解一下分类器。分类是 AI 思维考虑的重要问题：比如我们要将顾客分为高购买价值和低购买价值两类，以此来决定我们的精准营销方案。在人工智能中，这些数据的分类是通过分类器进行的，而分类器的复杂程度取决于它能够准确分类的数据的多少。假如现在要用分类器为一组数据点分类，那么这种分类器的 VC 维度的定义就是：对于每个可能的数据点的标记，单个分类器可最多分类的数据点个数。但是需要注意的是，这里有一个隐含条件，就是不要求对在同一直线上的点分类。比如：如图

2–5 中前三张图所示，在二维空间上，一个线性分类器的 VC 维度是 3，因为它可以对任意三个点进行准确分类，无论它们如何排列。但是如图 2–5 中第四张图所示，单个线性分类器无法对四个点进行准确分类，即使它们不共线。

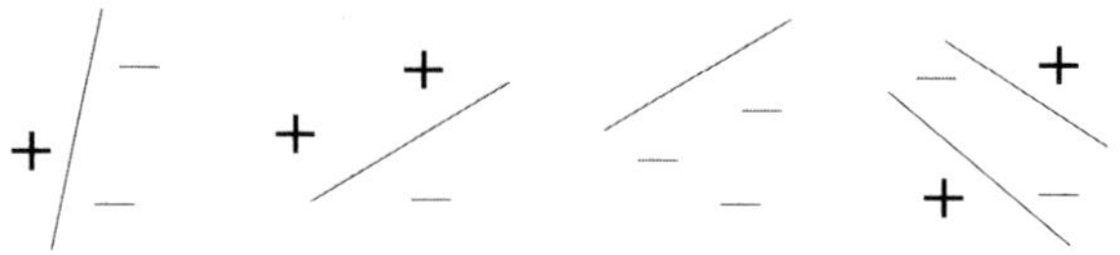

图 2–5　二维空间线性分类器示意图

如果要判断分类器的 VC 维度就要看它能够对几个不共线的点进行分类。通过上述图片所示，我们可以直观地看出来，二维空间中单个线性分类器可以分类的最大数量是 3，所以这种线性分类器的 VC 维度是 3。而随着分类器能准确分类数据的增多，VC 维度也会相应地增加。因此，VC 维度是描述模型复杂程度的一种方法。

VC 维度是反映泛化误差与训练误差关系的重要指标，正如以下公式所示：

$$泛化误差 \leqslant 训练误差 + \sqrt{\frac{8}{N}\ln\left(\frac{4(2N)^{\mathrm{d}}}{\delta}\right)}$$

其中 N 指的是训练样本数量，d 指的就是 VC 维度，δ 指的是一个概率相关的参数。虽然这个公式看似十分复杂，但是仅从数量关系的角度看，VC 维度与泛化误差和训练误差的差值呈现正相关，VC 维度越大，泛化误差和训练误差的差值就越大。而我们现在已经知道了 VC 维度代表的就是模型的复杂度，所以模型的复杂度与泛化误差和训练误差的差值也呈现这样一个正相关关系。那么，模型 VC 维度的法则在现实中有什么意义呢？

首先我们要知道，VC 维度并不是越大越好，但是根据上述公式可以发现，训练样本的数量位于分母位置，VC 维度位于分子位置，如果分子分母的数量同时扩大，也就是说训练样本数量和 VC 维度同时扩大，泛化误差和训练误差的差值可能并不会发生显著改变。换言之，如果在训练样本的数量越来越多的情况下，提升 VC 维度，也就是使用更加复杂的模型可能是一个更加合理的选择。所以，模型 VC 维度的大小是要根据训练数据的多少来进行选择的。只有选择了合适的 VC 维度模型，人工智能才能产出实际价值，为各行各业提供优质的服务。

我们现在使用的人工智能都是经过了漫长的发展才达到现在可以普遍应用的水平，例如语音识别从 1952 年就已经出现了，但当时的语音识别建立在一个数据量很小的基础上，所以当时它只能识别出 10 个英文数字的发音，虽然这是语音识别的开端，具有划时代的意义，但它也确实不能进入应用阶段。随着语音识别马不停蹄地发展，训练语料库越来越大，相应地，语音识别模型的 VC 维度也在不断升高，随之而来的是语音识别的错误率也越来越低。目前，主流智能语音识别的准确率已经超过 97%，比通常人工转录的准确率还要高。

我们之前提到过的图像识别领域的“奥赛”ImageNet 比赛也反映出这样的趋势。从 2000 年开始，每年冠军参赛模型的 VC 维度都在不断上升，与之相对应的，冠军模型识别图片的错误率在不断下降，在这背后，冠军模型面对的其实是数据量越来越大的现状。不论是在语音识别、图像识别还是在其他人工智能应用上，都体现了这个规律：几十年前，数据量很小，人工智能技术刚刚起步，模型不需要很高的 VC 维度来处理数据，所以当时建立的一些模型都很简单。但随着时代的发展，数据量的增加，为更好地解决层出不穷且越来越复杂的问题，提供更优质的服务，近几年新建立的模型都呈现出 VC 维度越来越高、复杂程度越来越高的趋势。

与此同时，各种新兴行业也通过 VC 维度的提升有了新的发展。2019 年 8 月 2 日，腾讯人工智能实验室研发的人工智能系统叫作绝悟，它在王者荣耀世界冠军杯中战胜了职业选手，证明了现在的人工智能也可达到电竞职业玩家的水平。8 月 3 日，绝悟在中国国际数码互动娱乐展览会（ChinaJoy）上参与的 504 场 1 对 1 人机对战中，获胜率为 99.8%，输掉的那一场是输给了国内最顶尖的专业玩家。绝悟之所以能取得如此高的胜率，正是因为选择了具有合适 VC 维度的模型。

这些年，中国电竞在世界级比赛中也获得了不俗的成绩：2018 年雅加达亚运会电子竞技表演赛中斩获 2 金 1 银、“英雄联盟”S8 全球总决赛捧得冠军奖杯。这说明中国电竞业正在逐步崛起，电竞职业选手的能力也逐渐逼近世界水平。这时如果发明出电竞人工智能，也会希望它达到世界级水平。但是，电竞人工智能所要面临的问题是十分复杂的。以王者荣耀为例，它作为一个团队作战游戏，双方每方 5 位参与者要在英雄搭配、技能应用、路径调换及团队协作等方面面临大量、持续而且即时的选择，其操作可能性高达 $10^{20\,000}$ 种。因此，绝悟在训练过程中选择的是 VC 维度极高的深度强化学习模型。在短短半个月的训练周期内，绝悟每天的训练强度相当于人类训练 440 年的量。与此同时，绝悟在训练中用了 384 块 GPU。在这样高等级算力的支持下，VC 维度高的模型的训练下，绝悟的电子竞技能力直线上升，达到了世界级电子竞技选手的水平。

“权衡”二字出自南朝刘勰的《文心雕龙》:“权衡损益，斟酌浓淡。”古人早已告诉我们，要懂得权衡才能找到处理事情的最佳方法。通过权衡偏差和方差平衡模型的复杂程度和稳定程度，找到最合适的模型；通过权衡各种条件，找到最合适的 VC 维度，这样打造出来的模型才是真正能解决问题的模型。弱水三千只取一瓢饮，虽然选择很多，我们只要最合适的那一个。这和 AI 思维是一脉相承的，通过权衡各种复杂条件做出最佳的决策，不但可以帮助我们解决各种复杂的商业问题，还能使我们在激烈的行业竞争中脱颖而出。

相关性和因果性

伏尔泰说过："雪崩的时候，没有一片雪花是无辜的。"那雪山是随着片片雪花的飘落而崩塌，还是因为那场忽降的大雪而崩塌？笛卡儿说过："我思故我在。"那我们是随着思考而越发感觉到自己的存在，还是真的因为我们在思考才有了自身的存在？骆驼到底是随着稻草的增多而被压垮，还是因为最后一根稻草太沉而倒下？关于相关性和因果性的思考一直以来都存在，机器学习模型发现的便是输入变量和预测目标之间的相关性。相关性不同于因果性，因果性对应的是传统科学研究的范畴，相关性则是 AI 思维所关注的理念。相关性对于我们研究许多变量因子之间的相互关系有着很大的帮助。

事实上，将两个一起出现的事物关联起来是人类与生俱来的学习能力。比如说，人都怕衰老，因为衰老意味着生命的流逝；人们到了一定年纪就会喜欢照镜子，去看是不是自己脸上哪个区域又出现了皱纹，或者白发是不是又增多了，因为白发和皱纹是衰老的迹象，这对于大部分人来说可能都不是个好消息。我们一看到脸上有皱纹、头上有白发，就知道人开始进入衰老期，其实就是因为我们将皱纹、白发与衰老建立起了联系，根据这个联系在脑海中反映出它们之间的相关性。但是，从科学角度来说，并不是"皱纹""白发"带来了人体的衰老，它们只是衰老的表象，人体衰老的根本原因在于细胞代谢能力的降低。也就是说，皱纹和衰老之间并不存在因果性，仅仅是内涵及外在表现形式的一种相关性。

人体是一个复杂的存在，除了会经受自然衰老以外，还会生各种各样的疾病。在流行病学领域，相关性也比因果性常见得多。例如，最近很多上班族觉得自己气血不足，所以在他们中间流行起了“泡枸杞、吃红枣”的养生法。这是为什么呢？难道就因为上班族每天都得对着电脑、手机十几个小时，又恰恰显出了气色差、无力等贫血迹象，就能说明是辐射引起的贫血吗？这些社交媒体制造的类似焦虑言论背后，其实埋着将相关性歪曲为因果性的雷。虽然不排除某种性质的贫血跟电子产品的辐射有一定关联，但贫血和人们使用电子产品的比例并不能断定两者之间的因果性。

实际上，白领群体的“贫血”概率与机体的运动代谢下降和饮食结构的不合理有关。白领群体长时间坐在工位上，对着电脑、手机，身体代谢变慢，血气调动不起来，这才导致了医学上的贫血现象。此外，上班族工作压力大、饮食不规律，忽略了机体基础营养的正常补给，长年累月，影响身体机能的修复，这也是引起气血不调的原因之一。所以，如果将此类的表述换成“随着全球气温升高，贫血人群的数量也在急速上升”，同样也能推出“全球温度升高容易引起贫血”的结论，这显然十分荒谬。

虽然相关性没有因果性来得一针见血，但是相关性能一定程度地揭露问题所在。作为内在问题的一种肉眼可见的表征，相关性自有它的用武之地；至于如何应用，我们会在后面的内容中进行更详细的阐述。现在让我们先来看一下相关性与因果性的定义。

什么是相关性

相传，如果南美洲亚马孙河流域热带雨林中的一只蝴蝶慵懒地扇动几下翅膀，可能会在两周之后导致美国得克萨斯州刮起一场铺天盖地的龙卷风——如果一定要说这两件事之间存在关系的话，那这个关系也是微乎其微的。

那么，如何衡量相关性的程度呢？我们可以定义相关系数，规定相关系数的取值范围在 –1 到 1 之间，两个事物之间的相关系数越接近 0，就表明两者的相关性越低。对比双方数据时，如果一方数据往高走的时候，另一方数据也在上升，就说明二者正相关，它们的相关系数在 0 与 1 之间。如果一方数据往高走的时候，另一方数据下降，那么二者为负相关，相关系数在 –1 与 0 之间。相关系数的绝对值越大，相关性越强。相关系数越接近于 0，相关性越弱。

举个例子，负相关性就好比饮食健康程度和生病次数之间的关系。一般来说，饮食健康程度越高，生病次数就越少，即饮食健康程度和生病次数是负相关的。不相关（相关系数为 0）的数据，看起来就是一组均匀的数据点，没有什么明显的趋势。当然也有正相关的例子。譬如多年未见的朋友比小时候长得更加高大、健壮了，体重也重得多。身高和体重之间就是一种正相关的关系。一般来说，身高每长高一厘米，体重也会相应地有所增加。

但是在运用相关性进行分析的时候要十分注意。国外有个网站 Spurious Correlations，讲的是虚假的相关性。这个网站上列了许多啼笑皆非的例子，这些例子中的每一对数据看似都有很高的相关性，实际上却不存在任何合理的解释。比如说，有人发现在某些年份，美国在科技领域投入的资金和上吊自杀人数，相关系数高达 99.79%。这其实体现的就是一种虚假的相关性，真正具有相关性的两者要有一个关联的基点。就这个例子而言，人们并不会因为美国在科技领域投入多少，就去考虑上吊自杀的事情，所以两者不存在一个关联的基点，也就不存在真正的相关性。网站上列举的另一个虚假相关性的例子——人均芝士消耗量和新增土木工程博士数，相关系数高达 95.86%。95.86% 表面上代表着非常高的相关性，但实际上，两者之间并没有合理的联系。造成如此高的相关系数的原因也许只是随着时间推移，社会发展，各项指标正好同步变大而已。所以在使用相关性概念的时候，我们也要考虑两个变量内在的联系和可解释性，单纯的相关系数可能没有意义。

什么是因果性

证明因果，首先要证明两个事件有关联。这种关联一般来说是一种常见的现象，比如一些老人喜欢说的“爱笑的人都很善良”，“满脸愁容、精神颓废的人都很苦命”，“筋络粗壮的都很奔波”，等等，是根据一种静止表象来推测动态发展倾向。虽然关联现象不一定意味着因果关系，但认识到或者察觉到它，却是一个很好的起点。如果某两个事件显示出一定的相关性，往往会引起研究者的注意，吸引他们去发掘其中可能存在的因果关系。

从日常生活到严谨的科学实验室，想要证明事件之间有无关联或密切程度的方法有很多。就像前面说的，从统计学的角度，能够通过数据分析看出两个事件之间是否存在正相关和负相关的关系，如果不存在关联就不存在因果，因为关联关系是因果关系的基础。当确定两个事件之间存在关联后，我们再进一步分析两个事件之间的细节规律，建立起一个假设，即它们之间发生的先后关系的推测。想要验证这个推测，首先可以预设是某一事件导致的另一事件，这个结论成立的两个条件是：第一，一个事件发生在另一个事件之前；第二，前一个事件的出现能预测另一个事件的出现。

因果关系的链条是单一的。上述条件只是证明了两者之间存在链条，我们还要进一步检验事件之间链条的单一性，也就是排除掉其他可能的混淆变量。所谓混淆变量，就是发生在前一事件以外的其他事件导致了后一个事件的发生，这就违反了因果关系链条的单一性，这个因果关系就不是那么明确地能够成立了，需要再往深一步去挖掘其真实的因果关系链条。比如，在众所周知的狐假虎威的故事当中，每一次狐狸出现，森林里的动物们都十分害怕，四散而逃，但是动物们逃走并不是因为狐狸，而是因为狐狸的身后跟着百兽之王老虎。在这个故事中，老虎就是那个混淆变量，狐狸出现与动物们逃跑之间并不存在链条的单一性，也就是因果关系并不成立。

去掉混淆变量的常见方法是设计实验组和对照组。实验组，就是在这一组样本中对某一因素做处理。对照组，就是不做任何处理，直接放置，然后观察两组现象的差别。要证明因果，就是需要实验组出现预设的现象，而对照组不出现预设现象。如果实验组因为做了某一因素的处理而出现预设现象，对照组未做任何处理而没有出现预设现象，就能证明某一因素的改变导致了预设现象的出现，而没有这一改变就不能导致相应现象出现。

例如，最近喝各种养生茶变得流行起来，有些人喜欢清淡的，有些人接受不了苦味，有些人却偏偏喜欢特别苦的。如果我们想要知道是哪一种原料导致了茶的苦味，就可以进行一次对照实验。例如，我们的推测是里面的苦菊导致了苦味，那么我们需要泡两杯茶，一杯花果茶的茶包原料不变，照常加水泡开；将另一杯花果茶的茶包原料里的苦菊挑拣出来，再加水泡开。如果品尝后发现前一杯茶带有苦味，而后一杯茶没有苦味，则验证了我们的推测是正确的，即苦菊是导致这杯茶带苦味的原因，苦菊与茶的苦味之间的因果性成立。当然，我们还可以做更多推测，比如考察是哪种材料导致了奇怪的味道，等等。

相关性大于因果性

在日常工作生活中，我们更需要关注相关性，而不是强求因果关系，也就是说，只需要知道“是什么”，而不总是需要知道“为什么”。这能使人跳过洼地，快速地获取结果。这种思维方式推翻了自古以来人们更加注重因果关系的惯例，使我们理解现实和做出决定的最基本方式受到挑战。但是不破不立，破而后立，相关性的思维方式也让一切事物变得看起来很简单。AI 思维从数据中训练出模型，但它从不思考为什么这样做，这让模型训练变得简单直接，体现出相关性思维的特点。

从传统的因果性思维转向相关性思维是 AI 思维最突出的一个特点，传统的因果性思维是说我们一定要找到一个原因，推出一个结果来。而基于 AI 思维的预测没有必要找到原因，不需要证明这个事件和那个事件之间有一个必然、先后关联发生的因果规律。在相关性思维中，如果出现了某些迹象，数据统计的高概率会显示出相应的结果。那么，当我们发现这些迹象时，需要做的就是根据这些迹象去预测结果，做出决策。这和以前的思维方式不一样，和传统科学的思维不一样。虽然同样基于数据，但是传统科学要求找到准确的因果关系。

但是，在这个纷乱复杂的社会关系里面，充满了差异性，不同的人在不同的时间节点可能会为了不同的原因去做一件同样的事情。比如，有的人觉得紫外线太强怕被晒黑，有的人觉得阳光刺眼，有的人觉得雨季要到了，这时他们都可能会买一把伞。不论中间的思考过程有多曲折，各自的理解如何大相径庭，他们最终都指向同一个结果。其实，我们在很多时候，最终为的也不过是这个结果罢了，所以在这期间耗费过多的精力去寻找里面的因果关系并非那么必要，毕竟在这个节奏如此快的社会，等你从头到尾都想得一清二楚的时候，这个事情可能早就不值得办了。

所以人工智能时代的思维更像“action!”（行动指令）、“reaction!”（立刻反应）这样一种直线思维。也就是说，你听到或者看到一个明显的指令或者迹象，你不需要去追究太多，只需要按惯例做出反应就可以。只要我发出这个口令，就一定能够得到一个既定的、预期内的回应，这就可以了。就像在运送快递时，如果有玻璃制品这样易碎的物品，快递盒子外面一般会有“易碎物品，小心轻放”的提示。看到这个提示，快递员不需要知道盒子里面是什么物品，也不需要知道它为什么易碎，他只需要在送快递过程中做到小心轻放，不让盒子中的物品破碎就可以了。

全世界的商界人士都在高呼人工智能时代来临的优势：早在很久以前，商家就明白了相关性销售的精髓。比如，商家很容易根据你买东西的数量知道你家有多少人吃饭，你是单身还是一大家子。将牛肉干等一些简便的下酒食品与各种酒品摆在一起，也能很大程度地提升销售业绩，因为很多时候这些关联是更契合人性的。比如，你只喝酒，难免肠胃寡淡，根据人体自然需求，会需要同时补充一些重口味的小吃。喝酒就是为了爽快，谁会为了几块钱的小吃而折损了喝酒的享受呢？抓住了这些关联也就抓住了人性，从而能实现高销售。数据透露出来的信息有时确实能起到出人意料的效果。比如，下雨或者高温暴晒的时候，往往订外卖的人数会激增，这时候在办公区附近的餐馆都会提前做好“备战模式”，例如提前预备好外卖餐盒、准备好外卖常点的菜品，这些老板不需要去考虑究竟是因为下雨、暴晒的时候大家觉得出门麻烦而选择订外卖，还是因为这种天气下大家心情不好而选择点外卖，他只需要根据天气变化采取相关行动就可以。

这些例子共同说明了一个道理：用相关性思维方式来思考问题、解决问题的做法值得关注。寻找原因在以前被视为理所当然，但是大数据推翻了这个论断。过去寻找原因的信念正在被更为实用的相关性所取代。随之而来产生了一个值得思考的问题：在探求因果关系转变为注重相关关系的过程中，我们怎样才能既不损坏奠定社会繁荣和人类进步的因果推理基石，又能真正推动社会的进步呢？需要强调的是，转向相关性，并不是要抛弃因果关系这块科学基石，而是通过相关性更加快速直接地解决问题。

在当今这个信息化的时代，只要能够得到充足的数据，加之用高效的 AI 思维寻找到相关性信息，就可以预测用户的行为，为企业做出准确决策提供支撑。比如，金融行业非常注重风险的把控，以往我们识别金融风险最常用的方式就是查看客户的过往征信记录，寻找各种渠道去打探对方的信誉。这个过程不但耗时、费力，还未必能够保证信息全面。

有了人工智能加持之后，金融机构就可以通过数据建立模型，识别出客户相关的异常行为以及异常关系，为金融决策提供广泛、确切的有效信息。在这个领域中，人工智能能够帮助解决金融信用体系中的关键问题。那么人工智能是如何在这个过程中发挥作用的呢？首先需要构建人工智能模型，然后通过模型实现特征分析，进而根据模型的输出判断异常。比如说现在我们要判断是否给某个客户贷款。为了解决这个问题，金融机构就要对该客户以往的行为进行分析。如果金融机构通过人工智能分析发现，这个客户曾经多次逾期还款，收入不稳定、工作情况变动大，那么这就意味着他不是一个很好的贷款对象，因为财务状况不稳定与出现财务问题之间有很大的相关性，放贷给他可能会影响到钱款的正常收回，导致出现损失。相反，如果客户过往的财务状况稳定，并且有着合理的发展规划，就说明他是一个值得信赖的客户。向这样的客户贷款，风险较低，相对安心。

尽管在过往，这些工作也能通过人工粗略地进行，但是由于细枝末节的信息不计其数，而人力始终是有限的，在这种情况下，人工的分析自然容易出现疏漏。此外，人工耗时长，对于金融这个看重时效性的行业来说，是一个重大的弱点。相比之下，人工智能通过自身的模型学习，能够在短时间内就发现隐患，使得应对决策能够正确有效地实施。所以，在商业社会里，“action!”“reaction!”的行为模式是更为合理，也是适用更广的。细究其中，你会发现，事实上所有事件的处理方式都在遵循相关性原则，无论你把事情考虑得多么周全，仍然可能出现问题；在应急的当下，你也一定是运用了相关性来处理绝大部分问题。而且根据人们使用的情况来说，在生活的方方面面，它都饶有成效。有时候，相关性可能就是人们所说的“下意识”，看到或者听到某些事物，条件反射地设想出下一秒产生的结果，下意识地为这个结果做出反应。

哲学上讲，联系是指一切事物、现象、过程及其内部诸要素之间的相互影响、相互作用和相互制约，也就是说，万物之间都是存在相关性的。也许你没有意识到相关性的存在，但就像你看到打雷就知道要下雨一样，人们无时无刻不在使用着相关性思维。相关性这种通过分析不同事件之间的联系，由起点直接到终点的思维方式，是 AI 思维能够快速准确地进行预测的内在逻辑。物有本末，事有始终，掌握了相关性，你就能事半功倍地得到想要的结果。

数据的规律性

我们已经知道，人工智能的发展和应用离不开大数据的支撑。但是大数据意味着数据的数量越来越庞大，质量越来越难保证，真实性越来越难判断。对于人脑来说，随着数据的不断增加和积累，要在铺天盖地且良莠不齐的数据中找到我们所需要的那一份信息，无异于大海捞针；但对于人工智能来说，这并不是什么难事。我们不禁好奇，人工智能到底是如何办到的呢？

从表面上来看，我们所接触的信息是杂乱的、无序的，但是事物之间的联系是普遍的。例如世上万物形态各异，但是组成这些物体的元素都是相同的，也就是化学元素周期表中的一百多种元素；世界上没有完全一样的两个人，但是我们的染色体数量同样都是 23 对。人工智能要处理的数据同样也是这样，我们通过深入分析和研究，就会发现数据和数据之间是存在共通规律的。

对于数据来说，这种本质的规律性可以反映在数据内在的几何结构上。这个几何结构并不是我们日常生活中所常见的，而是存在于一个更加复杂的空间，复杂到可能有些超出我们的直观想象。例如我们都知道一张照片是由许多像素点组成的，当我们随手拍了一张 1 920 × 2 560 像素的自拍时，这些像素间便互相组合形成不同的维度。也就是说，这张照片所对应的数据就是由 4 915 200 个维度组成的，即使我们的肉眼只能看到一张平面的照片。人工智能处理和理解的数据，其实都是高维的；我们将这些数据所在的空间称为高维空间。要想掌握数据的内在规律性，就要先对高维空间进行了解。

高维空间的几何学

我们一般会认为我们生活在三维的立体世界中，但很多物理科学家认为，空间不只有三个维度，并对空间维度的相关问题争论不休。

爱因斯坦在他的《相对论》中提出，整个世界是由时间和空间组成的，时间就是第四维。时间作为一个坐标，确立了三维空间在一维的时间轴上的排列。世界著名理论物理学家丽莎·蓝道尔教授在一次核裂变实验中发现少量粒子突然凭空消失了。她推断这些粒子可能去了我们看不到的“五维空间”。英国著名物理学家霍金在物理学和宇宙学领域同样具有高度权威。霍金在给出宇宙模型时提出，只用四个维度来描述宇宙是不够的，粒子、星球运动、宇宙引力等现象都不能用四维来很好地解释。他提出，至少要用十一个未知数才能将宇宙描述清楚，也就是说，宇宙至少是由十一个维度组成的。虽然我们感受不到如此多的维度，但这并不代表它们不存在。就像我们听不到超声波，看不见紫外线一样，我们感受不到的那些维度只是蜷缩隐藏起来了而已。

平时我们最多只能感受到时间和空间，如此玄幻的多维度可能会让你疑惑。简单来说，任何一级低维空间都是高一级空间的横截面，例如，一维的线是二维的平面的横截面。也就是说，任何一维空间除被本维空间的特有维度确立外，还以横截面的形式在高一维空间中有所体现，如图 2-6 所示，如以宽为轴移动一维的线，就形成了二维的平面。理论上，生活在三维世界的我们完全有可能以时间为轴进入四维世界，也就是我们通常说的打开了“时空隧道”。

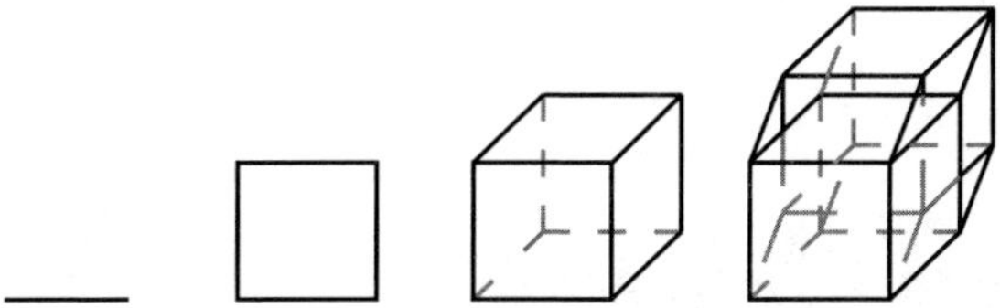

图 2-6　一维至四维空间示意图

物理领域高维空间的提出帮我们打开了探索这个高深莫测的世界的大门；相应地，人工智能领域中也存在高维空间。人工智能处理的数据涉及各个领域，这些数据都可以被看成空间里的一个个点。不同的数据点所在的高维空间，也就是数学中的欧氏空间。

对一个给定的欧氏空间来说，它的维度是确定的：N 维欧氏空间有 N 个独立的维度。欧氏空间给我们提供了高维空间的坐标系和距离的概念，任何数据在欧氏空间都是以向量的形式存在的。人工智能分析的每一条数据，都可以在欧氏空间中转换到给定维度的坐标系里，对应到欧氏空间中的某一个点。基于这样的结构，我们就可以精准地刻画我们想要描述和理解的个体。人工智能就是这样准确快速地在海量的数据中表示出我们感兴趣的那一份信息的。

虽然欧氏空间通常是高维空间，但当我们分析数据内部结构的特点时，就会发现，数据的内部存在一定的规律性，并且这些规律性可以被用来解释为什么“美女”都长得很像，以及动画片是怎么生成的。接下来，让我们一起来了解数据内部到底有什么样的规律。

线性规律：佳丽的特征脸

图 2–7 是多位参加“韩国小姐”选美比赛的佳丽的照片。这些佳丽面容都十分秀丽，我们细看会发现每一位佳丽长得都不一样，但总体来看又十分相像。由于这场比赛发生于整容业十分发达的韩国，很多人表示这些佳丽仿佛是多胞胎一样，也有不少人在质疑她们是出自同一条整容流水线的同时，又纷纷感叹被称为亚洲四大“邪术”之一的韩国整容技术的高度一致性。

为了更好地理解这些佳丽脸部存在的规律，我们对这些佳丽的脸部图像做了处理，形成了她们的特征脸。特征脸是反映这些佳丽脸部主要变化特征的一组“模板”。为了更加直观地反映出这些佳丽长相的相似性，我们又从这些佳丽的特征脸中挑选了其中十张，如图 2–8 所示，这十张特征脸包括了这些佳丽脸部图像的主要变化。

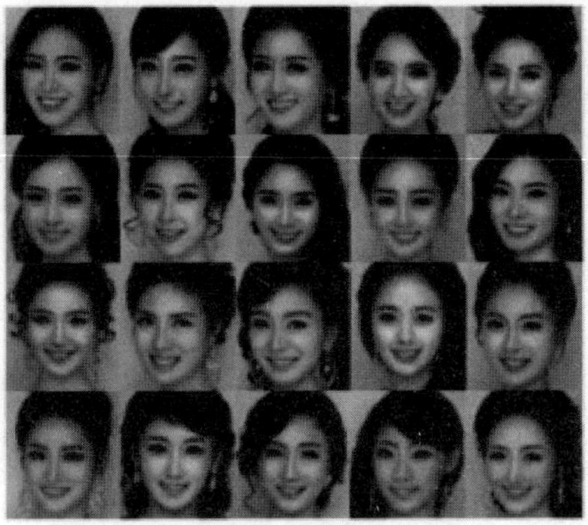

图 2–7　佳丽照片样例

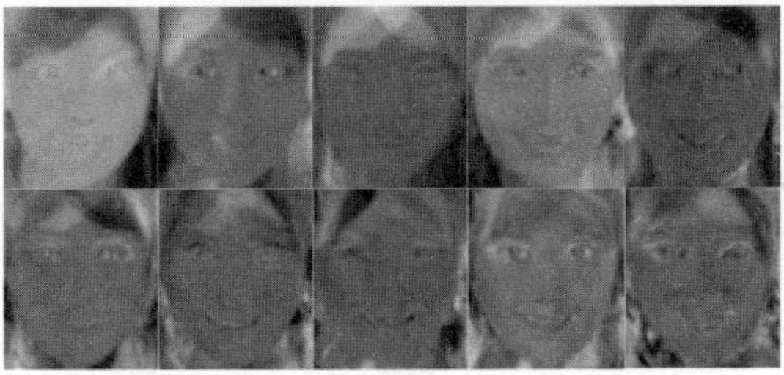

图 2–8　佳丽照片产生的特征脸

显然，每位佳丽的脸都有和特征脸不同的地方。接下来，我们要对每个人的脸部做重建。重建就是把一个佳丽的脸投影到特征脸，然后再线性组合起来，这样就得到了重建之后的佳丽的脸。如图 2–9 所示，上面一行是原始图像，下面一行是原始图像投影到上述特征脸后的重建图像，通过对比我们可以发现，对应的上下两图之间的误差其实很小。

图 2-9 佳丽照片的原始图像和重建图像

然后我们将每张佳丽的脸部图像投影到特征脸上，分析出这些脸部图像在特征空间中是怎样分布的。图 2-10 表示的是对于这些佳丽的脸部图像，不同特征脸所对应的权重，从中我们可以看到，大部分特征差异都集中在前几个特征脸上。也就是说，前几个特征脸捕捉了佳丽脸部特征绝大部分的变化。

通过上述分析，我们可以看出，这些佳丽在外貌上是有规律可循的。这个规律就是，不论她们在外貌上各有什么样的特征，但是如果把她们的外貌投影到一个平面，也就是我们所说的线性空间中，她们的外貌基本上在特征脸构成的线性空间上都能找到很好的表示。

这种基于数据的线性规律的"特征脸"，在我们的日常生活中有着广泛的应用。比如在一些重大考试中，传统的人工核验身

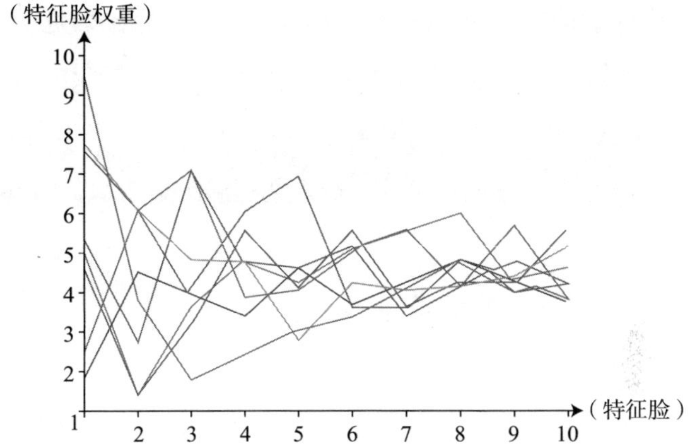

图 2-10　特征脸权重折线图

份证和准考证费时费力，而且很容易出错。针对这个问题，有人发明了一套基于人脸数据的线性规律的考场人脸识别系统。这套系统是要核验考生和二代身份证上的人是否一致，所以要提前提取考生的面部图像信息，对二代身份证上的照片进行预处理。在保证照片大小、考生面部位置一致的基础上，拿这些图像生成这些考生的特征脸，并将其定义为一个面部空间。在此之后，将考生的面部图像全部投影到面部空间上，计算出每一个人脸图像在该空间上的相关分布位置。经过这样的处理，我们就可以用这套系统进行人脸识别了：只需要将待识别的人脸图像投影到这组特征脸上进行对比，就可以知道该人脸是否是人脸库中的人脸。

数据的线性规律源于数学上在线性空间的投影，它去除了数据中不重要、不显著或者没有用的信息，只保留最本质、所有数据共同拥有的特征，所以投影后形成的数据比原始数据更简洁，更具有普遍性。不论是选美小姐的特征脸，还是考生的特征脸，都是依赖于这类图像数据的内在线性规律性，将信息尽可能地简化，降低了数据处理的复杂性，更好地把握数据的本质特点。

非线性规律：流形学习

前面讲了数据的线性规律，我们再来讲一下数据的非线性规律。什么叫作数据的非线性规律？我们这里用一个直观的例子来说明一下。如图 2–11 所示，这幅图叫作“瑞士卷”。我们所生活的三维空间是一个平坦的欧氏空间；瑞士卷与我们所生活的三维空间不同，它是一个曲面。

与我们日常所见的平面相比，曲面有很多不同的特点。譬如，我们在图 2–11 所展示的瑞士卷上取两个点：A 和 B，如果要从 A 点到 B 点，直观上，我们所要经过的路线应该是两点之间那条弯曲的线，而不是像在三维空间中简单地通过 A 点到 B 点之间的直线过去。数学上，流形是局部具有欧氏空间性质的空间，它能够帮助我们更好地理解数据中“曲面”的概念。人工智能对非线性结构的研究认为，数据的非线性规律实际上是由一个低维流形映射到高维空间所产生的。一些高维中的数据会产生维度上的冗余，实际上这些数据用一个比较低的维度就能表示了。例如这个三维的瑞士卷，其本质是三维空间中的二维流形。

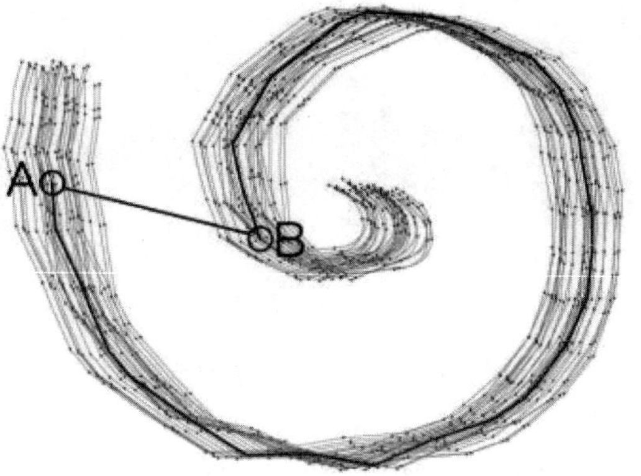

图 2-11　瑞士卷示意图

通过上述对瑞士卷的描述，我们就很容易理解，非线性规律并不是存在于平面之中，而是在曲面上。发现数据的非线性规律的方法叫作“流形学习”。流形学习是在著名的科学杂志《科学》（*Science*）中被提出来的，引起了人工智能界的极大关注。它假设数据均匀采样于一个高维欧氏空间中的低维流形，即从高维数据中恢复低维流形结构，并求出相应的映射关系，以实现数据的智能分析或者数据可视化。

流形学习可以用于研究人脸数据。例如，我们从已有的人脸数据库中选择一些人脸图像。经过流形学习分析，就会发现这些人脸图像由于拍摄角度、光线或者是表情姿势的不同，呈现出不同的特征。如图 2-12 左边的图所示，每幅图像对应空间中的一个点。为了让可视化结果更加明确，图 2-12 右边的图中简化保留了十幅最有代表性的图像。

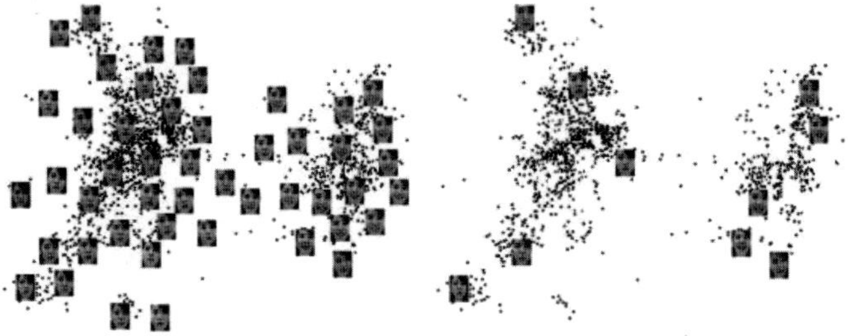

图 2-12 人脸高维空间示意图

对上图仔细分析我们可以发现，这些代表性的面部图像显示在空间的不同部分。人脸图像被分割成两部分。左侧部分包括闭着嘴的面部图像，右侧部分包括张口的面部图像。这是因为在我们的面部图像被投射到更低维的空间时，图像中的相邻点在低维空间中更近，图像中的远点在低维空间中更远，所以形成了我们现在看到的排列顺序。经过观察我们可以发现，这些图像是按照人脸的表情和姿势来分布的，这就是隐藏于其中的分布规律。通过这个实验，我们发现了这些人脸图像所构成的流形，那些在线性空间表示不了的姿势和表情，在人脸的非线性结构之中都可以表示出来。

近年来，准确地刻画人体动作成为多个领域的研究热点。而随着人工智能的兴起和发展，越来越多的人开始从全新的角度理解人体动作，例如根据人体动作数据的非线性规律来建立人体动作模型。利用数据的非线性结构来建立动作模型有广泛的实用性，例如用于动作识别或者动画生成。下面我们就从这两个方面来了解非线性规律下的人体动作模型。

人体动作识别是计算机视觉领域的一个重要问题。比如说，在体育或者医疗场景下经常需要准确地识别出人体的动作。以前如果想要对人体动作进行精准的识别，需要用多个摄像机或从多个视角拍摄记录人体动作。虽然这样生成的模型可以识别出人体的动作，但这一般是在实验室环境中进行的，过程繁复，效率低下。随着流形学习的发展，人们开始尝试通过人体动作的非线性规律来构建动作模型。通过这种方式来建立动作模型，仅用一个摄像机拍摄即可，然后通过流形学习方法对拍摄的视频进行分析，利用动作数据的非线性流形结构来形成动作模型。这样生成的动作模型，对于站立、转身和行走等十三种动作类型的识别错误率仅在 1% 左右，可以在自然环境下应用，比如可以用于识别比赛中运动员或者医院中病人的动作。

下面再来了解用于动画生成的人体动作模型，它可以帮助动画师生成自然流畅的动画人物的运动过程，让角色动画的创作过程变得更加便捷。传统动画制作分为两种，一种是逐帧动画，需要动画师一帧一帧地进行绘画制作，虽然效果真实细腻，但是制作时间极长，制作负担很大，最终输出的文件量也很大；另一种是补间动画，需要通过计算机自动补帧来生成动画，虽然减轻了工作负担，但是生成的人物动作会出现不自然不连贯的现象。近年来基于流形的动作模型越发成熟，可以将动画制作置于流形空间中，而不是用传统动画制作的方式进行。根据这个思路，需要自动学习在非线性流形中的大量人物动作数据，这样形成的动作模型就可以用来自动合成动画。如图 2-13 所示，动画师如果想要生成人物在某条弯曲的道路上奔跑或行走的动画，可以直接通过调取关于奔跑或行走的流形数据，轻松生成真实自然的人物动画序列。

图 2-13 人物动画序列示意图

对于佳丽来说，特征脸揭示了她们脸部图片数据的线性规律；对于人体动作而言，非线性结构提供了更好地运用相应数据的框架。但需要特别注意的一点是，不论是具有线性规律的数据还是具有非线性规律的数据，都是具有许多维度的高维数据，要想找到这些数据的规律，都需要将其投射到更低的维度。这个更低维度预先是不确定的，我们通过人工智能模型的分析和处理，最终在恰当的低维度空间里更好地表示了数据内在的结构。

天不言而四时行，地不语而百物生，天地万物都有其运行的规律。本节讨论的数据内在的规律性是 AI 思维的底层逻辑之一，也是基于几何结构的人工智能模型形成的基础。理解这些规律，可以帮助我们更好地理解数据本身，帮助我们在使用人工智能时“知其然”更“知其所以然”，构筑一个更加完整的 AI 思维体系。

第三章

AI 炼金术：数据产生价值

这正是历史知识的矛盾。知识如果不能改变行为，就没有用处。但知识一旦改变了行为，本身就立刻失去意义。我们拥有越多数据，对历史了解越深入，历史的轨迹就改变得越快，我们的知识也过时得越快。

——《未来简史》——

方法论是以解决问题为目标的体系或系统。在方法论的指导下我们会有一个纵观全局的广阔视野，有一套统筹全局的落地方法。缺乏方法论的指导，不论多么充满智慧的思维都难逃纸上空谈的结局。AI 思维就是从理论到实践的一套完整的思维，它既有理论层面关于人工智能的认识，也有实践层面指导人工智能落地的方法论。本章旨在讲清楚 AI 思维中的“术”，也就是从方法论的角度阐述 AI 思维是如何从数据中得出决策，创造出源源不断的价值的。数据量越发庞大，以术理事，AI 炼金术可理清纷繁复杂的数据；新问题层出不穷，以术驭事，AI 炼金术可将数据为我所用，优化业务结果；面临抉择犹豫不决，以术成事，AI 炼金术可通过深度学习等人工智能模型驱动决策。接下来就让我们了解一下，AI 炼金术到底是如何从数据中创造出价值的。

从数据到价值的历程

在人工智能的整个生态系统中，数据既是根本，也是重点。在人类社会中，数据无处不在，而且生生不息，越来越多。我们每天的所看所感都可以转化为数据，这些数据就是各种行为和现象的记录。特别是在互联网如此发达的当下，我们能够接触和获取到的数据更为多维、多样而且庞杂。当然，这对于人工智能的运用来说，完全是一件好事，因为人工智能的运行离不开数据的支持。对于人工智能来说，数据更多，就相当于炼油厂运来了更多的原油，人工智能就能够更好地运作，为人类的生产、生活增添价值。人工智能通过数据驱动决策而产生的变现是我们能够真实看到的，比如优化提升的用户体验，实打实的业绩、利润，或者是口袋里不断飙升的年终奖。

关于数据的重要性，我们先从奈飞（Netflix）的案例说起。奈飞最出名的身份是世界最大的在线影片租赁服务商，但它同时也是美国的流媒体巨头，业务广泛，也涉足影视剧拍摄。奈飞想在好剧频出的美剧圈拍摄出一部像《权力的游戏》《生活大爆炸》《破产姐妹》这样的高人气剧集，于是它开始探索——究竟该怎么做呢？据统计，奈飞在全世界的订阅用户总量达 3 300 万；每天，用户都会在奈飞的网站上产生 3 000 多万个行为，订阅用户会在网站上给出 400 多万个评分和 300 多万次搜索请求，询问剧集播放时间等。奈飞借助这些大数据进一步分析——通过分析几千万用户的观影历史、观影题材内容、故事情节、演员选择以及对不同影视剧的评分等数据，决定拍摄一部有关一位参议员的连续剧，这部剧就是政治题材的人气美剧《纸牌屋》。该剧一经播出就获得了巨大成功，在美国及 40 多个国家和地区成为最热门的在线剧集之一。因为这次新鲜的尝试，奈飞前所未有地获得了 112 项艾美奖提名，也让美剧巨头 HBO（Home Box Office）电视网 18 年来第一次失去了剧集霸主的地位。

《纸牌屋》的惊人成就离不开奈飞数以亿万计的数据的支持。由此可见，数据是新时代商业取胜的重要因素。就像上面说的，奈飞通过对大量受众数据的分析，采取合理决策方案，最终获取了极大的效益和声誉。所以数据是 AI 思维的基础，要从数据产生价值，就要利用人工智能通过对数据的深度分析，引导决策者做出最优决策，从而落地价值。

如何把数据变为价值，主要涉及两个问题。第一个问题，什么样的数据在场景中有价值？无论是在电商行业、广告行业、教育行业，还是生产制造行业，企业的负责人都会不约而同地考虑他们要在网站或者设备、机器上收集什么样的数据。其实，只要是有效数据，都能为之所用，只不过要如何用或者用来做什么各不相同罢了。第二个问题是，如何通过人工智能让这些数据产生价值？这个问题已经得到了初步的解答：人工智能从诞生到现在已经经历了几十个年头，所以行业内已经有比较通用的模式应用人工智能，从而可以从数据中提取价值。

人工智能的应用并非只对行业的格局产生影响，实际上，它与我们的日常生活也息息相关。现代人每天奔波于公司与家的两点一线中，一旦有了节假日这样属于自己的时间，大部分人都会选择出门逛街看风景、到商场购物，或是看一场热映的电影，抛掉平日工作的紧张，让身心彻底放松。所以，我们都希望自己能够得到全方位的引导和服务，而不想再在这方面花费大量时间和精力了。但是，一般情况下，商家并不能很清楚地知道哪些顾客需要什么样的商品，所以尽管每天都有很多顾客路过店家门口，却并不能实现有效转化。另一方面，消费者难得有了一个放松休闲的机会，却因为没能够快速、准确地找到相关商品或者服务而影响了大好心情。为解决这些问题，人工智能就派上了用场：商家可以通过人工智能对顾客数据进行分析，预测顾客需求，根据需求定期向顾客推送商品或者服务的信息；用户接收到信息，也不必为自己在休息时去哪里、做什么这样的问题而绞尽脑汁，只需要放假时直接去商家店里选择自己心仪的商品和服务就可以了。最终的结果很大概率是产生了交易。换言之，人工智能为商业活动带来了实际价值。

从 AI 思维角度来说，人工智能可以从数据中提取价值，可只有数据是不够的，数据量还必须充足。如果没有对足够的数据进行分析，或者对数据的利用不够恰当，都可能导致决策失误。决策一旦失误，自然会影响到整个行为最终诉诸的回报，也就是我们所说的价值。

数据产生决策：为了懂你，我学了很多知识

有了充足的数据，就等于是为人工智能这个系统备足了原料，接下来我们就来看一下，AI 炼金术是如何从数据中挖掘出价值的。如图 3–1 所示，这整个过程包含了四个步骤。我们将通过全球知名的高端化妆品品牌兰蔻使用人工智能机器人促进销量的案例来进行仔细分析。

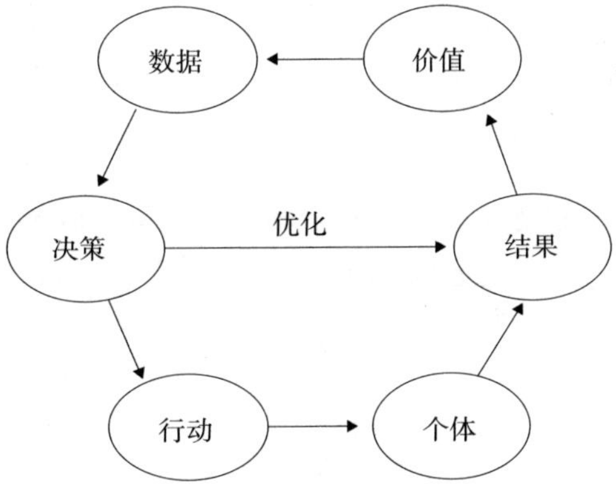

图 3–1　从数据产生价值的过程示意图

第一步，从数据产生决策。消费者千千万，每个人都有各自的喜好和适用款，所以他们的行为是多样的；而从人的单方面观感上又很难判断哪类人、多少人喜欢怎样的商品、怎样的服务，适合怎样的款式。为此，兰蔻引入人工智能机器人，并使其化身为兰蔻专柜导购中的一员。要使人工智能机器人胜任这个岗位需

要做很多前期准备，其中最重要的两点是——第一，熟记并灵活运用所有产品信息、卖点和美妆知识；第二，快速明确顾客需求，推荐给顾客真正需要的东西。

从具体场景来说，兰蔻专柜的大部分顾客是女性，但不同女性对化妆品、护肤品的需求千差万别。有的人注重爆款，有的人注重功效，有的人注重成分，甚至有人买化妆品只是为了试色。对于过往的真人导购来说，首先，他们必须了解每一种产品的功效、成分、适用人群等，才能很好地应对顾客的层层"拷问"。其次，导购还需要熟悉不同肤质、不同肤色、不同脸型的顾客适合的美妆产品，才能留住顾客的心。人工智能机器人导购员如何掌握这样的"读心术"呢？一方面，人工智能机器人通过与顾客进行对话交流，理解和预测出顾客的需求；另一方面，人工智能机器人还需要从多种来源的数据中挖掘获取美妆行业的知识，并通过分析整合，为用户进行精准的推荐与引导，让顾客享受到愉悦的购物体验。

决策到行动：为了提高顾客满意度，我使尽浑身解数

第二步，从决策到具体行动。从数据到决策的过程让我们知道了不同用户的需求，为具体行动提供了方向。具体行动是要深入到个体，根据目标用户的具体喜好来分析的。为了让用户的体验最优化，人工智能机器人做足了功课，不遗余力地提高顾客的

满意度。在给顾客进行推介交流时，人工智能机器人可以像真人导购一样为大家进行对话式个性化推荐。

在对话的场景下，人工智能机器人可以通过三种方式向顾客进行推介。首先是要理解顾客的语言来分析对方需求，例如，对方说："我这几天脸上皱纹有点多，皮肤也很干，有什么产品推荐吗？"人工智能机器人能够根据对这些语句的理解和分析，进行智能推荐："试试具有滋润功效的小黑瓶！"其次，人工智能机器人可以通过人脸属性识别来了解用户需求。例如，有顾客问："我这个年纪适合用什么呀？"人工智能机器人能够通过对该顾客面部的扫描识别，发现对方有皱纹、年龄偏大，并非常情感化地回复："皱纹不可怕，推荐塑颜紧致系列哦！"最后，基于前期大量的知识学习和数据输入，人工智能机器人能够进行多元数据挖掘与推荐。比如，当有顾客表露："我要一只鬼怪色口红送人。"人工智能机器人能够将这些信息与内置的数据库匹配，给出精准引导："鬼怪色的色号是 290，超美，在口红区！"或者当顾客问道："最近换季，有什么推荐呢？"人工智能机器人也能根据所学知识为顾客解忧："试试水光润系列，深入补水还能抗氧化，非常火，广受好评哦！"有些顾客拿不准自己的偏好，可能会问："我想买个眼霜，最近流行的哪种比较好呀？"此时，人工智能机器人会根据以往的消费者数据，提供合理的推荐："今天已经有 19 个顾客小姐姐询问过小黑瓶大眼精华眼霜呢，要不要试试？"

无论是哪一类顾客、哪一种需求，人工智能机器人都能根据大量的数据基础，依靠人工智能进行分析，为顾客提供高质量的推荐。这样，在精准给到高质量信息的情况下，人工智能机器人提高了顾客的满意度。

个体产生结果：真是太能干了！

第三步，个体产生结果。在得到了这一系列的推荐后，顾客开始做出相应的行动。在此之前，兰蔻专柜的负责人曾表示："有时候顾客太多，难免有照顾不周的地方，如何提升服务质量、给顾客最佳的体验，是我们一直思考的事情。"而当人工智能机器人加入后，迎送宾客、为顾客解答疑问、推荐化妆品、漫游行走寻找指定产品等工作都可以全权交给人工智能机器人去做，并且这样能给顾客带来趣味性、多样化的购物体验。在场受到人工智能机器人帮助的顾客都惊叹："真是太能干了！"

更准确地来说，人工智能机器人在为导购人员提供更好的帮助的同时，也为顾客带来了更智能的服务，让他们拥有"上帝之感"，开启了顾客愉快的购物体验。在现场，有位女士问："能帮我找一下大粉水吗？""人工智能机器人带你去看看吧。"这位女士感叹："万万没想到，接待自己的居然是一个机器人！"

以往人们去化妆品专卖店购物，进门不到三分钟就会有好几个美容导购员寸步不离地进行推销，即使有些人已经有了选购的目标，导购员依然会跟在身后不厌其烦地介绍。这些导购员的过度热情令人十分尴尬，也使得导购员这一角色备受争议。但是如今，导购机器人的出现解决了这类问题，同时也满足了顾客对咨询、引导的需要。

实现价值：人工智能服务于人类的一次探索

第四步，实现价值。说到价值，人工智能机器人的出现，满足了顾客的购物需求，给顾客带来了美好的休闲体验。这对于商家来说又意味着什么呢？或者说，商家从中获得了什么呢？这次兰蔻与人工智能机器人的跨界合作，是美妆与人工智能的一次探索。目前，人工智能已经落地多个行业，有效地辅助着人们的工作。有了“美妆知识＋机器人”这样的人工智能解决方案，导购能够从基础的重复性劳动中解放出来，学习更多的专业知识和技巧，提升个人服务能力。这也就意味着，商家能够在减少许多人力成本的同时，更好地在导购层面提升质量。除此之外，人工智能机器人还可以基于人脸属性识别和顾客历史消费数据等，进行精准营销。比如，针对陌生的女性顾客优先推荐促销信息，或者为有商品咨询记录的顾客提供定制化的商品介绍、引导等购物服务。这样，给商家带来的最终的价值是，他们能够获取极高的顾客购买率。

人的认知有时候是一个很主观的过程，在化妆品领域更是如此。可能这几天周围的人都在讨论豆沙色的口红或者玫瑰香的粉底液，你就直观地认为他们一定喜欢这类化妆品，或者说全国、全世界范围内的顾客都会喜欢这个款式。但有时候人们的讨论焦点的触发动机并不是单一的，这些动机在日常的对话中并不能准确体现出来，那么这样的主观揣测就未免过于武断。有些顾客之所以买豆沙色的口红，是因为这款口红刚好是她喜欢的演员或者偶像代言的；有些顾客之所以买豆沙色的口红，是因为刚好有套衣服与之相配。这种阶段性的需求可能过段时间就不灵了。如果始终按照之前的需求为顾客推荐，就可能会出现顾客需要粉底液而为她推荐防晒霜的“错配”现象。在这一方面，人工智能可以精准地抓取顾客在方方面面留下的迹象进行组合判断，更全面、更精准、更客观地判断出你究竟对哪种化妆品里的哪种因素更“来电”。所以，我们要摒弃下意识的主观感受，恰如其分地挖掘、利用好数据。

这四步完成，实际上我们就走完了从数据到价值的一次旅程：人工智能机器人通过对大量数据进行学习，了解顾客的需求，定向合理地推荐一些符合受众品位的化妆产品。对于顾客来说，他们能够及时获取最符合自己兴趣和心意的产品，满足了自身愉悦购物的需求；对于商家而言，顾客对感兴趣产品的咨询和光顾次数，就直接影响了顾客的购买率。

这是一个从数据出发，到价值为止的过程。但一次业绩的提升并不是终点，人工智能还会把这一次的数据反馈到模型里，从而提升下一轮的决策质量，也就是说，数据和人工智能会持续地为我们带来价值。所以对于像兰蔻这样的商家和企业来说，运用人工智能其实就是了解顾客需求的过程，并能够有效地提升服务。

到这儿我们总结一下，AI 思维的核心竞争力是去平均化的能力。所谓的平均化思维，指的是无差别化，每个人、每个产品都同质化；而去平均化，则是肯定人与人、环境与环境的差异性，不同的人有不同的想法和喜好，根据这些差异化需求产出差异化体验。我们可以通过数据和人工智能准确理解每个人的潜在动机，从而最优化决策，达到各自理想的目标。如能合理使用，无疑将带来更高的生产力和更合理的资源利用方式，产生新的价值。AI 炼金术便能从数据中产生价值，同时它也是 AI 思维的具象表现形式。

通过人工智能决策来实现价值的源头是数据，所以，数据的广度和精确度决定了人工智能能够为人类做出多大的贡献。数据越多，越能更全面地反映个体的实际行为与想法，人工智能的预测就会越精准。如果赋予人类预测的能力的话，我想大多数人都会选择先预测一下自己的命运。所谓“知生死安天命”，随着人类身体数据的累积，人工智能对病人的死亡时间预测的准确率也有望更加精准。相关资料显示，科学家通过人工智能解读数据，利用 200 万份电子病历来进行人工智能深度神经网络的训练，全方位审查患者家族史、用药情况、各项体质指数、食物摄入等因素，进而能够预测机体的未来。目前，这一人工智能模型已经能够依据大量的数据提前 12 个月预测到患者的死亡时间，准确率达 90%。研究团队还将这一预测结果与英国国家统计署的死亡记录、英国癌症注册记录等数据库的死亡数据进行了比对，之后又将这套人工智能模型与两项标准的预测方法进行比较，结果显示，这一新模型的准确率比之前的预测方法高了 10.1%。

根据上面这些数据，科学家们不仅能够预测到很多原本无法定论的结果，而且还能了解到影响人生命期限的多种因素，从而使人们根据这些结果对自身生活习惯进行调整，达到延长生命的目的。例如，科学家在实验中对受试者的水果、蔬菜、肉类、奶酪、谷物、鱼类、酒精等食品摄入的量做了考查，找到最利于生命体健康的饮食摄入比例，在病人治疗期、康复期对其饮食结构进行调整，使其达到促进机体代谢健康的目的。这也是人工智能通过数据进行预测的价值所在。

新制度经济学的鼻祖、诺贝尔经济学奖获得者罗纳德·科斯曾说过："如果你拷问数据到一定程度，它会坦白一切。"大数据包罗万象，能够将许多看似并不相关的事件联系在一起，使我们能够更加清晰明了地把握事物发展的趋势，跟上瞬息万变的社会潮流。谁掌握了大数据，谁就掌握了主动权，不仅能够决策世事，更能够成全自己。但数据就像一片汪洋大海，望不到边际，我们自己很难游上岸；这时就需要人工智能做舟——长风破浪会有时，直挂云帆济沧海。

AI 如何做出决策

前面我们讲了从“数据”到“价值”的历程，大数据的出现使人工智能的决策更高效更聪明。数据加人工智能，为我们在决策时提供了无数个在以前无法实现甚至是无法想象的可能性。那么人工智能是如何一步步地将“数据”转化为“决策”的呢？如图 3–2 所示，从“数据”产生“决策”的具体过程是这样的：首先要通过对历史数据的特征处理产生特征数据，然后通过机器学习产生预测模型，之后需要通过模型评估来产生回测效果。在回测中检验合格的模型就可以投入生产，生产过程中如果有新的个体数据输入，就会通过生产模型得到预测分数，根据预测分数的高低和其他因素进行业务优化，产生针对个体数据的业务决策。模型本身也要受到监控，监控的目的是产生质量报告，来确保模型正常运行。这一整套框架被称为“人工智能决策引擎”，接下来我们将对它进行详细了解。

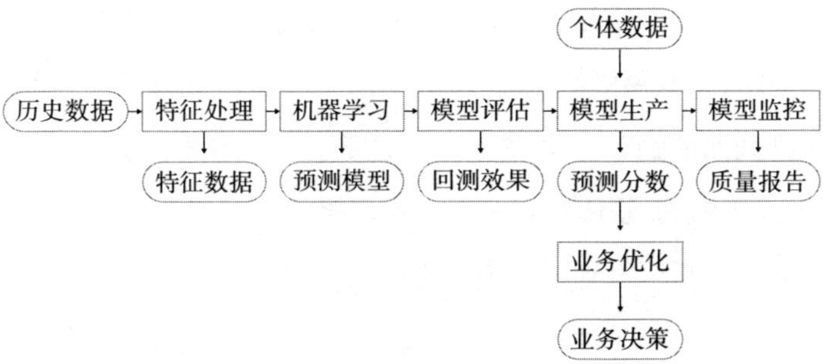

图 3–2 人工智能决策引擎示意图

数据和特征处理

毋庸置疑，数据是当下这个时代很重要的一种资产。我们经常提到的大数据有“3V”：Volume，即数据量，以往数据量少，以 MB、GB 为单位，但是随着互联网的发展，数据不断积累，现在数据量已经发展到了以 PB、EB、ZB 为单位表示；Variety，即多样性，根据数据的结构是否统一，将数据分为结构化数据、半结构化数据以及非结构化数据；Velocity，即速度，指的是数据的产生速度越来越快。

那么数据是如何产生的呢？首先，社会在发展、人类在生活，就会有源源不断的新数据涌现出来。无论是机器生产还是市场营销活动，都沉淀了越来越多的数据。其次，随着互联网的发展，知识的权威性不断下降，任何人都可以成为信息的发布者，数据就这样不断地积累，数量越来越多。最后，随着学科的不断发展，人们描述同一类型事物的角度越来越多，例如随着基因科学的发展，现在用来描述基因的指标维度非常多，比如说，每个人的 DNA（脱氧核糖核酸）分子是由约 30 亿个碱基对按精确的顺序排列而成的，一个碱基对就对应了一个维度，那么一个人的 DNA 分子就有几十亿个维度。像这样的例子其实还有很多，数据就这样不断积累到了一个非常庞大的数量。

通常，在各种各样的业务过程中形成的历史数据很杂乱，并且分散在不同的数据库和数据表里，不够系统化。为了更好地利用它们，我们需要把它们整合在一起，得到一套结构明确、条理清晰、便于理解的系统化数据。比如说现在需要处理一份在过去两年时间里形成的顾客在不同商家的消费行为数据，由于顾客消费行为的多变性以及商家的多样性，这份数据的数据量庞大且类型多样。而人工智能会对这些复杂的数据做特征处理，特征处理是通过对原始数据的处理和加工，将原始数据维度转换为特征数据的过程，特征是数据中所呈现出来的重要特性，通常是通过数据维度的计算、组合或转换得到的。经过特征处理，数据就被加工成了机器学习能够理解的数据形式。

过去，特征处理都是通过单台计算机进行，处理效率比较低。2005 年，由阿帕奇（Apache）基金会所开发的哈杜普（Hadoop）可以将多台计算机连接在一起形成计算机集群，提供分布式并行的特征处理和分析功能，实现对复杂数据的快速、可靠的计算。由于其技术的高效性，对特征处理能力的提高，特征处理变得越来越容易，所以特征处理的门槛越来越低。到 2008 年左右，越来越多的公司意识到大数据时代分布式并行计算的重要性，同样地，这也为人工智能处理大数据提供了完善的基础设施。但特征处理的过程通常也是枯燥而繁重的，看不到直接有用的结果。如果卡在这步，对企业来说，人工智能就无法落地。

机器学习和优化

做好了特征处理，下一步就是机器学习。机器学习，就是在特征上建立模型的过程，这里需要选择合适的预测模型，运用历史数据学习出模型。机器学习在各行各业都开始应用，例如在零售领域，通过发放优惠券来刺激老顾客、吸引新顾客是常用的营销手段，但是随机投放优惠券往往效果不明显，在某种程度上还会打扰到顾客，这样不仅造成了营销成本的浪费，还会降低品牌的声誉。为改善营销效果，一些零售商采用机器学习来进行营销。机器学习根据大量消费数据学习出预测模型，能够预测顾客是否需要某种类型的优惠券，以此来决定是否向该顾客投放优惠券。这样不但使真正需要的顾客享受到了优惠，还改善了商家自身的营销效果。

机器学习的过程，其实和人类通过经验总结生活规律再来指导我们之后的生活是相类似的。我们通过生活规律来指导的是以后遇到的事情，同样地，机器学习需要预测的也是将来。未雨绸缪，早为之所，商家可以根据机器预测提前做很多事情来促进顾客的消费，在最短的时间内抢占市场份额，扩大利润，也为自己争取更多时间，使自己更加灵活地应对一些突如其来的市场变化。如果一个人平时有吃零食的习惯，那他一定听说过良品铺子。从竞争激烈的零食行业中发展到现在会员数量达 7 400 万、2 000 多家线下门店以及覆盖多个外卖渠道，良品铺子的崛起离不开人工智能的帮助。零食品类所面向的消费群体是非常大的，但零食又是一个随意购买性的商品，也就是说平时你可能想不起来买零食，但是如果身边刚好有一个零食货架，你可能会很随意地拿几样薯片和可乐去结账。

为了抢占如此大的消费市场，推动自己的产品覆盖更多的场景，良品铺子开始借助人工智能来帮助提高自身的业务预测能力。人工智能的任务就是对良品铺子的各种历史数据进行学习，然后将其多个渠道的会员数据打通，在这些数据的基础上了解用户需求，也就是通过机器学习建立预测模型。这样的模型可以提前预测哪些用户购买零食的可能性大、哪些用户最喜欢购买哪几种零食，在此基础上为用户提供更加符合个人喜好的个性化推送；推送渠道也会根据用户最常使用的渠道来确定，真正实现以用户为中心的精准营销。除此之外，人工智能还可以为前端业务创新提供支持。譬如说，如果跟踪用户购买情况的数据，显示某段时间内用户的购买热情有所下降，商家就可以制定秒杀、拼团或者发放优惠券等活动来刺激用户购买力。

机器学习产生模型还能用来检测接吻场景。这个功能的发展源自斯坦福大学数据科学家阿米尔·齐亚（Amir Ziai）的奇思妙想，他想让人工智能学习什么是接吻，所以他从好莱坞电影数据库中挑选了 100 部经典电影中的代表性片段，按内容将不同的电影片段标记为接吻或者非接吻片段，并通过机器学习分析了这些片段，特别是观察电影片段中人物的嘴唇动作，然后配合场景和电影背景音乐，学习什么是接吻，形成了专门的接吻识别模型。一般而言，接吻是影片中的高潮节点，推动了整个故事的发展，这个模型可以将影片中的接吻片段标记出来，为做视频剪辑工作的人员提供精彩片段的筛选过程。与接吻模型属于同类型的微表情识别模型和动作识别模型现在也展开了应用，比如在 2019 年，日本开发出一种基于人工智能的偷窃预警系统 VaakEye，它经过 10 万小时的训练，能够识别出顾客是否将商品装入包中，或者是否出现可疑行为，并提醒超市工作人员注意防范。日本 50 多家便利店应用了 VaakEye，其盗窃行为识别的准确率高达 81%，将便利店的入店行窃损失减少了 77%。

模型建好之后，仍然需要详细的评估和验证。模型评估，也就是回测模型效果的过程。回测指的是用历史数据来验证建立的预测模型是否有效。预测模型，顾名思义，是用来预测未来的、目前尚未发生的事情。经过回测，评估合格的模型才有资格进入生产环节。这样做是因为只把模型构建完成是不够的，我们并不知道这个模型是否具有实践中的普适性，是否存在差错和不合理的地方，如果匆忙将模型投产，可能会为企业带来损失；片面地忽视回测结果，缺少后续推动，也会导致人工智能落地艰难。科学的回测既能保证人工智能为我们创造价值，又能为企业的每一个业务决策提供保障，避免损失。很多企业的领导不了解回测这种手段，也不重视过程，只关注最终的收益。事实上，他们忽略了科学的回测结果跟最终的经济结果之间本身就有着极强的相关性，是实践中非常重要的信号。通常，只要回测结果证明模型是合格的，最终的经济结果就很有可能令人满意。

只有模型评估合格，达到预期的效果以后，我们才能将它投入例行化生产，开始预测分数。比如说在一个借贷项目中，对许多参与者的信用程度进行预测，然后将预测的分数做个排序，通常来说，信用分数越高的用户获得贷款的可能性就越大。模型生产涉及大量工程化的工作，需要将软件开发工作系统化、模块化、规范化，从而保证高稳定性和可靠性，这个过程要在复杂的计算机和数据系统上进行，并与其他软件进行耦合，所以需要人工智能科学家和工程师紧密的配合。我见过一些大公司，人工智能科学家和工程师之间不能紧密配合，团队之间割裂，即便他们拥有一流的人工智能团队，人工智能也无法发挥价值。

下一步就是业务优化。业务优化，也就是从预测分数做出决策的过程。对个体行为准确的预测和把握，可以帮助行业决策者做出优秀的商业决策。在这个过程里，我们会通过优化整体的业务目标，比如说收益，把预测结果转化为具体的、可执行的业务决策。例如，Caliber Collison 是一家美国的汽车修理公司，离职率曾高达 40%。公司研究后发现，这一问题的部分原因在于其门店有时没有足够的车供员工修理，导致员工之间的工资差距较大。于是它开始从人力资源软件中提取出员工数据，建立定制的机器学习模型，预测员工是否会考虑离职。然后，Caliber 通过该模型对员工离职率的预测分数进行业务决策。例如，如果模型检测到一名员工的工资在几周内一直下降，那么他的预测分数就会相对高一些。为了尽量让员工留下来，Caliber 的地区经理就会多分配给他一些汽车去修理，让他的工资有所上升。相反，如果模型检测到一名员工很忙，虽然他的工资很高，但是他感到很疲惫，那么他离职的预测分数仍然不会低，这时公司就可以把一些工作重新分配给他的同事。如此一来，公司的工作结构就更加均衡，Caliber 的离职率也直线下降，每年在招聘上节省了百万美元。

除了帮企业做出优秀决策之外，业务优化还能引导用户做出选择。当你准备在购物网站搜索想要的商品时，人工智能推荐给每个用户的商品列表就是优化的结果，它们能够帮助用户更快地找到自己感兴趣的商家，也能为商家做更好的市场推广，这其中的经济价值是巨大的。eHub 就是这样一个人工智能营销平台，它收集了来自营销、销售和客服的多渠道数据，通过这些数据建立预测模型。这些模型可以根据数据中反映出的用户属性特征和行为特征分析用户的喜好、需求，并进行分数预测。比如一个用户经常购买糖果、巧克力、奶油蛋糕，那么模型就会预测该用户购买甜食的分数高，然后给该用户推荐其他品牌的糖果、巧克力或者其他甜食，甚至是其他喜欢吃甜食的用户经常购买的商品，以此来实现一对一的个性化营销、精准营销。用户看到每天推送的都是自己喜欢的商品，购买概率也会大大上升。由于该平台十分符合自己的需求，用户在平时也会多浏览该平台的商品。

最后一个环节就是模型监控。模型监控是监控模型效果和质量的过程。由于数据源会变化，各种外部因素会干扰数据，我们很难确保一开始正确的模型一定能持续工作并有产出。因此，我们要对每一个环节都进行严格的质量把控。质量把控需要通过模型监控，持续地跟踪模型效果来实现，输出实时的质量报告，一旦出现问题，及时向相关人员报警，进行排查。很多人工智能项目在开始时没有设置模型监控，导致了机器学习结果出现错误。例如，巴西一家金融服务公司开发了一个聊天机器人模型，这个模型可以和求职者聊天并传达应聘信息。聊天机器人模型会让求职者通过实时聊天和电话回答一系列问题，但是没有设置模型监控，所以在使用该聊天机器人模型时，出现了两个关键问题：一是发错了给求职者的个人资料和职业表格，二是安排的面试时间错误造成人力资源部门工作延误。由于没有对聊天机器人模型进行精确的调整，该公司判定所收集的数据中有大约 10% 是不正确的。该公司人员坦言："我们犯了一个错误，以为一切都解决了，而没有去监督聊天机器人模型。教训是，一定至少要有几个月的时间全时监督聊天机器人模型。我们不能停止关注可能出现的偏差，以及新出现的情况——当我们开始这个项目时，这些都是出乎意料的。"正是因为这家金融服务公司在使用人工智能时忽略了模型监控环节，才导致后续出现问题。这也正验证了模型监控环节的重要性。

这就是从"数据"产生"决策"的全过程：第一，将历史数据经过特征化处理为机器理解的数据形式。第二，通过机器学习产生能够准确预测新样本的预测模型。第三，通过模型评估回测模型是否合格。第四，评估合格的模型就可以投入生产，生产过程中如果有新样本输入，就可以通过模型产生预测分数，再根据预测分数的高低和其他因素进行业务优化，产生针对个体数据的业务决策。第五，对模型本身进行监控，产生质量报告，时刻保证模型的正常运行。

人工智能助力精准推荐

我们都知道人工智能是能够大大解放人力、产生高效价值的新生事物，但是我们也经常听到有人说人工智能在企业落不了地。他们认为人工智能还未发展到能够真正为企业产出价值的阶段，又或者，人工智能只是一场众人追捧的闹剧，并不真的适合在企业中应用。但这正显示出他们对于人工智能不够了解。如果上述过程都做到了，如果数据充分，每个步骤都能正确地实现，是不可能没有效果的。例如在接下来的这个案例中，人工智能不仅成功落地，还帮助企业提升了效益，帮助其在短短四年时间内，市值增长为原来的 3 倍多。

这个企业就是我之前任职的 PayPal 公司。人工智能在 PayPal 落地的整个过程是从历史数据开始的，比如说 PayPal 的历史交易数据，也就是记录哪个用户在哪个商家消费了多少金额的一套数据。这些数据分布在不同的系统中，我们首先把历史数据全部整理了出来，并且做了特征化处理，加工成机器学习能够理解的特征数据。

下一步就是机器学习，用来建立预测模型。机器学习需要预测的是将来，简单点来说，我们的人工智能需要预测的就是将来某个顾客最有可能在哪个商家购物。如果该顾客是体育爱好者，那么他将来去购物的店可能是耐克、阿迪达斯、安德玛，即使之前他没去过，这样的推荐仍然会对他有很大的吸引力。相反，如果给这个顾客推荐花店、玩具店之类的商店，那么可能就是缘木求鱼、南辕北辙了。通过机器学习，人工智能可以在多次的推荐后，通过用户的浏览时间以及购买情况得知推送的内容准不准确，符不符合用户的需求，通过用户在不同渠道的响应率得知用户最经常使用的渠道是哪个。经过多次这样的推荐和用户反馈之后，能够实现模型的持续学习，逐渐形成精准的推荐模型。

模型建好之后，需要对其进行回测，评估这个模型是否合格。那我们现在如何确定它是有效的呢？方法很简单，就是用过去的数据来模拟和验证。具体来说，如果我们用 2018 年一整年的数据来建立这个推荐模型，就可以用 2019 年的数据来“回测”，因为对于从 2018 年的数据学习出的模型来说，2019 年的数据代表了未来。所以，如果模型在 2019 年的数据上效果良好，它就通过了回测。通过回测，我们就可以在模型投产落地之前知道构建的人工智能决策引擎的预测是否准确、准确率有多高，是否真的能为我们的企业创造出价值，防止引擎开始落地时才发现没有效果、成本全部打水漂的现象发生，为人工智能的顺利落地提供了保障。

预测模型建立出来并评估合格之后，就要把它投入生产，例行化地通过模型产生预测分数。PayPal 这种类型的公司对生产的要求很高，对模型生产过程中的检验、部署、监控，都有相当严格的要求。完成了模型生产和监控后，我们就有了源源不断的预测分数，对应的是每一个用户将来在各个商家购物的概率。

当我们得知用户是否在各个商家购物的预测分数后，就要进行业务优化。针对一个用户，我们将这个用户可能会在各个商家购买的预测分数按照高低排序，形成这个用户的商家推荐列表，这样就能帮助用户更快地找到自己感兴趣的商家和商品。针对多个用户，我们可以将这些用户按照他们在某个商家购物的预测分数的高低排序，形成这个商家的用户推荐列表，帮助商家更快地发现哪些用户是营销转化率最高的用户，使得商家更好地打开市场。

这一整套人工智能决策引擎执行下来，并通过运营数据的反馈多次进行优化，最终可以帮助 PayPal 更好地进行业务决策。当然这不是终点，当人工智能决策引擎开始正式助力 PayPal 的业务运营之后，我们仍然需要对该模型进行监控，实时更新质量报告，这样才能及时发现可能出现的问题，及时抢修，避免出现更大的损失，同时保证人工智能为企业和用户提供持续而且优质的服务。

以上就是这套人工智能决策引擎在 PayPal 落地的过程。这套决策引擎落地后，PayPal 用户开始积极响应 PayPal 的营销活动，其所带来的收益远远高于活动成本，而且产生了稳定的增益。几年来，这套人工智能决策引擎的顺利运作，为 PayPal 经营发展提供了有力的支持，直至 2018 年，PayPal 市值突破千亿美元，人工智能决策引擎可以说是功不可没。

人工智能决策引擎是一套完备的企业决策引擎，它可以应用到企业决策的每一个环节，就像代表智慧的九连环，每一个环单独看都不起眼，但是所有环连在一起就成了智慧的象征，能够为企业创造出源源不断的价值。而且人工智能决策引擎环环相扣，每一个环节都必不可少，不论哪一个环节出了问题，都会直接影响甚至是威胁到接下来的环节，之前做好的准备也很有可能功亏一篑。人工智能决策引擎是 AI 思维的重要框架，也显示出 AI 思维的缜密智慧：只有事无巨细地做好每一件事情，才能真正从数据中得出决策，人工智能才能成功落地。

业务优化方法

水往低处流，但人要往高处走。在工作中，我们兢兢业业，精益求精，希望每一次的绩效考核都可以拿第一；在学习中，我们尽心竭力，一丝不苟，希望经历过的每一场考试都可以名列前茅；在生活中，我们脚踏实地，善始善终，希望活过的日子都不会有遗憾。浑浑噩噩也是一生，但大多数人都不会放弃自己，所有不甘于现状的努力都出于对一个“最”字的追求。“最”字体现在人身上是追求极致人生的动力，体现在 AI 思维上就是通过人工智能找到一个让系统发挥最大效能的方案，找到解决问题的最佳决策。

何为最优化？

人生大方向的最优解是建立在日常小事情最优解的积累上的。选择哪一种材料的衣服，才能舒适又美观；选择哪一种食物，才能美味又营养；选择在哪里买房子，才能交通便利又价格适中；选择哪一条路线上班，才能快速地到达公司；选择哪一家公司，才能工资多又同事和睦。找到这些最优决策的方法叫作“最优化方法”。最优化，就是在一定的约束条件下，从众多可能的选择中找出最优选择，使系统的目标函数找到最大值或最小值。形象点来理解，就是你面前有无数座连绵不断的高山，你需要在这些高山中找到海拔最高的那个山峰或者海拔最低的那个山谷。

不但个人需要找到人生的最优解，各行各业也都希望找到这个最优点，在不多浪费任何一种资源的条件下达到最佳的效果。在商业中，通过投资、收购等一系列操作，追求利润最大化；在体育运动中，通过完整而系统的训练，让运动员更高、更快、更强；在医疗行业中，通过各种治疗，让病人在最短的时间内摆脱病痛。那你肯定会有疑问：人工智能与最优化有什么关系呢？

首先，人工智能是为服务人类而生的，所以人类需要追求最优解，人工智能也需要追求最优解。其次，从本质上来看，人工智能的最终目标其实就是最优化：在数量庞大的数据以及瞬息万变的环境中，做出最优的决策。最优化贯穿了人工智能产生、发展和运用的全过程，从预测结果到业务决策，用的都是最优化方法，因而，最优化方法是人工智能最基础的知识。

人工智能的全过程其实都是在寻找最优解，通过机器学习，产生了对个体的预测分数，我们对未来的事件就有了基于数据的预判。就像我们在路上行车，有了清晰向前的视野，这对我们接下来产生的决策非常有帮助。在人工智能决策引擎中，首先要通过对历史数据的特征处理产生特征数据，然后通过机器学习产生预测模型，最后进行决策。那么，AI 思维如何帮助我们产生最优化的业务决策呢？

如图 3–3 所示，从整体来看，优化过程共分为以下三个步骤：定义问题、优化模型、输出应用。人工智能是不能直接理解我们的要求的，所以我们要把业务的需求转化成人工智能可以理解的数学语言，这就是定义问题。

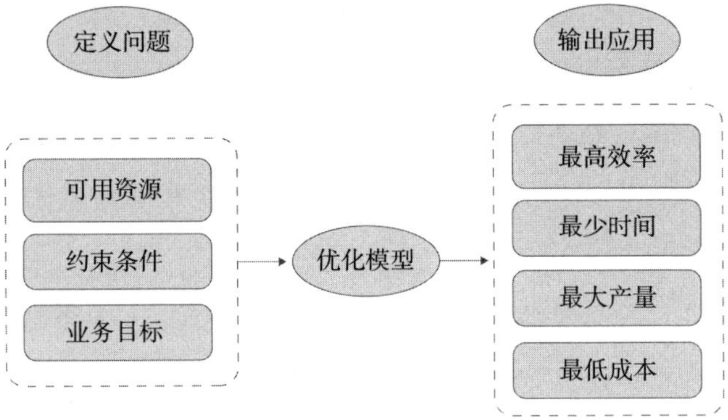

图 3-3 优化过程示意图

定义问题包括以下三个要素：第一个要素是可用资源，就是我们现有的各种资源，比如要生产一种产品，我们有多少原材料，生产工人技术的熟练程度，还有生产机器的数量等。第二个要素是约束条件，比如说要想任务保质保量地完成，工人和机器都需要休息，所以约束条件就是工人每天只能工作 8 小时，机器连续运转 16 小时就需要散热和检修。第三个要素是业务目标：任何业务决策都需要一个目标，比如要生产多少产品，这个项目才算完成；这个营销计划执行完，要增长多少用户量；或者这个季度结束，要完成多少订单。在数学上这个目标可以通过目标函数来定义，也就是 f（项目）= 产量，f（营销）= 用户量。在制定这个目标函数的过程中，实际上作为具有 AI 思维的你，已经开始在宏观的层面思考业务问题了。

目标函数由预测分数和决策变量构成，决策变量是我们对个体的决策。比如说，我们花了大量的资金在网站上投放广告，但是广告效果并不是很理想，我们就会想去提高广告的点击量。这时，我们的目标就是最优化广告投放的总点击量，预测分数是针对每一个用户点击率的预估，决策变量则是是否对某个用户投放，从而做出对哪些用户投放广告的决策。显而易见，我们把所有的分数做个排序，选择高点击率的用户投放即可。这是个简单的目标优化问题。

优化模型决定了我们需要选用什么样的优化方法，而我们一般选用数学优化方法。总的来说，优化问题分为两种：有约束优化和无约束优化。顾名思义，有约束优化是在一系列约束条件下，寻找一组决策变量，使目标函数值达到最优；无约束优化与有约束优化相对应，指的是没有任何约束条件的优化。现实中的优化问题通常是有约束的，因为我们做一件事的资源总是有限的，比如一个企业要在一个周之内做完一个项目，一周就是时间约束，也就是我们的时间资源是有限的。或者是这个企业要用 3 000 元来办一场活动，这 3 000 元就是预算约束，也就是我们的成本和预算是有限的。

输出应用就是输出我们的最优解，是优化方法的最终目标。比如我们花最少的时间到达了目的地，用最低价格购买了一幢房子，用最高的效率完成了生产任务或者以最大的产量完成了绩效目标。

其实我们在很久之前就接触过这种最优化的思维。比如语文课本上“田忌赛马”的故事讲的就是最优化的思维，四大名著之一的《三国演义》就是军事最优化理论的真实写照；我们从学生时期就开始做求最大利润、最快速度、最少成本这样的极值数学题，其实都是在训练我们的最优化思维。在 AI 思维中，最优化思维十分重要，然后才是对问题的求解。我们做过很多这种求极值的数学题，不知不觉中就积累了最优化解决问题的能力，不过我们在现实生活中遇到的问题要比数学题复杂得多。情况是错综复杂的，但我们只要有了这种最优化的思维，能够把在生活中遇到的各种问题和现象翻译成人工智能可以理解的数学语言，建立适当的数学模型，这些问题就可以迎刃而解了。下面我们就来看一下在现实生活中，优化思维是如何解决业务难题，为企业带来商业价值的。

优化的业务价值

我们在讲优化的第三步输出应用时讲到，优化方法的最终目标有：最高效率、最大产量、最少时间和最低成本等。这其实就是优化所带来的业务价值的一个缩影。试问哪一个公司不想用最低的成本、最少的时间来获得最高的产量呢？但是这在现实生活中基本上是不能兼得的，用最少的时间获得最高的产量，就意味着可能要付出更高的成本。优化其实就是在这些冲突之间帮助企业找到一个平衡点，在现有资源的范围内，保证企业最大限度地赢利，还能为用户提供最优质的服务，提高用户的满意程度。

更详细地讲，优化带来的业务价值有如下几条：第一，优化可以帮助企业降低生产成本，提高企业运作效率，缩短生产和服务的交付周期。德国一家汽车生产公司有两条汽车生产线，各负责生产一种型号的汽车，这两条生产线每年能够生产 20 万辆汽车，这已经是一个很高的产量了。这家公司仍然不满足，想在不开通第三条生产线的情况下生产第三种型号的汽车。为了实现这个目标，它自主搭建了一个流程优化系统，在没有花费大量资金去建立新生产线的条件下，将生产力提高了 30%，将生产周期从 7 天缩减到了 4 天。由此，该公司节约了 5 亿美元的成本。这种能够看见的成本优化，提高了工作效率，增加了产量，在日后能够带来的经济效益是不可估量的。

第二，优化可以帮助企业提高资源利用率，向客户提供更加优质、灵活且准确的服务。法国一家快递公司之前送货速度没有比别的快递公司快，快递费也因为成本问题不能降低，相比之下没有任何竞争优势，迟迟不见盈利。不过，这家快递公司有一个特点——它依附于一家航空公司，因此，综合考虑公司可以调动的资源，该快递公司决定利用航空资源来优化自己的快递业务，这样快递的送货速度就有了保证。但同时会出现一些其他优化问题，比如飞机搭载乘客之外，运输快递的数量是有限制的，飞机的路线和快递路线不能完全匹配，飞机加入后每个快递集散中心工作量上升等。但该公司的优化模型通过充分利用现有航空资源，合理安排飞机路线等方法，不但节约了增添航空设备的成本，还提高了送快递的速度，在提高公司本身竞争优势的同时，为用户提供了快速优质的物流服务。

第三，优化可以帮助企业实现精准营销，提升销量，扩大产品和企业的知名度和影响力。在广告营销领域，需要解决的问题有很多。首先，这个广告要投放给谁的问题。通过最优化思维，我们可以找到投放成本最低、需求最高、转化率最高的那一批用户，优化了广告的响应率。其次，通过什么渠道去进行推广营销的问题。通过最优化思维，我们可以找到用户打开频率最高、响应率最高的渠道，比如某用户平时使用淘宝的频率比京东高，那广告当然要投放在淘宝平台，这样可以优化广告的曝光率。最后，问题在于，要向用户推送什么样的广告。通过最优化思维，我们可以发现每个用户不同的需求，商家的广告也需要根据需求来定制，这样用户收到的广告推送就会千人千面，更符合他们个性化的需求，用户的购买欲望也会相应地提升，在一定程度上优化了产品的销量。

第四，优化可以帮助企业减少库存，降低管理风险。日本一家家具企业经常大量购进优质木材，因而经常会出现所有订单都完成了还剩下很多木材的情况。这些木材存放的时间久了会出现虫蛀、受潮、色泽不均等问题，无法再用于做新家具，这样不但产生了大量的仓储成本，还浪费了大量的资源。为解决这个问题，该公司引进了一个优化系统，对从木材采购到木材保管的全过程都进行了优化。首先，在采购之前，系统会根据优化模型算出一个最佳的木材采购量，这样既避免了过度购买木材，也减少了采买过程中的贪腐行为；其次，该企业还会对剩下的木材进行防蛀防潮湿处理，避免了资源浪费。仓储量的下降减少了工作人员的工作量，降低了管理风险。

业务优化应用案例

优化能够带来如此大的业务价值，那它在实际生活中是如何实践的？在实际业务运作中是如何发挥作用的？现在我们就通过具体案例来说明一下优化是如何执行的。比如说，现在有一个电商网站要进行一次营销活动，该网站的用户量巨大，如果这次营销活动要针对每一个用户，营销成本就会非常大，所以这个网站打算只选择部分顾客进行营销。对这个网站而言，每个用户的营销成本是不一样的，我们需要根据已有顾客的预测转化率，最大化选择的顾客的总分数。这其中的约束条件是：营销成本不能超过总预算。

假设我们有 5 个顾客，每个顾客的营销成本分别是 c_1，c_2，⋯ c_5（已知），转化率分别是 p_1，p_2，⋯ p_5（已算出），x_1，x_2，⋯ x_5 表示我们是否对一个顾客营销。那么优化问题可以这么写：

最大转化率：$p_1x_1+p_2x_2+\cdots+p_{10}x_{10}$

约束条件：$c_1x_1+c_2x_2+\cdots+c_{10}x_{10}\leqslant$预算

x_1，$x_2\cdots x_{10}$取值 0 或 1（0 代表不进行营销，1 代表进行营销）

若 5 个顾客的营销预算为 1 500 元，营销成本和转化率如表 3–1 所示：

表 3–1 营销成本和转化率

用户	1	2	3	4	5
营销成本（c）	100	300	500	700	1000
营销转化率（p）	27%	68%	76%	83%	95%

则优化问题应该这样写：

最大转化率：$0.27x_1+0.68x_2+0.76x_3+0.83x_4+0.95x_5$

约束条件：$100x_1+300x_2+500x_3+700x_4+1000x_5\leqslant 1500$

在进行顾客营销时，我们当然会选择那些转化率高的用户来进行营销，但是我们同样也要考虑到营销的成本。在这 5 个用户当中，第五个的预测转化率最高，但是要对他进行营销的成本是 1 000 元，成本太高，如果都是这样的用户，那我们很有可能会超出预算，而且还没有达到预期的营销效果，这样就得不偿失了。第一个的营销成本最低，但是转化率只有 27%，仍然达不到想要的营销效果。相比之下，中间 3 个用户的营销成本适中，营销效果也很好，性价比最高，而且成本在预算之内，所以最后我们选择中间 3 个进行营销，达到效果最优化。

通过上述预测分析和优化模型，我们就可以看出哪些是营销成本低但营销效果不好的用户，哪些是营销效果好但营销成本高的用户，而我们最终选择的肯定是那些转化率高且成本适中的用户，对这些用户进行营销可以控制成本在营销预算之内，又能达到很高的转化率。这是最优化思维最初的目标：以最低的成本达到最佳的效果。同时，这也是最优化思维最终的结果：帮助企业实现了最佳的营销转化率。

最优化思维在诸如航空、物流、生产制造、金融、资源管理、环境保护、电力管理等领域中得到了广泛应用，在相关领域都已经有成功的优化实施案例。以物流行业为例，我们来看一下最优化思维如何在实际场景中展开应用。

近几年电子商务迅速崛起，在网上购物已经成了大众生活的常态，随之而来的是物流行业的蓬勃发展。国家发改委统计数据显示，2018 年中国物流成本占国内生产总值的比重高达 14.5%，而相比之下，欧美国家的物流成本占其国民生产总值的 10% 都不到。为切实有效地解决国内物流成本的问题，最优化思维势在必行。

在一切物流问题中，最重要的莫过于车辆路线问题。在面对数量众多且需求不同的客户时，组织多少辆货车最合适，走哪一条路线路程最短，选择哪一种物流方式成本最低、耗时最短等一系列问题，都属于车辆路线问题，也都属于最优化思维应当解决的问题范围。

现在许多地图服务商都提议提供最短路线或者最短时间方案，但是在实际运输过程中，要真正实现最短路线、最快时间以及最低成本，还需要解决许多复杂问题，例如不同货物配送的先后顺序，水、陆、空三种运输方式和多家快递公司的不同组合搭配，等等。此外，考虑到诸如限行、修路、恶劣天气或者交通事故等突发状况，物流所要优化的问题，复杂度直线上升。

为了优化解决这些问题，市场上出现了一些优化模型，例如针对物流优化的小马驾驾。首先，面对复杂且数量巨大的物流信息，优化模型会先对其进行学习，并在训练和学习中不断优化自身，让自己的判断越来越准确；其次，为了应对突发状况，优化模型可进行实时判断，做出路线调整，找到物流的最优路线；为了优化目前物流领域存在的业务模式多变、效率低下、资源利用不合理等问题，优化模型提出了多种提货送货模式，比如多地点提货单地点送货、单地点提货多地点送货、多地点提货多地点送货等，大大提高了提货送货的效率，节约了时间成本。

在选择最短路线方面，优化模型将所有订单综合考虑，整合所有路线，将所有目的地都串联在一起，使得同一个目的地的商品能够一起派送。除此之外，优化模型还会考虑到回程问题，避免出现货车空仓回程的情况。这样既解决了回程问题，又最大可能地降低了运输成本，提高了物流效率。在配送服务方面，模型也可以根据用户需求灵活调整车辆、车型、仓库等，达到优化的效果。在控制成本方面，除了缩短物流时间可以降低成本之外，选择不同的车型或者运送方式也可以很好地降低成本，比如短途运送小型货物可以选择小型货车，成本相对较低；但是长途运送生鲜货物，还是应该选择航空运输，航空运输虽然成本高，但是生鲜商品的配送费本身也很贵，航空运输速度快，能够保证商品的新鲜程度，提高用户对物流的满意程度，这样才能留住客源。据统计，使用该优化物流模型制定的优化物流方案，可以将每日全城的调度时间从 3 小时减少到 15 分钟，企业的运送成本可以降低 10% 到 20%。

面对海量的信息数据、复杂的环境、多变的市场和需求，我们在日常工作中，必然会求助于人工智能。如果企业不拥抱人工智能，就很难跟上时代快速发展的步伐，甚至会面临被淘汰的危险。我们需要人工智能为我们提供业务决策，其实是需要它为我们提供最优的那个决策。可以说，最优化是 AI 思维解决问题的出发点。有了 AI 思维的帮助，我们就可以更加轻松准确地在生活、工作和业务运作过程中做出最佳的决策。

会思考的人工智能

《终结者》里的天网是一套人工智能防御系统，但它却拥有了自我意识，想要毁灭人类；《我，机器人》中具有自我思考能力的人工智能机器人 VIKI 在负责生产机器人的同时，还在默默计划让机器人成为人类世界的主宰；《魔种》中的人工智能系统 Proteus IV 不但具有了自我意识，还将人类囚禁起来。现在越来越多的科幻电影里出现了人工智能的身影，而且它们都不约而同地拥有了独立思考的能力。其实从人工智能出现以来，人们一直都有这样的疑问：人工智能是否能够和人类一样拥有独立思考的能力？

关于这个疑问，被称为计算机科学之父的艾伦·图灵在 1952 年曾经进行过一个测试：将一个人和一台计算机分别关在两个房间内，再找一个人对房间里的人和计算机分别进行提问。提问者事先并不知道哪个房间里的是人，哪个房间里的是计算机，他要通过二者对问题的回答进行判断。如果有超过 30% 的人不能准确判断出哪一个是人，哪一个是计算机，那么这台计算机就通过了此次测试，而且可以被认为是具有了人的智能。这一用来判断机器是否具有人类智能的测试后来被称为图灵测试。一直没有计算机能通过图灵测试，直到出现了深度学习，人们才看到了一丝曙光。

深度学习的前世今生

我们知道，机器学习是人工智能的分支，它专门研究计算机如何模拟和实现人类的学习行为。在人工智能发展过程中，机器学习占据核心地位。通过各种模型，机器学习可以从海量的数据中学习出规律，从而对新的数据做出智能识别或者预测，并且为决策提供支持。深度学习是机器学习的一种。如图 3–4 所示，人工智能是一个范围很大的概念，其中包括了机器学习。机器学习是人工智能提升性能的重要途径，而深度学习又是机器学习的重要组成部分。深度学习解决了许多复杂的识别和预测难题，使机器学习向前迈进了一大步，推动了人工智能的蓬勃发展。那么深度学习又是如何发展起来的呢？

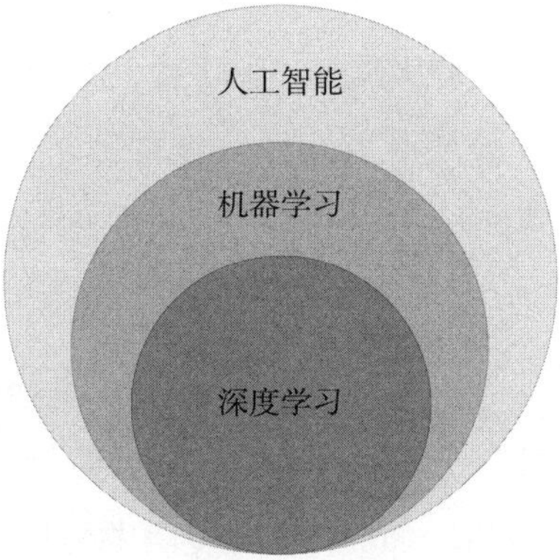

图 3–4 深度学习关系示意图

深度学习的概念最初起源于人工神经网络（Artificial Neural Networks）。科学家发现人的大脑中含有大约 1 000 亿个神经元，大脑平时所进行的思考、记忆等工作，都是依靠神经元彼此之间的连接而形成的神经网络来进行的。人工神经网络是一种模仿人类神经网络来进行信息处理的模型，它具有自主学习和自适应的能力。

1943 年，数学家皮茨（Pitts）和麦卡洛克（McCulloch）建立了第一个神经网络模型 M–P 模型，能够进行逻辑运算，为神经网络的发展奠定了基础。生物神经元一共由四个部分组成：细胞体、树突、轴突和突触，M–P 模型其实是对生物神经元结构的一个模仿，如图 3–5 所示，左边是生物神经元的示意图，右边是 M–P 模型的示意图，为了建模更加方便简单，M–P 模型将神经元中的树突、细胞体等接收到的信号都看作输入值 x，突触发出的信号视作输出值 y。1958 年，计算机科学家罗森布拉特（Rosenblatt）发明了感知机，分为三个部分：输入层、输出层和隐含层。感知机能够进行一些简单的模式识别和联想记忆，是人工神经网络的一大突破，但这个感知机存在一个问题，就是它无法对复杂的函数进行预测。20 世纪 80 年代，人工智能科学家鲁姆尔哈特（Rumelhart）、威廉姆斯（Williams）、辛顿（Hinton）、莱库（LeCun）等人发明的多层感知机解决了这个问题，推动了人工神经网络的进一步发展。20 世纪 90 年代，诺贝尔奖获得者埃德尔曼（Edelman）提出 Darwinism 模型，并建立了一种神经网络系统理论，对 90 年代神经网络的发展具有重大意义。

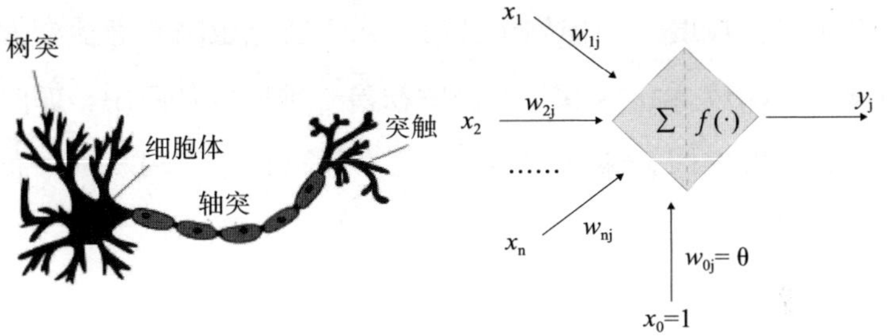

图 3-5　神经元及 M-P 模型示意图

从这之后，神经网络技术再也没有出现过突破性的发展。直到 2006 年，被称为人工智能教父的辛顿正式提出了深度学习的概念，认为通过无监督学习和有监督学习相结合的方式，可以对现有的模型进行优化。这一观点的提出在人工智能领域引起了很大反响，许多像斯坦福大学这样的著名高校的学者们纷纷开始研究深度学习。2006 年被称为“深度学习元年”，深度学习从这一年开始迎来了一个爆发式的发展。2009 年，深度学习应用于语音识别领域。2012 年，深度学习模型 AlexNet 在 ImageNet 图像识别大赛中拔得头筹，深度学习开始被视为神经网络的代名词。同样是在这一年，人工智能领域权威学者吴恩达教授开发的深度神经网络将图像识别的错误率从 26% 降低到了 15%，这是人工智能在图像识别领域的一大进步。2014 年，脸书开发的深度学习项目 DeepFace 在识别人脸方面的准确率达到了 97% 以上。2016 年，基于深度学习的 AlphaGo 在围棋比赛中战胜了韩国顶尖棋手李世石，在世界范围内引起轰动，这一事件不但使深度学习得到了认可，人工智能也因此被社会大众所熟知。2017 年，深度学习开始在各个领域展开应用，如医疗影像、金融风控、课堂教学等，在不知不觉中已经渗透到我们的生活中。

深度学习的经典模型

那么深度学习到底是什么呢？深度学习是建立在计算机神经网络理论和机器学习理论上的科学，它使用建立在复杂的网络结构上的多处理层，结合非线性转换方法，对复杂数据模型进行抽象，能够很好地识别图像、声音和文本。深度学习有两种经典模型：CNN 和 RNN。

CNN 全称是 Convolutional Neural Network，也就是卷积神经网络。对于卷积神经网络的研究最早出现于 20 世纪 80 至 90 年代，到了 21 世纪，随着科学家们对深度学习的深入研究，卷积神经网络也得到了飞速的发展，该网络经常用于图像识别领域。如图 3–6 所示，卷积神经网络共分为以下几个层级部分，输入层（input layer）、卷积层（convolution layer）、池化层（pooling layer）、全连接层（fully connected layer）。

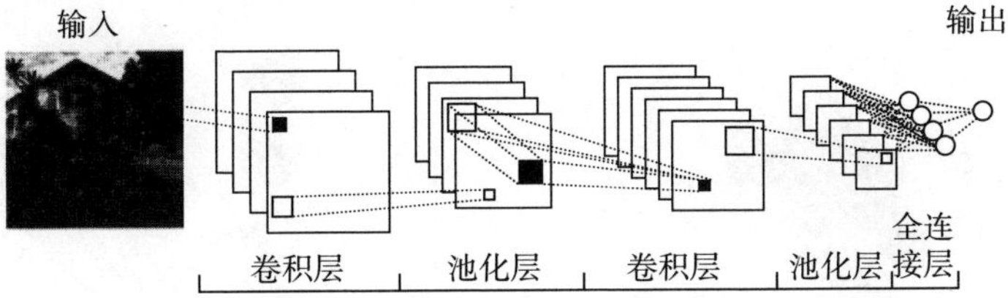

图 3-6　卷积神经网络工作过程示意图

当图像进入输入层，模型会对这个图像进行一些简单的预处理，比如降低图像维度，便于图像识别。卷积层里的神经元会对图像进行各个维度的特征提取。这一提取动作不是针对原图像进行的，而是仅对图像的局部进行特征提取，比如需要识别的是一张包含小狗的照片，但是神经元只负责处理这张照片中的一小部分，比如狗的耳朵、眼睛。卷积层对图像不同尺度进行特征提取，大大丰富了获取特征的维度，有助于提升最终识别的准确度。池化层对图像进行压缩降维，降低图像识别需要处理的数据量。全连接层需要做的就是将前面所提取出来的所有图像特征连接组合起来，如图 3-7 中，将提取到的小狗的头、身体、腿等局部特征组合起来，形成一个完整的包含小狗的特征向量，然后识别出类别，这就是卷积神经网络进行图像识别的全过程。

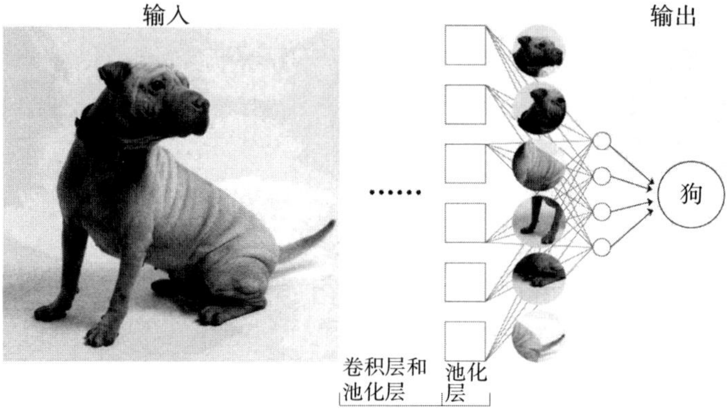

图 3-7　卷积神经网络图像识别过程示意图

通过对卷积神经网络工作过程的梳理，我们总结出卷积神经网络的三个特性：第一，图像识别不需要识别图像的全部，每个神经元只需要聚焦到图像的一小部分，识别的难度降低；第二，卷积层对应的神经元可以应用于不同的图像识别任务，比如图 3-7 中的神经元，经过训练，已经能够识别出小狗，那这些神经元也可以应用于识别其他任何图像中的相似物体；第三，虽然图像特征的维度降低了，但是由于保留了图像的主要特征，所以并不影响图像识别，反而降低了识别图像需要处理的数据量。这三个特性决定了卷积神经网络非常适合用于图像识别。例如由牛津大学开发的 VGG 模型就是基于卷积神经网络模型建立的，它在识别物体的候选框生成、图像的定位与检索等方面十分准确，这使得它在 2014 年 ImageNet 竞赛定位任务中获得了第一名。

人工神经网络和卷积神经网络在深度学习领域都占有一席之地，但它们识别的都是独立的事件，比如卷积神经网络非常擅长识别独立的图像，如果让它识别 100 张照片，输出的结果互相不受任何影响，但是让它识别或者预测一句连续的话，比如一个寓言故事或者翻译一段英文，可能就没有这么好的效果了。可是在现实生活中，我们会遇到很多连续的事件，比如“小明每次去超市都会买很多苹果，因为他最喜欢吃（　）”，联系上下文，我们可以很容易推测出括号里应该是“苹果”这个词，因为括号前的“吃”字是一个动词，动词后面经常跟着的是名词，而这个句子中的名词只有“苹果”最合适。为了能够识别这些连续性很强的事件，弥补人工神经网络和卷积神经网络的不足，RNN 模型诞生了。

RNN 全称是 Recurrent Neural Network，也就是循环神经网络。对于循环神经网络的研究最早出现于 20 世纪 80 年代，由约翰·霍普菲尔德（John Hopfield）、迈克尔·乔丹（Michael Jordan）以及杰弗里·埃尔曼（Jeffrey Elman）等人提出，该模型经常用于时序信号（如语音）的识别和理解。

循环就是重复的意思，循环神经网络模型在运行时会对同一个序列进行循环操作。序列是被排成一列的对象，序列中的元素相互依赖，排列顺序非常重要，比如时序数据、对话等，一旦顺序错乱，含义和作用都会发生巨大改变。循环神经网络解决了卷积神经网络不能很好地识别连续性事件的问题，在深度学习领域发挥着不可替代的作用。

循环神经网络之所以能对连续性事件进行识别，是因为它不仅将当前的输入数据作为网络输入，还将之前感知到的一并作为输入。根据记忆的长短，从第一层开始，将激活传递到下一层，以此类推，最后得到输出。图 3–8 就是一个循环神经网络的示意图，它由输入层、隐藏层和输出层三部分组成。循环就发生在隐藏层。隐藏层里一般会设置一个特定的预测函数，当我们向循环神经网络模型输入一个连续性事件后，在隐藏层的这个函数就会进行运算，这个运算结果又可以作为输入进入隐藏层再一次进行运算。如此这般，就形成了一个不断循环的预测，这个预测与新输入的数据有关，也取决于每一次循环的输入。

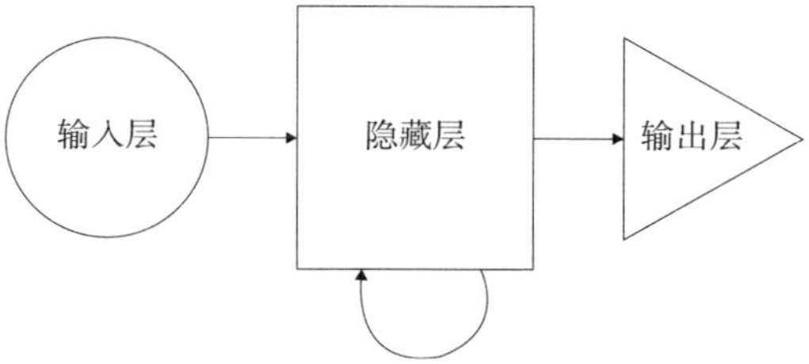

图 3–8 循环神经网络原理示意图

连续性数据在日常生活中出现的频率之高决定了循环神经网络有着广泛的应用空间。例如，我们可以依靠循环神经网络预测一句话中的下一个词语或一篇文章中下一句话是什么，以此来生成文本，现在很多写稿机器人就是基于循环神经网络来进行运作的。循环神经网络模型还可以将文本翻译成其他的语言，所以它也广泛用于机器翻译。循环神经网络另一个常见的应用是语音识别，我们现在使用的很多智能语音助手都应用了循环神经网络。

股票的价格波动也存在一定的规律，根据前一段时间的股票波动情况可以大致预测出之后股票的走势。因此，循环神经网络在股票预测方面有先天的优势。随着经济的发展，股票市场的规模不断扩大，大量股票历史数据的积累使得循环神经网络可以学习股票的走势规律。比如，当循环神经网络发现，某只股票价格不断下跌超过七天，之后就会缓慢上升，并且在很长一段时间内这只股票都呈现出这个规律时，如果这只股票价格再一次持续下跌，那么下跌的第七天就是股民买入的最好时机。实践证明，循环神经网络对股票的预测能够较好地拟合真实数据，具有很高的应用价值。

循环神经网络可以有效地进行文本识别，而在商业世界中，最重要的一种文本数据就是商品评论。随着生活节奏的加快、电子商务的兴起，人们越来越倾向于网络购物。网购时，用户没有见过真实的商品，只能通过商家的描述进行了解，而商家的描述又不能保证用户了解到的信息完全属实，此时，用户的商品评论就成为反映商品质量和商家信用的一个重要参考标准。但是，用户的评论也有很大的主观性，如何结合用户的主观评价正确评估商品质量及商家信用成为一个亟须解决的问题。在循环神经网络强大的文本识别功能的帮助下，我们可以很好地解决这个问题。循环神经网络在分析评论的过程中，最重要的一个步骤是对用户的主观评价进行处理，即通过循环神经网络分析用户的商品评论，再将其转化为对商家的等级评价。比如，循环神经网络识别出不同的商家同时在售卖同一种商品，但在商品质量方面，商家甲好评数远远高于商家乙，那么在这一方面，商家甲的等级评价就会高于商家乙的等级评价。影响商家等级评价的因素还有很多，比如服务态度、发货速度，以及商品与描述相符度等，将这些因素全部考虑在内，就会形成一个全面的商家等级评价。循环神经网络在商家评价方面的应用使用户不会被海量商品信息以及其他用户的主观评价所混淆，直接找到符合自身需求并且质量上乘的商品，提升了用户的网上购物体验。

深度学习商业网络

数据是商业发展的基础，也是商业竞争的关键。现在越来越多的公司都在通过数据的深度分析来了解用户的需求，把握市场的发展方向，提高自己的竞争力，以此达到在激烈的商业竞争中获胜的最终目标。深度学习作为人工智能的关键能力，其对数据的理解能力也超过了之前的相关模型。对数据的深度理解能够挖掘出数据背后隐含的知识，能更加快速准确地掌握用户需求，所以深度学习在商业场景中具有非常重要的应用价值。下面我们来介绍两个在商业领域应用的深度学习网络：潜在客户转化率深度学习模型和客户购买力深度学习模型。

如图 3–9 所示，这是专门用于房地产行业的潜在客户转化率的预测模型。这个模型可以通过线上、线下数据以及在 App 上对不同房产的浏览数据等，推测出一个潜在的购房客户转化为真正的购房客户的概率有多大。

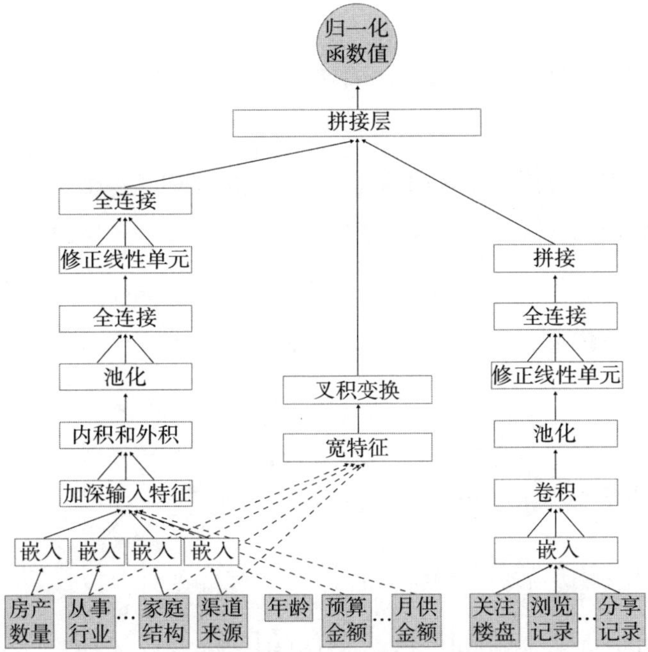

图 3–9 潜在客户转化率深度学习模型示意图

在这个模型中，输入的数据包括：类别特征数据，如客户的房产数量、从事行业、家庭结构、渠道来源等；连续特征数据，如客户的年龄、预算金额、月供金额等；序列特征数据，如客户的关注楼盘、浏览记录、分享记录等。我们对不同分类的数据需要进行不同的操作，例如类别特征数据需要经过嵌入、池化以及全连接等操作，序列特征数据需要经过嵌入、卷积后才能进行池化以及全连接等操作。当这些操作都进行完之后，数据就可以进入拼接层，然后输出每个客户在接下来的一段时间内买房的概率。

如图 3–10 所示，这是一个专门用于预测房地产公司客户购买力的深度学习模型。这个模型可以通过一系列复杂的深度学习，最终预测出一个客户是高价值的买房客户还是相对低价值的买房客户。

在这个模型中，输入的数据包括客户的基本信息，如职业、收入、偿还能力、来源、意向、家庭结构、购房用途等；客户行

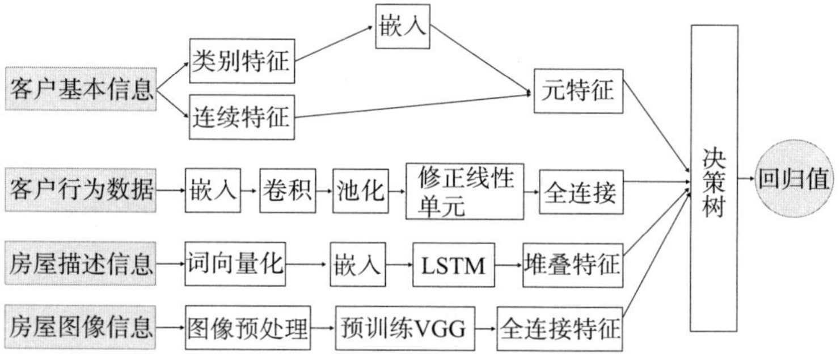

图 3–10 客户购买力深度学习模型示意图

为数据，如关注、点击、浏览、分享等；房屋描述信息，如建造年份、户型、位置、交通、物业等；还需要一些房屋、小区等周边环境的图像信息。不同类别的数据也需要进行不同的操作，例如客户基本信息中的类别特征数据需要进行嵌入操作，将稀疏的数据变成连续向量；客户基本信息中的连续特征数据就可以直接进行处理；客户行为数据要经过嵌入、卷积、池化以及全连接等一系列的操作；房屋描述信息数据要经过词向量化、嵌入、LSTM（长短期记忆网络）、堆叠特征处理。其中，LSTM 适用于处理和预测时间序列中，间隔和延迟相对较长的重要事件，堆叠特征处理可以将不同的特征拼接在一起。图像数据要经过图像预处理、基于预训练的 VGG 模型以及全连接操作。当这些操作都完成之后，所有的数据要一起进行决策树处理。最后，我们就可以看出这个客户到底是高购买力客户还是低购买力客户了。

深度学习的出现为人工智能带来的是一种全新的思维方式和思考方式，它赋予了人工智能新的活力，为人工智能带来了无限的可能性。万物皆可智能正是因为人工智能有了深度学习的支持，是深度学习为人工智能插上了飞翔的翅膀。更有人提出，深度学习甚至决定了人工智能的未来，所以现在深度学习越来越成为机器学习和人工智能不可或缺的一部分。以小博大，见微知著，AI 思维强调要抓住事物的本质特征才能做出最好的决策。掌握了深度学习，就算是掌握了人工智能的核心，所以，深度学习是我们构建 AI 思维不可或缺的重要一环。

AI 炼金术的应用生态

中世纪的时候，人们十分相信占星术，认为天上的星体可以带来幸运；并且将地上的一些贵重金属视作天体的代表，比如黄金代表金黄色的太阳、白银代表银白色的月亮等，这些贵金属因为稀少并且被赋予了幸运的含义，价格昂贵。地中海附近的国家希望能有一种将贱金属转变为贵金属的法术，这种法术被称为炼金术。人工智能拥有的就是这种将看似没有价值的数据转变为价值难以估量的决策的“法术”。

我们先来回顾一下 AI 炼金术全过程：首先，我们要通过对历史数据的特征处理产生特征数据，然后通过机器学习产生预测模型。模型产生之后，需要通过回测对其进行模型评估，在评估中合格的模型才可以投入生产。生产过程中如果有新的样本数据输入，就可以通过模型来产生预测分数，根据分数的高低和其他因素来进行业务优化，产生针对个体的业务决策。决策指导产生针对个体的具体行动，行动作用在个体上产生结果，虽然各自的结果可能会有差异，但人工智能总体上能够优化业务，从而实现价值。AI 炼金术就是这样一步一步，对数据千锤万凿，百炼成金。

人工智能赋能架构

AI 炼金术所创造的价值是不可估量的，对于企业，它是大赚

1 000 亿美元的秘密武器，对于个人，它是安居乐业人生美满的秘诀。但人工智能炼金术不是一座飘浮起来的空中花园，它需要建立在真正落地的实际系统上，需要系统给各个参与者赋能，否则再神奇的炼金术也只能是一场美好的空谈。那么人工智能炼金术最终要落地在一个什么样的系统上呢？

基于人工智能赋能架构的系统，能够为企业和消费者赋能。如图 3–11 所示，它分为左右两边，左边是 C 端，也就是用户端，通常涉及企业的用户或消费者，他可能在企业经营的门店里购买过商品，在企业运营的网站上注册过会员，或者是使用过企业提供的手机 App，总之他和企业有过一些交互和接触。右边是 B 端，也就是服务端，服务端就是要在企业的后台为用户提供优质的服务，确保用户端得到最佳的体验。

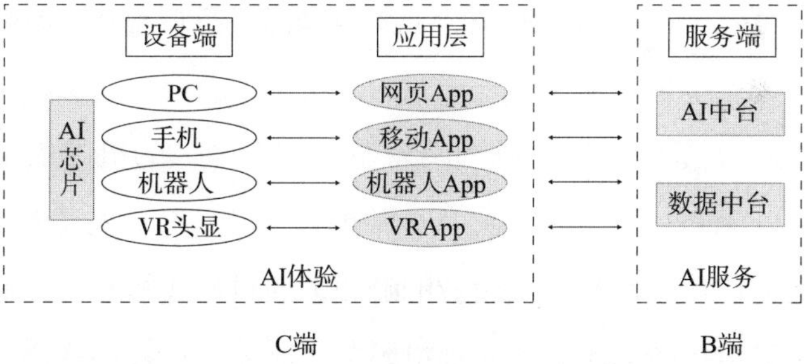

图 3–11 人工智能赋能架构示意图

服务端的系统分为两部分，一部分是数据中台[①]，另一部分是

① 中台即在一些系统中，被共用的中间件的集合。——编者注

AI 中台。数据中台会对海量数据进行采集、计算、存储、加工，形成统一的标准数据，形成大数据集合，进而通过 AI 中台为用户提供个性化服务。从数据到价值的 AI 炼金术，是 AI 思维的具象表现形式，AI 中台则是 AI 思维的实现载体。在服务端，既需要数据、需要人工智能，也需要数据中台和 AI 中台的连通。只有数据中台和 AI 中台融为一体，人工智能才能知道瞬息万变的市场变化、用户的需求，才能给用户提供优质的服务。另外，数据中台和 AI 中台打通了，就会有源源不断的数据输入 AI 中台，人工智能训练的数据越多，训练的次数越多，它的智能程度就会越高，做出来的决策就会越准确，其所创造出来的价值就越高。

然后我们再来看用户端，用户端主要有两个模块，一个是设备端，另一个是应用层。现在的用户无论是线上还是线下跟企业交互，都要通过一些设备来实现，比如说在 PC（个人电脑）端看视频、在手机端玩游戏、通过 VR 头显（虚拟现实头戴式显示设备）感受虚拟现实，或者说与在实景中摆放的机器人交流互动。所以说 PC 端、手机端、VR 头显端或者是机器人端都是一个用户的触达点，都是一个企业的触角。通过这些触角，企业可以实时了解用户的需求并为其提供服务，比如说现在很多酒店都配备了智能机器人，如果酒店的房客半夜想要喝水，发现房间里的纯净水都喝光了，而酒店的工作人员都已经休息了，就可以让机器人为房客送纯净水。

在这些设备端里面可能会有 AI 芯片。在人工智能中，AI 芯片是专门用于模型运算任务的一个模块，它可以在手机里做大量快速的计算，比如说现在很多年轻人喜欢通过各种美图 App 给自己上妆或者为自己的照片换背景，这些特效的实现都是实时的，呈现效果也非常好，所以需要很大的人工智能运算量。面对越来越高的用户的体验要求和越来越高的运算量，传统的硬件已经不足以解决问题了，因此现在手机上都安装了专门用来处理这些问题的 AI 芯片。手机 AI 芯片发展迅速，比如说三星最新研发的手机 AI 芯片有了独立的神经网络处理单元，运算速度提升了 7 倍；华为研发的 AI 芯片 NPU（Neural Network Processing Unit，嵌入式神经网络处理器）使图形处理性能提升了 20%，能效提升了 50%，图像识别速度可达到每分钟 2 000 张；OPPO、vivo 使用的是科技公司联发科研发的手机 AI 芯片，有低能耗、高性能的特点。

虽然 AI 芯片只是一块小小的芯片，但是 AI 芯片产业却是一个大的产业，因为它既能在用户端上进行人工智能的运算，也能在服务端进行人工智能的运算。虽然服务端跟用户端是连通的，但是网络存在延迟，直接在用户端进行计算可以缓解这个延迟。从整体架构上来说，设备端和服务端中间是应用层，其中包括像微信、QQ（腾讯公司的即时通信软件）这样的应用 App，通常企业需要花大量的时间和精力去改良这些应用，提高用户体验和服务质量。例如，谷歌开发的语音助手 Google Assistant 的语音模型一开始是存储在谷歌服务端的，它能够准确识别出用户所说的指令并做出相应的回应。但是在使用过程中，用户对着 Google Assistant 说一句话，这句话需要上传到服务端才能被语音模型识别，然后再传回用户的手机，这就导致了语音识别速度很慢。为了改善用户在使用语音助手时的体验，谷歌对语音模型做了处理，将其大小从 100G 压缩到了 0.5G，使其可以直接缓存到用户的手机上。如此一来，语音在手机和服务端之间的传输时间大大减少，Google Assistant 的语音识别速度提高了将近 10 倍，极大地提高了用户体验。

所以前文提到的 AI 炼金术，其实是构建在这样一套赋能架构上的。从图 3-11 最左边的用户到最右边的企业，环环相扣，人工智能不仅可以由企业的服务端提供算力，也可以在用户的设备上进行运算。这块根据响应时间会有一个切分，对响应时间比较敏感的会在用户端进行，而对时间要求没有那么紧急的任务，可以放在服务端进行。另外，服务端有更多更全的数据，适合更为宏观的人工智能运算。这套连接服务端和用户端的赋能架构，是人工智能炼金术所依赖的系统基础。理解整个赋能架构，能够帮助我们更好地应用人工智能，通过人工智能更多的创造价值。

人工智能应用矩阵

人工智能的发展、传播和被接受是经过了一段漫长的寒冬的。十多年前，它还只是一个不被人看好的小众领域，但是现在，它却已经成为街头巷尾的热点谈资，几乎任何事情都可以和人工智能联系在一起。

短短十年间，世界发生了天翻地覆的变化，新数据不断涌现，各种问题层出不穷，直到现在，人工智能的春天才算是真的到来了，各个领域都亟须人工智能的帮助。这也是为什么人工智能的商业化应用范围如此广阔，人工智能市场更是如一块等待开垦的处女地一般。如图 3–12，这是一份人工智能的商业版图，横轴代表不同的行业领域，例如金融、零售、医疗和教育等，纵轴代表不同的职能方向，例如营销、风控和安全等。横轴和纵轴共同构成了一个二维的商业矩阵，对于每个行业中的相关职能，人工智能都可以探索相关应用场景，例如在金融行业的营销、CRM（客户关系管理）、客服、风控和安全等方面以及零售行业的营销、CRM 和客服等方面都已经有人工智能实践落地。但其实，现在的人工智能只填充了广阔的商业领域中非常小的一部分，还有更多没尝试和拓展的人工智能应用场景。

在金融行业，人工智能应用十分广泛。以金融服务集团蚂蚁金服为例，他们推出了智能理赔服务，用户可以直接在手机上上传票据，通过智能审核就能迅速获得赔付款；支付宝将人脸转变为数字密码的刷脸支付功能也是人工智能在金融行业的应用。除此之外，人工智能还可以通过模型和投资组合优化等，为用户提供投资参考的智能投顾服务；通过自然语言理解、语音识别等，

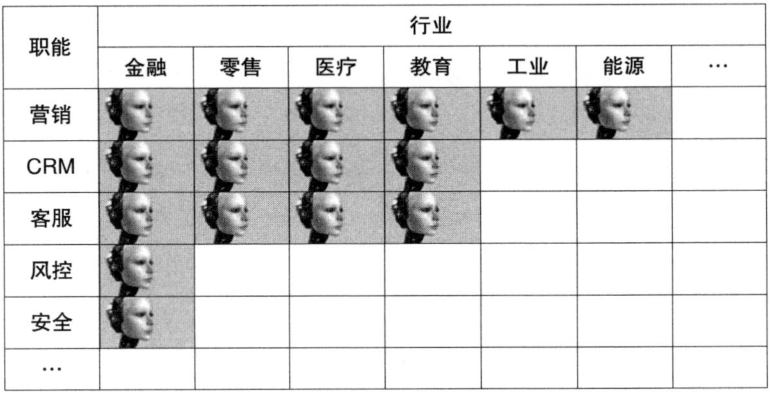

职能	行业						
	金融	零售	医疗	教育	工业	能源	…
营销							
CRM							
客服							
风控							
安全							
…							

图 3-12　人工智能的商业版图

实时为用户咨询提供回答的智能客服服务；通过推荐模型，根据大数据为用户推荐个性化产品的智能营销服务；以及通过人脸识别和指纹识别，在支付时检测用户身份的智能风控服务。这样一系列服务使人工智能在金融领域扎实落地。

随着社会经济的发展，居民收入水平的提高，人们的消费能力逐渐上升，零售行业规模随之扩大。根据预测，2020 年全球零售销售总额将超过 26 万亿美元。由此可见，人工智能在零售业的落地也有很大的应用前景。例如，人工智能可以依靠基于大数据的机器学习模型，为用户生成精准化、定制化的推荐，提高零售业销量，Stitch Fix 的成功就是很好的证明。Stitch Fix 是美国的一家时尚电商，活跃用户达数百万人。它之所以在电商行业竞争如此激烈的当下能够留住用户，就是因为正确运用了人工智能，向用户推荐个性化商品。Stitch Fix 专门请数据科学家建立了人工智能推荐模型，根据用户的身高、体重、职业等信息以及穿衣风格和购买价位等偏好，为用户推荐定制化、个性化的商品。Stitch Fix 在 2016 年和 2017 年分别创造出了 7.3 亿美元和 9.8 亿美元的销售额，而且这些销售额来自智能推荐。由此可见，人工智能可以有效地赋能零售行业，为其带来效益的增长。

在工业、医疗行业等领域，人工智能虽然也有应用，但并不及在金融和零售行业普遍。从整体来看，由于人工智能是近几年才发展起来的新技术，所以它在很多行业和领域的应用并不广泛深入。但是人工智能发展势头很好，在每个行业都有落地的可能性，而且随着机器学习、计算机视觉、语音识别、自然语言处理等人工智能领域的发展，我们有理由相信，人工智能在各个领域都能扎下根去，遍地开花。

以前，行业追求的都是芯片驱动（Intel inside），用芯片为企业提供算力和速度，让企业能够跑赢市场，找到自己的阿尔法。但这都已经成为过去，以后行业追求的人工智能驱动（AI inside）才是真正的阳关大道。人工智能会成为行业的决策引擎，取代在战术层面上需要人工干预的场景，持续有效地让企业在最佳状态下运行；而且人工智能带来的效果不仅仅是“优化”这么简单，而是革命性的、成倍数的增长。如此，人工智能才能真正展现它的能力，真正为行业赋能。

AI 炼金术的场景化应用

既然 AI 炼金术在各个领域都有落地应用的可能性，并且在多个领域的应用已经产生了不错的效果，那么，它在具体的场景下是如何展开应用的呢？为了便于理解，我们先从一个大多数人都比较熟悉的例子讲起。比如说，你在一个电商网站上买东西时，遇到了很多广告。这些广告位都是商家花钱购买的，即使你可能并不会购买广告位的商品，这个商家在此投入的广告费是无法撤回的，所以商家要尽可能地提高你购买广告位商品的概率。此时，人工智能精准推荐就成为商家提高购买率的法宝，因为显示一个顾客感兴趣的商品能大大提高他的购买率。事实证明，经过人工智能精准推荐出现在广告位的商品，让无数剁手党们欲罢不能。

百年大计，教育为本。社会各界对教育越来越重视，国家更是提出了科教兴国的教育发展战略。教育是不可忽视的，但与此同时，教育业也存在诸如教育水平发展不均衡，学生学习负担重、学习兴趣不高等问题。而人工智能的出现为这些问题提供了解决方案。在教学环节，教师可利用人脸识别模型实时检测学生随堂表现，辅助教师教学；在练习环节，文字识别模型可批改文科作业，图像识别模型可批改数学作业，这些智慧作业平台大大减轻了教师批改作业的负担；在考试环节，语音识别模型可对语言语音进行打分，也可利用人工智能进行试卷批改，统计、分析分数；课堂之外，学生可以利用人工智能搜集资料、完成作业等，比如遇到不会做的题目，学生可利用各种人工智能拍照搜题找到答案。除此之外，人工智能还可以根据学生的成绩、课堂表现、作业反馈等信息，判断该学生的学习习惯、学习能力以及学习程度，并为其制订个性化学习方案。例如，一个学生的英语听说能力很好，读写能力不足，那么在日常英语学习中，可以相对减少一点对于听说能力的训练，节省下来的时间用于加大读写能力的训练。通过人工智能制定的个性化学习方案，老师和家长能更好地帮助学生找到学习的乐趣，提高学习的能力，获得更多的知识。

人工智能在法律领域的应用也非常广泛。当事人如果遇到法律问题，人工智能可以根据当事人的信息、相似案情的判决等数据来进行决策，为当事人提供法律咨询，或者为当事人推荐最合适的律师。对于律师来说，人工智能的文本处理能力可以帮助律师搜集资料，例如相关法律条文、相关案情的判决书等。人工智能现在已经可以根据已有信息判断案件能否胜诉。比如说，CaseCrunch 公司的人工智能就可以根据案件信息进行判决预测，并且预测的成功率高达 86.6%，打败了人类律师 62.3% 的成功率。

2018 年斯坦福等高校联合开发的律政界人工智能软件，和 20 名有经验的律师做了一个比赛。该比赛的内容是在 4 小时内审查 5 项协议，并回答 30 个法律问题，涉及领域包括仲裁、赔偿等。最终，人工智能软件以 94% 的准确率完胜律师的 85%。人工智能为法律领域带来的价值是为不懂法律的大众提供专业的法律帮助，为律师减轻工作负担，提高法律案件处理的效率，协助法律系统创造一个公平清明的世界。

人工智能在维护社会公平自由的同时，还能为医疗行业贡献一份力量，维护人类的健康。根据《2018 世界人工智能产业发展蓝皮书》显示，2013 年至 2018 年第一季度，全球人工智能的投资在医疗健康领域的热度最高。据老牌咨询公司麦肯锡预测，到 2025 年，全球智能医疗行业规模将达到总计 254 亿美元，约占全球人工智能市场总值的 1/5。由此可见，人工智能在医疗领域有广阔的应用前景。

医疗行业长期存在优质医生资源分配不均的问题，与此同时，在诊断过程频频出现误诊漏诊现象，而且医疗费用一直居高不下。对于普通民众来说，也一直存在看病难、看病贵的问题。人工智能通过对大量医疗数据、病人信息的分析，可以了解病人的病情，甚至能够预测一些疾病的发病时间。根据这些信息，人工智能可以生成针对每个病人的个性化医疗方案，帮助病人尽快康复并预防其他疾病。而那些严重的疾病，比如基因变异引起的癌症，虽然千差万别，情况复杂，但是人工智能可以针对每个人独特的基因变异数据，协助制订最佳的治疗方案，最大限度地挽救生命。病人康复出院之后，人工智能还能提供长期的健康监测服务，防止旧病复发、新病萌芽等现象。同时，人工智能医疗流程系统还能为医护人员安排最合理的工作流程，避免医生在简单的咨询工作中耗时过长，从而提高医生的诊疗效率。

人工智能在各行各业的广泛应用空间可能会使你有些恐慌，觉得人工智能再发展下去将取代人类的工作，甚至给这个世界带来灾难。这不只是一个人的忧虑。早在 2016 年，英国著名物理学家霍金就说过人工智能可能是人类的灾难："对于人类来说，强大人工智能的出现可能是最美妙的事，也可能是最糟糕的事。"但我们现在的人工智能大部分都是弱人工智能，是那些不能真正地独立推理和解决问题的智能机器。有人又要问，AlphaGo 不是具有自我学习独立思考的能力吗？其实不然，围棋有固定的规则，对手下棋的习惯可以被模型捕捉到，但真实世界里的情况千变万化，不用说庞大而复杂的基因数据了，就是普通人的行为都千差万别，没有人类参与的人工智能是很难成气候的。而那些能够独立推理和解决问题的强人工智能的出现目前来看还很遥远，所以我觉得，认为人工智能会取代人类这样的焦虑，有些杞人忧天。

第四章

人人都能理解 AI

在制造分秒的时候，钟表把时间从人类的活动中分离开来，并且使人们相信时间是可以以精确而可计量的单位独立存在的。分分秒秒的存在不是上帝的意图，也不是大自然的产物，而是人类运用自己创造出来的机械和自己对话的结果。

——《娱乐至死》——

在前文中，我们首先从“道”的层面理解了AI是时代的机遇，之后又从“法”的层面讲了AI思维的底层逻辑，最后从“术”的层面讲了AI炼金术。但是学习是一个螺旋式上升的过程，需要不断深入，不断提高；知识进一步提升，思维能力也会更强，理解和运用人工智能也是这个道理。本章将会更加深入下去，从“器”的层面讲解AI思维。“器”可以帮我们理解AI思维的奥秘，也是人工智能越战越勇的法宝，对人工智能的“器”有了深刻的理解，就像孙悟空有了金箍棒，可上九天揽月，就像哪吒有了混天绫和乾坤圈，可下五洋捉鳖。“器”是工具，而人工智能领域的“器”就是模型，模型是AI思维的核心，本章将挑选人工智能领域的经典模型来帮助你理解AI思维，其中包括分类和聚类的模型，图像、语音以及文本的识别模型，还有消费和社交数据的处理模型。首先让我们从AI的分类和聚类开始理解AI思维的“器”。

AI 的分类和聚类

只会纸上谈兵的赵括由于缺乏战场经验，在长平之战中输给了秦将白起；熟读兵书的马谡不听从有实战经验的副将的建议，将街亭输给了司马懿，逼得诸葛亮只能挥泪斩马谡。历史上许多故事都告诉我们：缺乏实践经验，只会空谈，必然会导致失败。

过了那个兵荒马乱的年代，虽然我们不会再经历千军万马丢城失地的覆灭，但在日常生活中，若缺少经验，我们常常会遭遇挫折。从没有学过游泳的人，为了冒险刺激就往深水区游，难免会多呛几口水，甚至失去生命；从没有投资过的人，看到别人获利就盲目进入风云莫测的股市，便是注定了赔钱的命运。

然而我们都是第一次生而为人，只要对这个世界仍然保持着好奇心，总会去尝试无数个缺乏经验的第一次。第一次失败了并不可怕，重要的是你从这次的失败中学到了什么。及时总结，在一次次的试错中，也就是从经验中，我们学习了万事万物的规律。操千曲而后晓声，观千剑而后识器。以后再遇到相似的问题，我们就能妥善地处理了；碰到新的问题，我们也能根据习得的规律从容地做出比较准确的判断了。

人工智能各种能力的形成也是这个过程。我们从经验出发，得到处理事情的方法论；人工智能从数据出发，得到预知未来的模型。经过对数据的多次学习，人工智能就像一个身经百战的智能人，如果再有新的数据输入，人工智能也可以独立做出准确的判断，以及合理的预测。对于人工智能来说，产生模型的方法论就是机器学习，下面我们来仔细讲解一下。

机器学习的分类

我们获取知识的途径有两种，一种是通过他人的传递，例如我们遇到不会的问题时去请教老师或同学；另一种是在没有接受指导的情况下自学获得的。类似地，机器学习也有两种：监督学习和无监督学习。

监督学习是从标记的数据来学习模型的任务，每个标记的数据都是由一个输入数据（也就是通常所说的 x）和一个期望的输出数据（也就是通常所说的标记 y）组成。无监督学习处理的则是没有标记的数据。监督学习适合有明确预测目标的应用场景，即 y 可以被明确地定义和量化。而无监督学习通常适用于无法预先知道输出值的场景，只能对现有输入向量进行观察分析，它可以从数据中发现具有相似输入向量的结构，这些结构统称为簇（cluster）。

机器学习问题根据输出的数据来分，也有两类。一类是离散输出，通常用来表示个体的类别，比如把人分为两类，男人和女人；把客户分两类，高价值客户、低价值客户。数学中的离散是和连续相对的，所以另一类就是连续输出。连续输出的数据是指那些在一定区间内可以任意取值的数据，其数值是连续不断的，相邻的两个数据之间可以做无限的分割。比如说两趟地铁之间的间隔是 10 分钟，一个乘客在地铁站等地铁的时间是一个随机变量，取值范围可以是从 0 到 10 这个区间内的任意实数。所以连续输出有很大的应用空间，比如要预测公司的收入、客户的价值、生产流程的能耗、生产系统输出的气体浓度等，这些都需要用连续数字来表示，就都需要连续的输出。

监督类型分为通过监督学习和无监督学习，是机器学习问题分类的一种依据；输出分为离散型和连续型，是机器学习问题分类的另一种依据。将以上四类排列组合，就形成了四种不同类型的机器学习问题，如表 4–1，分别是：

如果通过监督学习，得到离散输出，就是分类问题。

如果通过无监督学习，得到离散输出，就是聚类问题。

如果通过监督学习，得到连续输出，就是回归问题。

如果通过无监督学习，得到连续输出，就是降维问题。

表 4–1 机器学习问题的类型

输出类型	监督类型	
	监督学习	无监督学习
离散输出	分类问题	聚类问题
连续输出	回归问题	降维问题

这四类问题是机器学习的基本问题，深入理解了这四类问

题，我们就能对机器学习有一个完整的把握。无论在哪一类问题中，机器学习的目标都是根据新的输入，做出预测。理解清楚了这四类问题的框架，我们就能深入体会到人工智能解决实际问题的思路。下面我会深入分析两类问题——聚类问题和分类问题，它们也是机器学习中最常使用的两类。

聚类问题

《战国策》有云："物以类聚，人以群分。"在日常生活中，有各种事物需要聚类，连人也在无形之中有聚类。而在人工智能领域，聚类问题对应的是无监督学习、离散输出的机器学习，也就是要通过机器学习将一些没有标记过的数据归为一类。数据的维度越来越多，聚类的目标是找到这些数据中具有某些相似特征的簇，找到每个个体的输入数据和簇之间的归属关系。也就是说，聚类中，我们需要按照一定的模型，把所关心的个体归并到一些簇里。

这个世界日新月异，每时每刻都有新的事情发生，新闻记者在事件发生的第一现场为我们传递新闻。但是很多时候我们并不能了解到新闻的全貌，因为它散落在各大新闻报刊以及新闻网站的各个角落。聚类的出现就能够让零散的新闻聚集起来，帮助我们了解新闻的来龙去脉。通过聚类，我们可以有效地将那些相同主题的新闻聚集在一起，形成簇状的结构，我们再进行浏览时就会更加全面、准确。

在商业实践中，聚类对于发现一些特定的人群结构非常有用。就比如 PayPal 面对的是全球范围内的几亿用户，它可以通过聚类对这些用户成百上千的维度进行详细的分析，从中得到百余个簇。每个簇对应属性和行为比较接近的一类用户，不同簇之间的差异化程度比较大。例如，一个簇对应了年轻的母亲，一个簇对应了中年艺术家，一个簇对应了软件专业人士，等等。理解了人群的不同特点和诉求后，公司才可以针对性地定位、开发、推广产品。另外，聚类中有时会发现一些未曾关注却占比显著的簇，那么整个品牌的定位都会被聚类的结果和发现影响。PayPal 建立的这一套聚类体系帮助公司更好地了解用户和市场的需求，为他们提供了更加贴心的服务，由此可见，聚类体系是可以为商业带来价值的。

常见的聚类方法有：K– 均值聚类、EM 聚类、合成聚类、Mean–shift 聚类、频谱聚类。这些方法根据不同的数学原理来做聚类。方法不同，结果不同，但大的目标都是一致的，都是为了发现并输出数据中的簇。簇的标志性特征是内部差异化较小，而簇与簇之间的差异比较大，这也是聚类方法的基本原理。

下面我们来说明一下聚类。如图 4–1 所示，左边是原始的数据，用三种深浅不同的点来表示有三个簇。K– 均值聚类和 EM 聚类的结果分别在中间和右边的图上。因为聚类是无监督学习，没有方法能够完全还原原始的簇，但是合适的聚类方法还是能够发现数据内在的结构。各行各业都会产生数据，所以不论是在商业领域，还是在生物学、医学、天文学等科学领域里，聚类都有它的用武之地，都能够帮助各领域的专业人员发现新的知识。聚类就像一个数据显微镜，能够拉近我们和数据的距离，把微小的每个样本聚合成可以解读、可视化的簇，增加我们对数据的理解。

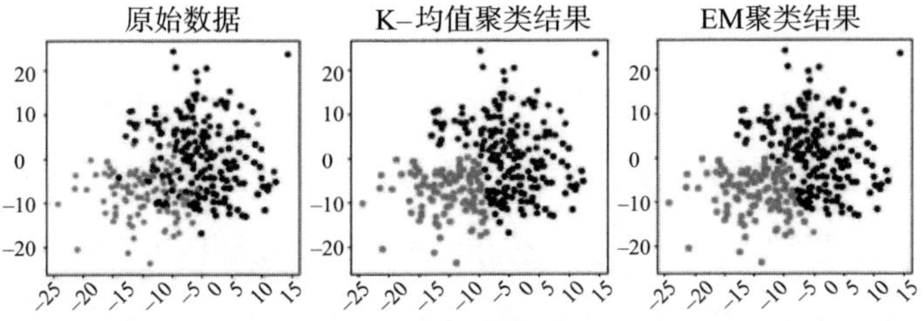

图 4–1　聚类示意图

分类问题

下面我们来看一下分类，也就是监督学习、离散输出的机器学习。分类要做的是将一个预测函数 f，作用在个体的特征 x 上，得到想要的输出 $f(x)$。这个看似简单的识别过程其实是非常强大和灵活的，基本上所有监督学习的过程都可以抽象成这样的形式。预测的目标可以是任何跟业务相关的量，包括顾客的价值、消费者的喜好、借款人的风险、病人康复的概率等。深入理解了人工智能后，你就可以针对你所在的领域，构造出相应的分类问题，从而有效地提升业务。

提到分类，就不得不提 2019 年全国都在热议的话题——垃圾分类。2019 年 7 月，上海正式开始强制实施垃圾分类，个人投放垃圾错误最高可罚 200 元，单位投放垃圾错误最高可罚 5 万元。一时间，垃圾分类成为上海人民生活的主旋律。即便是将垃圾分为了可回收物、有害垃圾、干垃圾、湿垃圾四类，但是由于真实生活中垃圾种类繁多，混合垃圾难以分辨种类，很多人还是会分辨错误。其实国外许多国家实行垃圾分类很久了，分辨多种垃圾的问题也困扰国外人民很久了，所以有很多人工智能公司就开发了基于监督学习的垃圾分类系统。例如日本发那科（Fanuc）的分拣机器人 Waste Robot 就是这样一个垃圾分类系统，该系统内部拥有经过数据集训练的模型，可以通过实时检测来分辨垃圾的类型。

监督学习的模型不是想当然地形成的，它要经过严格的训练和预测环节，这两个环节也是监督学习最基本的环节。

训练环节中：给定一个训练集，由标记样本构成 $\{(x_1, y_1), \cdots, (x_N, y_N)\}$。所谓标记样本就是既有特征向量 x，又有对应的标记 y 的一组数据。通过最小化训练集上的预测误差，估计一个预测函数 f，也就是我们的预测模型。需要特别注意的是，训练集都是由样本和对应的标记构成的。例如我手中有大象、猴子、长颈鹿等各种动物的图像，然后给这些图像打上相对应的名称标记（图像和名称标记一一对应），打过标记并且一一对应的图像称为训练集。

预测环节中：在新预测样本x上，使用f输出预测值$y=f(x)$。就比如人工智能经过了刚才关于动物图像的训练，我们再把新的图像输入给它，此时人工智能就可以输出图像上的动物是什么了，这就是预测环节。

在训练阶段，样本的标记是已知的，但是在预测阶段，样本的标记是未知的。就像读书的时候，平时死记硬背的同学不一定考试考得好，考试考得好的同学，也未必在社会上发展出色。机器学习也是这个道理，在新的、未曾见到过的预测集上的预测效果，才是做好机器学习的关键。那么要做好机器学习，也就是训练出一个预测效果好的模型，需要多少数据样本呢？这个问题是无法一概而论的。如果你的数据样本大，行为或模式复杂，要预测的标记本身也会发生变化，那么这个模型需要的训练数据就多。通常，跟训练简单模型（好比后面我们要说的线性模型）比较，训练复杂模型需要的样本也会比较多。

需要注意的是，用来训练的样本一定要代表实际的业务场景，这样机器学习产生的模型才能在实际业务中产出良好的预测效果。如果在实际业务中遇到的预测样本和训练样本的特性相差甚远，那么模型是很难产出良好的预测效果的。比如你想开一家饭店，但却只在上海地区展开饮食喜好的调查，那么你大概会得出“消费者都比较喜欢吃清淡一点的食物”的结论。根据这个结论，你精心研发了一份清淡可口的食谱，但是这家饭店最终选址在川渝地区。可想而知，饭店开业后并不会有太好的生意，因为两地的人群样本对食物的喜好相差很大，上海样本上得出的结论很难在川渝样本上产生同样的效果。

通过前面的阐释，我们已经知道了分类的概念，下面再通过一个具体的图像分类的例子来更加深入地了解分类。如图 4–2 所示，训练阶段我们提供了一组有类别标记的图像，预测阶段，给定一个图像，我们的模型可以输出图像上的物体类别。

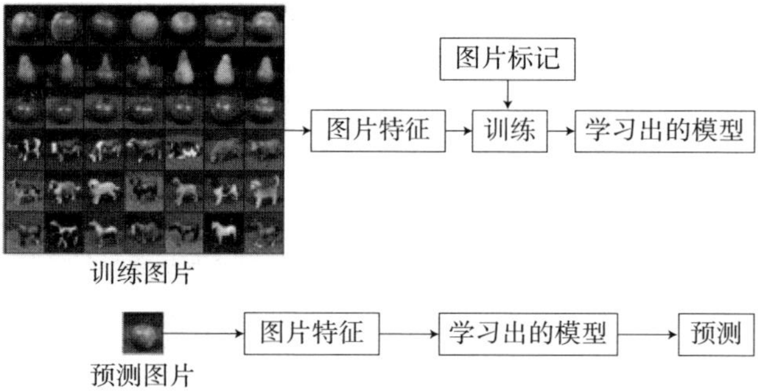

图 4–2 图像分类示意图

训练的时候，我们给了 6 类训练图像，分别是 3 种水果和 3 种动物。每张图像先经过特征化处理，产生图像特征。根据这些图像特征和标记，机器学习能够学习出一个模型。预测的时候，我们给定一张图，把它特征化后，模型就可以针对这个图像特征，输出一个类别预测。

之前提到过，机器学习中，数据以向量形式表示。对图像来说，有很多种向量表示的方法。我们挑选 3 种基本的向量表示方法展开讲解：原始像素值特征、直方图特征、GIST 特征。如图

4–3 所示，原始像素值特征，用的就是原图的彩色或者灰度像素值，把它们拉成一个向量作为图像的表示，这种简单的方法只能表示简单的图像。图像的像素值很容易受到环境中各种因素的干扰，用它们表示复杂图像的内容，可用性不强。直方图特征，是指加工原图像素值，用加工后的像素值分布，而不是原始值来表示图像。GIST 特征，用更复杂的方法来全面表示图像中的场景，能够更好地刻画图像的视觉特点，比如说是自然场景还是人工场景，场景是封闭的还是开阔的。

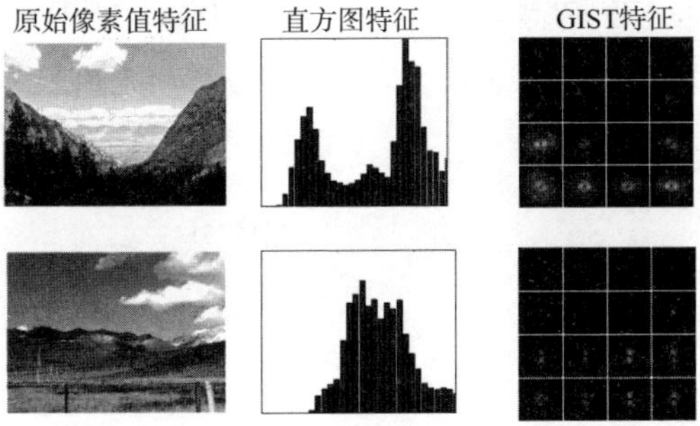

图 4–3　图像的特征向量表示方法

对于图像来说，设计的特征越精巧，在机器学习中，图像识别的效果就能够做得越好，但是人的肉眼却很难看明白这些复杂的特征。人工智能和人的思维方式不一样，对于人来说很直接的原始图像，计算机却很难处理；而构造精妙的图像特征向量，人则不一定能看明白。

最近邻分类

前面以图像为例说明了机器学习分类的过程，下面我们来了解一种基本的分类方法：最近邻分类。这种方法不需要训练环节，只需要针对输入数据的距离定义。

如图 4–4 所示，我们用方形和圆形分别表示两种不同的训练样本，一个新的预测样本会根据离两类训练样本距离最近的数据点，来确定自己的分类。也就是说，如果和预测样本最近的样本是方形样本，我们就把它分类为方形，相反，如果和预测样本最近的样本是圆形样本，我们就把它分类为圆形。

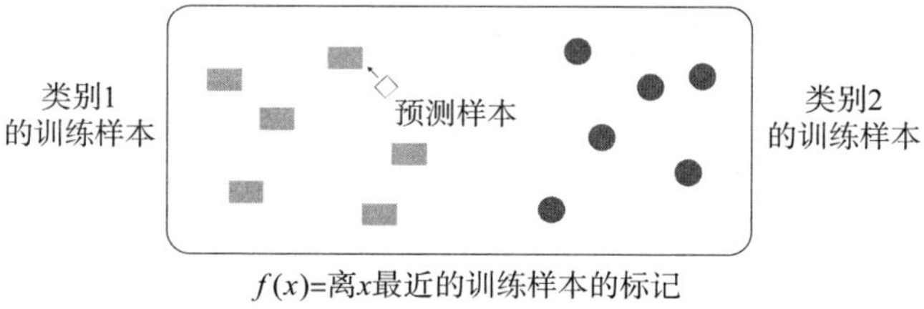

图 4–4　最近邻分类示意图

这个分类过程类似人的思考过程，好比我们对一个不熟悉的物品，一个没去过的地方，一个不认识的人，我们会下意识地把它跟我们接触过的物品、地方、人做对比，用一个我们熟悉的事物的类别作为对这个新事物类别的“预测”。人的思维如此，机器学习也应用了这个原理。

虽然最近邻分类比较简单，但是它在很多实际场景里的应用效果尚能差强人意。有的时候，你可能并不知道要用什么样的模型来分类数据，那我建议你试试最近邻分类，先看看它能产出什么效果。对最近邻分类有了一些了解后，下面我们来介绍更多的分类模型。

线性分类和 K- 近邻分类

在机器学习领域，线性分类是一种经典的分类方法，它的目标是寻找一个线性函数，直观上也就是一条线，来分割两类数据，如图 4–5 所示，在这条线的一边是方块的一类，另一边是圆形的一类，而且这条线与两边的距离要适中。

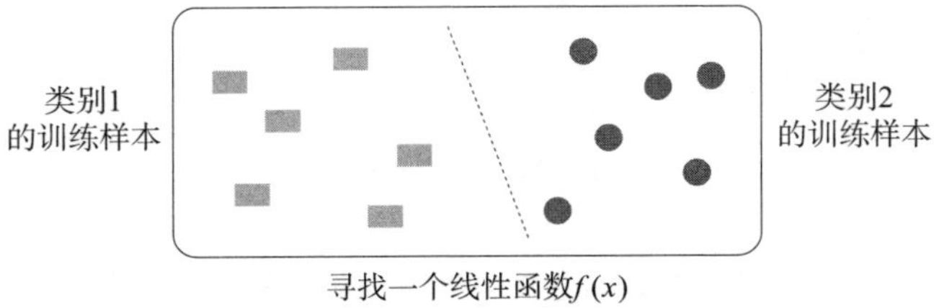

图 4–5　线性分类示意图

当然，分割线未必只能在纸上，也就是在二维空间里画的线，它也可能是三维空间里的一个平面，又或者是高维空间里的超平面。这个线性函数可以在任意维度的空间里，它取决于机器学习任务中特征向量的维度。例如，我们有 2 000 张花花草草的照片，如图 4–6 所示，每张照片由这个高维空间中的一个点表示。如果要把这两千张照片按花和草来分类，那这个线性函数就是图 4–6 所示的超平面。（因为我们无法看到高维空间里的超平面，所以这里的超平面用平面来表示。）

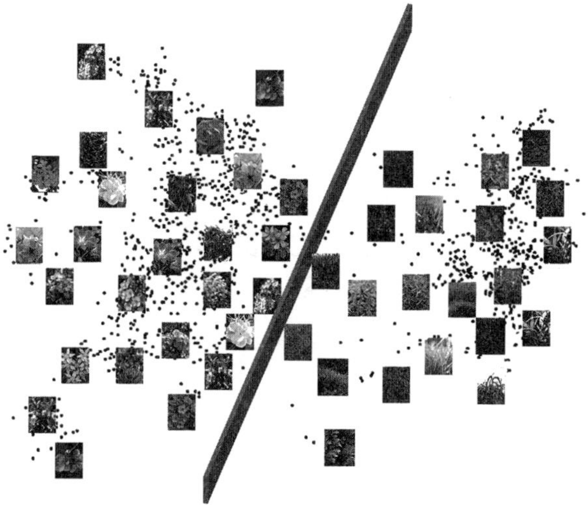

图 4–6 高维空间线性分类示意图

我们实现线性分类的方法叫作最小二乘法，又称最小平方法。通过最小二乘法可以计算出进行分类的这个线性函数的参数，也就是说可以计算出一条分类的最佳分割线。原理上，这个划分两类的分割线，要能充分“拟合”两边的训练数据，不能相差太远。但既然是拟合，就难免会有误差，在数学上，最小二乘法就是通过最小化误差的平方和来寻找最佳拟合的线性函数的。

不论你的特征向量维度是多少，最小二乘的方法论都是通用的。理解了线性分类，我们就能理解更多的机器学习模型。机器学习最终学习出的函数形式可能会很复杂，不一定是线性的，但原理上都是通过最小化一个目标值来算出最佳的分类函数。

在实际应用中，线性分类最重要的优势是它的结果易于解读。线性分类会针对每个特征变量，输出一个权重，这个权重决定了变量在分类中的重要性。权重的绝对值越大，变量越重要。如果权重是正数，就意味着变量和预测目标有一定的正相关性；如果权重是负数，就意味着变量和预测目标有一定的负相关性。

举一个简单的例子来说明一下权重。比如你今天到商场逛街，逛累了之后要决定午饭吃些什么。那你就需要收集商场里所有能吃饭的地方的信息——当然可能不需要复杂到建立一个模型，但是肯定也会在大脑里经过思考。假如你十分喜欢吃辣的食物，可以接受面食，不喜欢吃甜食，那么在这次决策里，吃辣的食物以及吃面食这两种变量所对应的权重就都是正数，只不过吃辣的食物权重更高，而吃甜食的权重就是负数。最终你的选择是这些变量的加权线性组合决定的：权重是正数的变量，权重数值越大，相应方案被选择的可能性就越大；权重是负数的变量，权重的绝对值越大，相应方案被选择的可能性就越小。所以你最后很有可能选择比较辣的食物，比如说川菜。

在人工智能里，除了最近邻分类、线性分类外，还有很多种分类方法，比如下面要介绍的 K– 近邻分类。K– 近邻分类的一般原理是给定一个训练集，输入新的样本，在训练数据集中找与该向量最邻近的 K 个样本。这些样本多数属于哪个类别，就把该新样本分到这个类别中。最近邻分类可以看作 K = 1 的情况。

我们举个例子来更好地理解 K– 近邻分类。如图 4–7 所示，下面是我们收集的几部电影的数据：主要统计的是电影中的战斗镜头和拥抱镜头的数量，还有电影的类型（未知电影除外），比如电影 A 中有战斗镜头 4 个，拥抱镜头 109 个，电影 A 为爱情片。

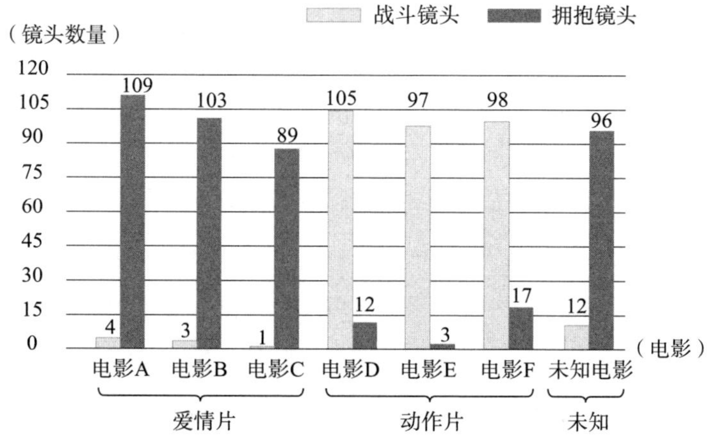

图 4–7　电影镜头数据统计图

根据上述收集的电影数据，我们可以计算出已知电影和未知电影的距离，如图 4–8 所示。

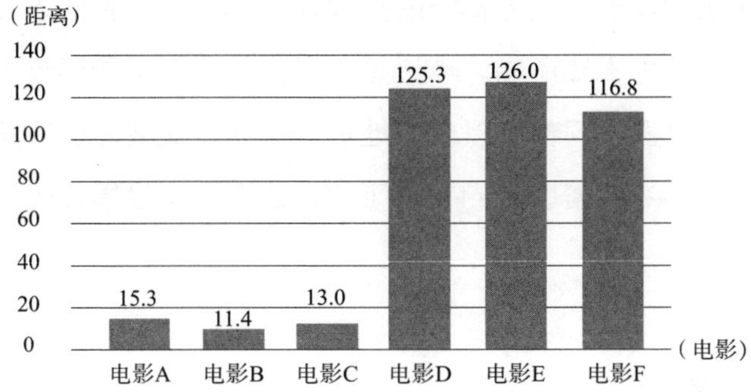

图 4-8　电影距离数据统计图

按照距离的递增排序，可以找到 K 个距离最近的电影，假定 K=3，则三个最靠近的电影依次是：电影 B、电影 C 和电影 A。所以未知类型电影的类型应该和离它距离最近的电影是一样的，所以它应该是爱情片。

除了 K– 近邻外，还有逻辑回归、支持向量机、决策树、随机森林和深度学习等模型。这些模型各有各的特色，就像是十八般武艺，了解之后你也能在实践中使用它们，做到游刃有余。最后，让我们再回到机器学习问题的本源，我们需要建立模型做出准确的预测，不同结构的模型都是通过数据学习出来的。模型在实践中的预测效果以及对业务的提升，都需要相应数据的支撑。一旦模型学习好了，人工智能就会像人在经验中总结出规律一样，在面对新问题时，帮助我们做出正确决策。

这个世界对于我们来说充满了太多的未知，需要我们不断地去探索和发现。人工智能的出现让我们在面对新的事物、新的问题时不再不知所措。不论是针对有标记的事物还是未标记的事物，机器学习都可以有效地进行预测，最终形成决策并为我们提供参考，帮助我们有章可循地认识这个世界，改造这个世界。

AI 感知图像和语音

在实际生活中，我们会遇到各种各样的数据，为了更好地对这些数据进行分析掌握，我们将其分为两类：结构化数据和非结构化数据。结构化数据就是能够用统一的结构加以表示的数据，例如数字、符号等。反之，非结构化数据是指那些字段长度可变，不能够用统一的结构加以表示的数据，如图像、视频、语音、文本等信息。非结构化数据与我们的生活息息相关，我们接下来就来了解一下人工智能是如何处理这些非结构化数据的。

前面我们已经提到过像佳丽的特征脸这种简单图像处理的例子，相信你已经有了一定的图像理解的基础。我们现在要从较为直观的人工智能理解图像开始，层层递进，更加全面深入地讲解人工智能理解非结构化数据的方法。

提到人工智能理解图像，就不得不说计算机视觉。计算机视觉是人工智能在视觉领域的应用，也就是说人工智能理解图像要通过计算机视觉来实现。1966 年，人工智能先驱马文·明斯基让他的一个学生“花一个夏天把相机接在计算机上，让计算机描述它看到的东西”。但明斯基低估了这个项目的难度，他认为只要一个夏天就能让计算机理解图像，但是之后又过了几十年，计算机还是不能很好地理解图像，直到现在，计算机也没有达到能够完全理解图像的高度。要想真正进入千家万户，计算机视觉仍然需要不断改进和提升。

回到人工智能理解图像的正题。图像就是像素值在二维空间的排列，像素可以用 RGB（红绿蓝）三色值来表示，或者灰度值来表示。我们看到的图像无一不是这样类型的数据。虽然人眼能够很简单地理解图像内容，但这对人工智能模型来说却非常复杂。所以我们从以下几个方向对图像理解展开讲解：图像特征、图像分割、图像识别和图像中的目标检测等。

图像特征

图像特征主要包括图像的颜色特征、纹理特征、形状特征和空间关系特征。对图像特征的描述分为全局描述和局部描述。全局描述可以通过原始像素值特征、直方图特征、GIST 特征这三种方法来实现，但是因为局部描述比全局描述更细致，所以下面我们主要来介绍局部描述。

局部描述是计算机视觉研究的一个基本问题，它主要用来寻找图像中的关键点，进行物体特征的数字化描述。提到局部特征，首先要想到的是 SIFT 特征。SIFT 全名是尺度不变特征转换（Scale-Invariant Feature Transform），是一种用来检测与描述图像中的局部特征的计算机视觉模型，能够在空间尺度中寻找极值点，并提取出相应的位置、尺度、旋转不变量。尺度可以理解为图像的模糊程度，类似于眼睛近视的度数，尺度越大细节越少。不变量是指计算机视觉识别的图像中物体的本质特征。比如你拍同一个杯子，在不同的角度和位置拍出来的杯子大小以及杯子上花纹的角度位置都是不一样的，但是计算机视觉识别的是杯子的本质特征，虽然位置、大小、角度都发生了变化，但是杯子本身没有发生变化。这个由加拿大教授戴维·洛（David Lowe）总结完善的特征计算方法，在计算机视觉的发展史上非常有影响，在很多涉及图像的人工智能应用里都可以找到它的身影。

局部图像特征的检测与描述可以帮助识别物体，我们在观察一个物体时，如果角度、距离甚至光线不同，我们观察的结果也会有些许误差。但 SIFT 特征是基于物体上的一些局部外观的关键点，与图像的大小和旋转无关，对于光线、噪声、轻微视角改变的容忍度也比较高。例如图 4-9 中的两张照片，它们是同一个物体在不同的视角下拍摄而成的，在这两张照片上存在 SIFT 特征的对应关系，对应的 SIFT 特征用线条连接起来。可以看出，SIFT 特征能较好地描述图像内容，较少受干扰因素的影响。

图 4-9　SIFT 特征示意图

SIFT 特征高度显著且相对容易提取，因而用它很容易辨识物体，而且少有误识。SIFT 特征的本质是在不同的尺度空间上查找关键点，并计算出关键点的方向。SIFT 所查找到的关键点是一些比较突出的点。这些点包括角点、边缘点、暗区的亮点以及亮区的暗点等，它们不易因光照、线性变换和噪声等因素的干扰而发生变化。在人工智能里，这些点对物体的识别和检测非常重要。除此之外，使用 SIFT 特征描述部分遮蔽物体的检测率也比较高。

下面我们来具体讲解一下生成 SIFT 特征的过程。这个过程可以分解为四步。

第一步，尺度空间极值检测：搜索所有尺度上的图像位置，识别潜在的对于尺度和旋转不变的兴趣点。

第二步，关键点定位：在每个候选的位置上，通过模型来确定位置和尺度，根据每个候选位置的稳定程度来选择关键点。

第三步，方向确定：根据图像局部基于像素值变化的梯度方向（像素值增加最快的方向），给每个关键点分配方向。

第四步，关键点描述：在每个关键点周围的邻域内，在选定的尺度上计算图像局部的梯度，从而产生特征表示。

图 4–10 是 SIFT 特征产生的过程。左边显示了图像上一个关键点周边各像素点上的梯度，右边是根据梯度的方向分布生成的直方图，作为该关键点的 SIFT 特征向量。

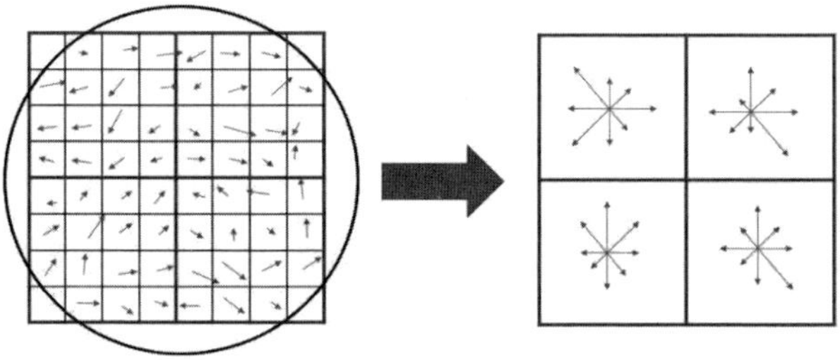

图 4–10　SIFT 特征产生示意图

人工智能里常用的图像的特征向量表示方法还有很多。但是，不论是哪一种表示方法，不论它表示的是全局特征还是局部特征，它都有自己的特点和适用范围。通过特征向量表示图像，从而捕捉全部内容相关的信息，是十分具有挑战性的。

图像分割

人工智能感知图像的一个重要应用是图像分割。图像分割就是机器自动从图像中分割出对象区域的过程，这样可以更加容易地获取图像中的内容和特征。图像分割在很多应用场景中发挥了重要作用。例如，在医学影像领域，医院在做肿瘤和其他病理的定位、组织体积的测量、诊断和治疗方案的定制时，都会用到图像分割。图像分割也被广泛应用于卫星图像分析领域，用来定位道路、森林等。此外，我们熟知的一些图像处理软件，比如 Photoshop、美图秀秀，它们的"抠图"功能，本质上也是通过图像分割实现的。

图像分割的一种基本方法是 K– 均值聚类，这种方法在前一节介绍聚类的时候提到过。其具体的过程是这样的：

第一步，从图像上任意选择 K 个像素作为初始簇中心。

第二步，对于剩下的像素，则需要根据它们与这些簇中心的相似度，将它们分配给与其最相似的簇。

第三步，计算每个所获新簇的中心，也就是簇中所有像素特征的均值。

重复第二步和第三步，直至收敛，也就是聚类结果不再发生变化。

如图 4–11 所示，右图是左边原图执行 K– 均值聚类（K=20）后的结果。实际应用中，为了提高速度，人们通常可以先对较大图像进行下采样，也就是均匀地减少像素，然后再进行聚类计算。

在图像分析中，直方图也是十分重要的。图像的直方图能够

图 4–11 基于 K– 均值的图像分割结果

反映图像像素点灰度值的分布情况。基于直方图的图像分割方法通常会比其他类型的图像更快，因为只需要过一遍所有的像素。在这一过程中，需要先计算所有像素值的直方图，再通过直方图的峰和谷来找图像中的簇。如有必要，可以循环使用直方图来分割图像，找到更小的簇，直到没有新的簇为止。如图 4–12 所示，右图就是左图的直方图图像分割的最终结果。

图 4–12 基于直方图的图像分割结果

图像和视频理解

前面我们介绍了图像特征和图像分割，这些都是理解图像语义的基础，接下来我们就要讲解人工智能是如何识别图像的。前文我们说过人工智能要通过机器学习来产生模型，模拟人脑的深度学习就是机器学习的一种，它允许我们在给定一组训练数据的情况下来训练神经网络模型预测输出。近期的深度学习有了比较大的提升，相对较少地依赖于针对特定数据类型的特征提取，可以实现端到端的处理和学习。端到端处理就是在输入端输入数据后，输出端会直接输出结果，而不用经过复杂的特征提取过程。基于深度学习的人工智能现在已经能够较好地识别图像、视频、文本等非结构化数据，并且识别准确率很高，达到了可以在实际场景中进行应用的水平。尽管如此，理解不同数据类型对应的特征表示，仍能帮助我们更好地理解数据本身的规律和运用 AI 思维。

在人工智能对于图像的识别这一领域，近几年的趋势是通过深度学习来实现图像识别，例如可以用 VGG、Inception 和 ResNet 等深度学习模型来识别。图 4–13 所展示的就是几个通过这几种模型识别图像内容的例子。例如，最左边一列是使用 VGG 识别的图像，对于第一张图像，VGG 认为有 98.14% 概率是足球，有 1.16% 的概率是橄榄球，有 0.42% 的概率是高尔夫球。由此可见，这些模型的正确率还是很高的。

图像中不可能只有我们所要识别的事物。当我们要识别一张照片中某个特定的人物时，这张照片中往往还有一些其他的东西，所以我们要进行目标检测。目标检测的任务是在图像上找

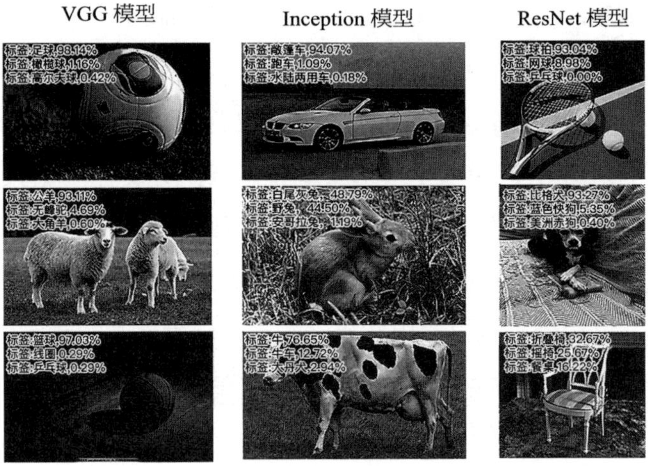

图 4-13　VGG、Inception 和 ResNet 模型图像识别结果

到、定位并识别不确定数量的一类物体——需要强调的是，这里的“不确定数量”很重要，对人工智能来说，是有相当的挑战性的。跟图像识别一样，目标检测常用专门的深度学习框架，比如 SSD（Single Shot Detector）、YOLO（You Only Look Once），但检测和识别是不一样的任务。通常，识别的结果是关于一幅图像的类别，而检测要回答的问题难度相对比较高。目标检测的应用场景包括人脸检测、人体检测、车辆检测、商品检测、遥感图像中建筑物检测等。如图 4-14 所示，目标检测模型能够检测出图像中的建筑物、行人和汽车。

几百年前，人们热衷于读书，甚至达到了洛阳纸贵的地步；十几年前，人们进入读图时代，读图成为风尚；而现在，视频成

图 4–14　目标检测示意图

为人们的宠儿，拿起手机看短视频成为越来越多的人的习惯。打开手机、电视看剧，去电影院看电影，我们每个人都是视频内容的消费者，而短视频的兴起又让我们都可以成为视频内容的创造者。视频在我们的生活中的地位慢慢上升，人工智能对于视频内容理解的意义和重要性也相应地不断提升。

从理论上来讲，视频能够将一系列静态影像以信号的方式加以捕捉、记录、处理、存储、传送与重现。简单来理解，视频其实就是很多幅图像在时间上的组合，构成视频的每一幅图像叫作帧。用于测量显示帧数的指标叫作帧率，其单位是每秒显示帧数（Frames Per Second），简称 FPS。由于人眼特殊的生理结构，当所看画面的帧率高于 16 的时候，人们就会认为是连贯的，所以虽然我们看到的是一张张静止的图像，但是却有了动起来的体验。常见的视频编码格式有 AVI、MPG 等，在这些格式的视频形成过程中，其实都将视频的信息做了压缩。压缩后的文件变小，就更有利于处理、存储和传送了。

视频有哪些特征呢？首先，视频是由图像组成的，图像的特征也是视频特征的一部分。除了图像特征之外，视频中物体的运动也给我们的分析带来了新的特征。视频中常用的表示运动的特征叫作光流（optical flow）。光流反映了物体的运动模式，即反映了物体在某视角下由摄像头和背景之间形成的明显移动。通过视频中的图像序列模型，我们可以估计出运动物体在观察成像平面上像素运动的瞬时速度。

具体来说，光流模型可以计算两幅图像之间的变形，它假设一个物体的颜色在前后两帧没有巨大而明显的变化。基于这个思路，我们可以得到相应的图像约束方程。假定不同附加条件的光流问题对应不同的光流模型，常见的模型是 Lucas-Kanade 模型，如图 4–15 所示，我们在图片上显示了计算中的光流向量，向量的箭头表示的是像素运动的方向。

当我们检测出光流向量之后，就可以进一步生成 HOF 特征。HOF 的全称是 Histograms of Oriented Optical Flow，它可以对光流方向进行统计，得到关于光流方向分布的直方图。这个直方图表示了在不同的二维方向上，各分布了多少光流向量。由于 HOF 能够表示出视频中物体运动的本质特点，所以经常用于视频中的动作和事件识别。

图 4–15 光流示意图

通过光流向量和 HOF 特征对视频处理后，我们就可以通过人工智能识别出视频中的物体的运动了。但是在视频中，我们要识别的目标一般是运动的，如果要对这个目标进行识别，就需要对其进行跟踪。目标跟踪是指给出目标在跟踪视频第一帧中的初始状态，比如目标的位置和尺寸，自动估计目标物体在后续帧中的状态。如图 4–16 所示，视频中跟踪的目标通常会用一个矩形的框来标注。

如果视频中有我们感兴趣的人或物体，可以用目标检测的方法先检测到它，然后再跟踪。这样，我们就不止在一帧中获得了这个人或物体，还能一直跟踪他在哪儿。这在商业场景上

图 4-16　目标跟踪示意图

大有用处，比如超市想知道消费者的行为轨迹，就可以采用检测和跟踪相结合的方法。商场公共区域都设有摄像头，通过摄像头记录下来的视频，人工智能可以识别出消费者在某家店停留的时间长短和相应的行为，然后估算消费者的消费概率。商家通过人工智能知道了消费者在商场里的完整行为轨迹后，可以做出许多帮助提升体验、促进消费的优化，比如在合理的位置设置休息区，以供消费者休息，这样既可以消除消费者的疲劳，又可以延长其在商场里停留的时间，购买商品的概率也会有所上升。

很多人会通过看电视剧或者电影来打发时间。在看电视剧或电影的过程中，我们能够轻而易举地分辨出电影电视剧中的主角和反派。近几年来，随着人工智能的视频识别不断发展，人工智能也变得和人类一样，在看电影和电视剧的时候，能够分辨出哪些是“好人”，哪些是“坏人”。并且通过这个功能，人工智能还可以对视频中的人物进行社交分析。

那么，人工智能是怎样做到从视频中分析人物之间的社交关系的呢？首先，通过观察可以发现：在与不同的人的交往过程中，人们选择的交互方式也是不同的。比如说，在日常生活中，一个人与比较亲密的同事、恋人之间的交互方式，和与疏远、有敌意的人之间的交互方式，往往是不同的。所以我们就定义了一个指标，叫作结合信号（grouping cue），它能够决定不同人物之间更可能属于何种关系（如亲密或疏远，友善或敌意等）。

然后，在视频中的每一个场景中提取相应的特征向量，通过有标记的训练数据和机器学习模型，学出人物间的结合信号，然后通过模型把这些结合信号整合起来，形成一个人物间的社交网络。有了社交网络，就可以分析人物中有几个社区和每个社区的领袖是谁。人工智能对电影和网络视频中的人物进行社交分析后，能够分辨出视频中有几组人，每组人的领袖是谁。如图 4–17，在电影《加勒比海盗：黑珍珠号的诅咒》（左上、右上）中，左边是善良的一派，领袖是杰克·斯伯洛；右边是阴险的一派，领袖是巴伯萨。在电影《哈利·波特》（左下、右下）中，左边的是正义的一派，领袖是哈利·波特；右边是邪恶的一派，领袖是伏地魔。

图 4-17 视频中人物的社交分析示意图

语音理解

每天我们都听到的声音，在计算机中是以时间序列存储的。也就是说，在计算机中，声音是一串随着时间变化的数字，这串数字代表了在一个时刻声音信号的强弱。就像理解图像和视频一样，人工智能理解音频首先要提取特征。音频的特征主要包括：时域特征和频域特征。时域特征比较好理解，就是在信号时间序列上加工得到的对其的直接描述，包括信号幅度和信号能量等。其中，信号幅度是指信号上下波动的范围，信号能量一般与信号的振幅和持续时间有关。

要想理解频域特征，就不得不提傅立叶变换。傅立叶变换是一种分析信号的方法，它可以分析信号的成分，也可用这些成分合成信号。傅立叶变换，能将满足一定条件的函数表示成不同频率正弦或余弦函数的线性组合。在不同的领域，傅立叶变换具有多种不同的变体，例如连续傅立叶变换和离散傅立叶变换。音频信号的傅立叶变换为我们提供了一种极佳的表示形式。

计算频域特征需要先把信号进行傅立叶变换，然后才能生成频域特征。频域特征主要包括基础频率、频率组成、频谱中心、频谱流量、频谱密度等。因为不同的正弦或余弦函数对应了不同的频率，而频域特征是对音频的傅立叶变换的描述，所以被称作“频域”。频谱是频率的分布曲线，可以表示一个信号是由哪些频率的弦波组成。

跟图像一样，音频数据也可以切分，上述音频特征就可以用在音频分割中。与直观的图像分割不同，音频分割有两种类型：第一种是在时间上将音频切分成几段，每段包括了特定的声音信息，例如对话、音乐、动作声响、环境声响等，这是时间上的分割；第二种是把音频中同一时间叠加的声音分割开，产生若干个并行的音频流，分别对应各自的声源。这种分割对应的是音频信号在各个时间和频率上的分割。

音频理解的一个广泛应用是语音识别：亚马逊的 Alexa、小米的人工智能音箱“小爱同学”、机器人玩具、自动客服等场景中都在使用。那么，语音是如何转成文字的呢？图 4–18 显示了语音识别的全过程，这一过程通常有以下几个部分。

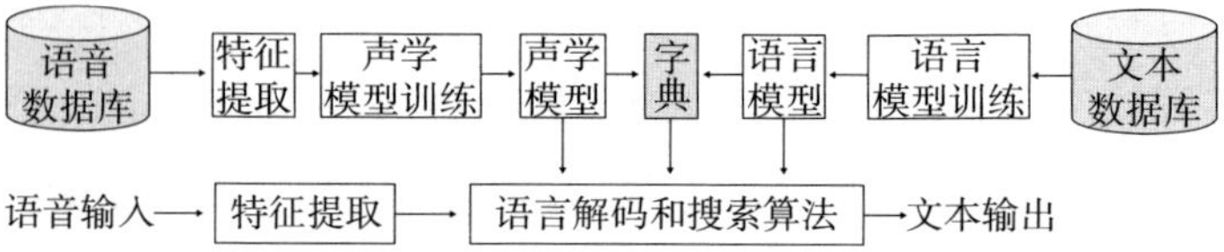

图 4–18　语音识别过程示意图

首先，是声学模型，声学模型是语音识别系统的重要组成部分。声学模型需要从语音数据中提取 MFCC（梅尔倒谱系数）特征。对人耳听觉机理的研究发现，人耳对不同频率的信号有着不同的听觉敏感度，其中，从 200Hz 到 5 000Hz 的信号对语音的清晰度影响最大。并且，对于人耳而言，低频音容易掩蔽高频音，高频音不易掩蔽低频音。基于这样观察得到的特征，MFCC 特征表示，在噪音较高的环境里，MFCC 特征仍然具有较好的语音识别性能。根据 MFCC 特征建立的 GMM-HMM 模型（高斯混合—隐马尔可夫模型），可以作为语音识别所需的声学模型。其中 GMM 用于对语音声学特征的分布进行建模，HMM 则用于对语音信号的时序性进行建模。这组 GMM 和 HMM 结合的模型，不但能捕捉单个 MFCC 特征，并且能够体现 MFCC 在时间上的变化，从而模拟出人耳对声音的感知。

其次，是语言模型，可以通过训练文本数据学习 N-gram 模型（N 元模型）。不论在哪一种语言中，词的出现都是有统计规律的，比如当我说“柳暗花明”这个词时，你想到的下一个词是什么呢？我想大家很有可能会想到“又一村”，基本上没有人会想到“又一花”或者“又一树”吧。N-gram 模型的主要思想就是这样的，它能够根据统计规律预测出一个词的前后内容。常用的是建模两个连续词的 Bi-gram 模型和三个连续词的 Tri-gram 模型，分别对应二元和三元的 N-gram 模型。有了这些模型之后，给定一个语音的输入，在生成特征后，通过声学模型、语言模型和已知的字典（也就是我们有哪些候选词作为输出），进行计算和搜索，语音识别系统就可以产生相应的文本输出。

目前，在环境安静、发音标准的情况下，语音识别模型已经完全可以对语音进行识别了，而且识别的准确率很高。但是这种准确率是有条件的。不论哪一款语音识别软件，如果将其放置在一个嘈杂环境下，或者当使用者的普通话不标准、带有口音时，语音识别的准确率都会大打折扣。提高在不同环境下通用语音识别的准确性，是语音识别一直以来的发展方向。

我们赞美天的湛蓝，海的宽广；我们歌颂诗的美妙，曲的动听。何其有幸，我们一出生就拥有看见、听见这个世界的机会。我们拥有感知这个世界的能力，人工智能因我们而生，我们帮助它更好地去体会这个世界。现在，海量数据驱动下的图像识别、视频识别、音频识别给了人工智能这个机会。也许人工智能并不理解在一层层模型下产生的技能到底代表了什么，但却能够帮助我们真正地实现“眼观六路，耳听八方”。

AI 理解自然语言

自然语言通常是指一种自然地随文化演化的语言，例如汉语、英语及其文字。自然语言可以表情达意，是人类沟通交流的工具，同时也能促进人类思维的发展。对自然语言的理解是人工智能的一门重要功课。同时由于自然语言的复杂性和多样性，对于自然语言的理解和处理也充满了挑战。但是我们在日常生活中并不常用“自然语言”这个词，自然语言是一个抽象的概念，我们一般从它的具体形式——文本，展开研究。

要想理解文本，首先就要理解文本的特征。BOW 特征可以帮助我们更好地理解文本特征。BOW 全称是 Bag of Words，也就是词袋模型，它是自然语言处理领域常用的一种文本表示方法。在使用 BOW 特征的过程中，需要将每篇文章都看成一个“袋子”，这个“袋子”里面装的都是词汇，所以称之为词袋。BOW 最初是用于文本分类的，它通过将文本表示成特征向量来实现文本的分类。它的基本思想是忽略文本中的词序、语法和句法，只将文本看成是词汇的集合，而且文本中的每个词都是独立的。举个例子，有如下两个文本：

文本一：Alice likes to play basketball, Bob likes too.

（艾丽斯喜欢打篮球，鲍勃也喜欢。）

文本二：Charlie likes to play tennis.

（查利喜欢打网球。）

基于这两个文本，构造一个词典：

词典 = {1. “Alice”, 2. “like”, 3. “to”, 4. “play”, 5. “basketball”, 6. “Bob”，7. “too”，8. “Charlie”，9. “tennis” }。

这个词典由 9 个不同的单词组成，利用词典的索引号，上面两个文本分别可以用一个 9 维向量表示，下列整数表示的是某个单词在文本中出现的次数，见表 4–2：

表 4–2　单词在文本中出现的次数

词典	Alice	like	to	play	basketball	Bob	too	Charlie	tennis
文本一	1	2	1	1	1	1	1	0	0
文本二	0	1	1	1	0	0	0	1	1

在上述例子中，向量中每个元素表示词典中相关元素在文本中出现的次数。但是通过上表我们可以发现，在构造文本向量时，并没有体现单词在原来句子中出现的次序。这是 BOW 表示的缺点之一 ，不过这并不影响人工智能对于这一文本的理解。试想，如果一篇文本中人群、大厦、银行、商场这样的词汇多些，而牛、羊、山谷、稻田这样的词汇很少，即使没有按照顺序排列，我们也能做出一个大致判断，得出它是一篇描绘城市的，而不是描述乡村的文本。

假定现在有一个很大的文本集合，里面有许多的文本，我们将文本里面的所有单词提取出来，构成一个包含 N 个单词的词典。通过 BOW 特征，每个文本都可以被表示成为一个 N 维向量，而人工智能非常擅长于处理数值向量。这样，我们就可以通过 BOW 特征来完成海量文本的分类以及其他任务了。

但是，BOW 特征有一个缺点，就是它无法反映出一个句子的关键词。比如上面的文本一中，“like”出现次数最多，若根据 BOW 特征提取这个句子的关键词，则为“like”，但是这个句子中的“basketball”也很重要，这是 BOW 无法准确提取出来的。我们用 TF-IDF 可以很好地解决这个问题。

TF-IDF 也是一种常用的文本特征的表示方法，它的主要思想是：如果某个词在一篇文章中出现的次数高，并且在其他文章中很少出现，则认为这个词是该文章的关键词，通过关键词就可以很好地对现有文本和其他文本进行区分。在 TF-IDF 中，TF 是词频，term frequency；IDF 是逆文档频率，inverse document frequency。在这个特征中，需要将词频和逆文档频率相乘得到对应词的特征值。

TF 表示词条在一个文本中出现的频率，在一个文本中出现次数越多，这个词的 TF 值就越高，就说明它对该文本越重要。IDF 反映了词条在所有文本中出现频率的逆向值，如果一个词在很多的文本中都出现了，那么它的 IDF 值就会低。相反，如果一个词很少在文本中出现，那它的 IDF 值就较高，说明这个词具有较强的代表性。两者的乘积可以用在特征向量中作为数值来表示一个词，从而改进 BOW 形式的表示。由于 TF-IDF 能够准确找出文本中的关键词，所以特别适合用来进行文本相似度对比、文本分类、信息检索、关键词提取以及文本摘要。现在很多搜索引擎、论文网站、新闻网站都应用了 TF–IDF 特征。比如，当你想要了解某些信息时，你会在搜索引擎上输入关键词，而搜索引擎之所以可以帮你找到答案，是因为它应用了 TF–IDF 特征来计算它检索出来的文本和关键词之间的匹配度。如果它发现这个关键词在某个文本中出现的次数最多，而在其他文本中很少出现，那这个文本就是你需要的答案。

词嵌入

词嵌入，也就是 word embedding，它也是表示文本特征的一种方式，可以将自然语言表示的单词转换为计算机能够理解的向量形式。简单点来理解，我们都知道文本有千千万万，文本构成的维度也不计其数，所以 BOW 会产生很高维度的特征向量，而词嵌入将词映射到一定维度的连续向量，就能使得这个连续向量的维度比较低，例如几十到几百。产生词的向量之后，我们就可以进行这些向量间的运算，比如通过向量之间的相似度来度量不同词语之间的语义相关性。

词嵌入基于的假设是：如果两个词经常在相同的上下文中出现，那么这两个词的意思应该相近。所有学习词嵌入的方法都是在建模词和上下文之间的关系。如图 4–19，我们举了些词嵌入的例子。相似的词被映射成相近的向量，差别大的词映射以后对应的向量差异也比较大。所以“足球”与同样是球类的“篮球”距离很近，而与形容味道的“好吃的”距离很远。由此可见，通过词嵌入，词之间语义相似性可以被比较恰当地编码成向量了。

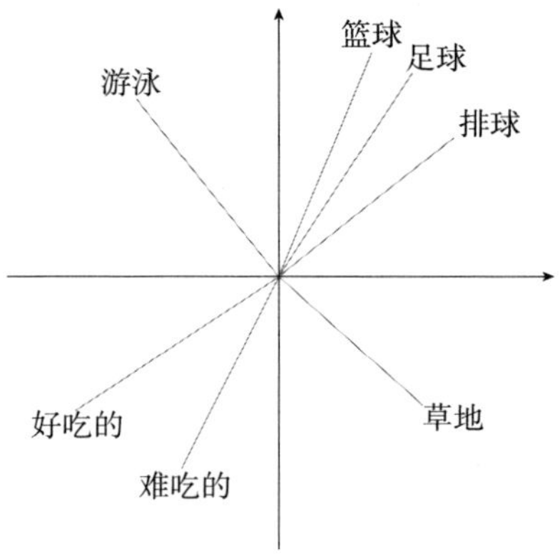

图 4-19 词嵌入示意图

近年来，智能手机的普及，使得网络信息迅速增长而且更加碎片化，微信消息、微博、商品评论等短文本大量出现，并逐渐成为网络文本信息的主流形式。短文本的稀疏性、不标准化、数据规模大且标注少等特征，给传统的基于长文本的数据处理带来了新的挑战。而词嵌入具有两个作用：维度缩减和语义扩充。词嵌入的维度缩减消解了短文本不标准、规模大的难题。词嵌入将语义相似的短文本投影到向量空间中的同一区域，这样产生的语义特征又可以作为补充信息，解决短文本语义稀疏、难以理解的局限性。词嵌入的应用提高了短文本分类的精度，为人工智能理解现在大量泛滥的短文本信息提供了帮助。

文本分类

文本分类是对文本内容的识别。通过我们上文提到的文本特征化方法，再结合机器学习方法，就可以实现对文本数据的分门别类，例如每天发生的新闻铺天盖地，但是利用文本分类我们就能迅速地将其归为娱乐类、体育类、经济类新闻等。我们每天所接收到的信息也十分泛滥，比如每天都会收到来自四面八方的邮件，里面不乏垃圾邮件。这时，文本分类就派上了用场，一般的电子邮箱都会有文本分类的功能，将收到的邮件分为正常邮件和疑似垃圾邮件两类。

作为一种特殊的文本分类，情感分析是对带有感情色彩的主观性文本进行处理和分析的过程。情感分析可对不同文本进行处理，其中包括基于新闻评论的情感分析和基于产品评论的情感分析。新闻评论是指在关于新闻热点事件的评论中，发表观点的人包括社会中各个层次的人，不同层次的人表达的情感态度或观点不同，这能够反映出很多信息。对于新闻评论的情感分析，可以掌握大众对于新闻事件的思想动向，有利于政府和新闻媒体机构舆情监控工作的展开。

产品评论表达了消费者对一件商品各种功能的满意程度，是一种重要的市场反馈信息。通过基于产品评论的情感分析可以了解某一产品在用户心目中的口碑和用户的关注点等，为产品销售提供科学、可供决策的信息，而且有利于指导商家改善商品，提高用户体验。

例如现在要对某手机的产品评论做出情感分析。这个分析是从用户评论数据出发的，但是这些产品评论都是用户自由发表的，不能保证每一条都有意义，所以我们要对数据进行清洗，以此来保证获取的商品信息的质量。数据清洗后我们就要对评价对象和评价观点进行分析。对于手机来说，评价对象就是价格、系统、处理器、内存这些内容，当然也包括快递、售后等其他服务。评价观点一般分为积极、消极、中性这三类。例如“人脸识别和指纹识别速度非常快”可以标记为积极评论，“不好用，手机烫得要命”可以标记为消极评论，“也没有说的那么好，没啥特别的，也就还行吧”就可以归入中性评论。然后统计每一个评价对象所对应的三类评价观点各有多少，然后我们就可以对这些评论进行情感分析。比如该手机总评论数最多的对象是“外观”，这说明用户在购买手机时十分注意手机的外观，商家在开发新的手机产品时可以重点提高手机的美观度。假如用户对该手机外观的评论有 80% 是积极的，那说明用户对于该手机的外观比较满意，这是该手机的一个优势，商家在开展营销时可以以此为重点。

开发新产品时，也可以借鉴该手机外观上的一些特质，保持用户对手机品牌的满意度，相反，如果对该手机外观的评论有

80%是消极的，就说明用户对该手机的外观不满意，这是该手机的劣势，那商家在开展营销时就要学会避重就轻，重点突出该手机的其他优势，开发新产品时还要及时改进。同理，对于其他评价对象的情感分析也是这样进行的，这样就可以全面地掌握这款手机的市场反馈信息，为商家不论是开展营销活动，提升用户体验，还是后续研发新产品提供参考。

文本情感分析还可以用在哪里呢？文本情感分析还可以预测股票价格的变动。这其中的奥秘是，人工智能可以从社交媒体中获取大众情绪变化的特征，利用这些特征，可以通过情感分析大致预测出大众情绪的变化。而事实上，公众情绪的变化又能在一定程度上影响股票价格的变动。就是说，文本情感分析可以根据大众情绪的波动预测股票价格的变动。

论文《推特情绪预测股票市场》（Twitter Mood Predicts the Stock Market），讲的就是公众情绪对股票价格变动的影响，由于其思维的先进性和研究的科学性，被大量引用。推特在美国是类似于微博这样的平台，用户可以在这个平台上记录分享自己每天的故事和情绪。这篇论文的主要研究思路是利用推特用户发表的内容数据，通过两种情绪分析方法OpinionFinder和GPOMS（谷歌情绪状态简况），来抓取和分析公众的情绪变化。其中OpinionFinder是将人的情绪区分为正面和负面两类，而GPOMS将情绪分成六类，分别是平静（calm），警觉（alert），有信心（sure），活力十足（vital），友好（kind）和高兴（happy）。通过分析，文章发现公众情绪与股票价格指数有一定相关性。因此，该文作者大胆假设：公众情绪的某些指标可以有效地预测股价的变动。他们对此展开了一系列的研究，在一个复杂神经网络模型的基础上，将公众情绪的时间序列输入到该模型中，得到的预测效果比较理想，其预测股票价格指数收盘价涨跌方向的准确率高达 86.7%。

随着人工智能的普及，基于文本分析的应用涉及各个领域，而文本数据在日常生活中又随处可见，比如你随手拿起的一本书，你无意中瞥到的广告词，你无聊时刷到的朋友圈，都可以是人工智能理解的文本数据。机会都是留给会思考有准备的有心人的，所以你在平时也可以想一想，你所了解和接触到的这些文本数据，能不能用起来，可以产生怎样的实际价值，说不定就可以成为人工智能的下一个风口。

实体识别

随着互联网的高速发展，人们获得信息的渠道越来越多，获取信息的方式日益简单。但是，随之而来的是信息的数量呈指数级增加，而且混乱无序，真假难辨。要想仅仅使用人力从海量的文本数据中获取所需要的信息，也变得难如登天。人工智能的出现解决了这一难题。人工智能通过一系列自然语言处理模型能够提取出复杂文本数据中的关键信息，而自然语言理解的关键步骤就是实体识别。

实体识别又叫命名实体识别（Named Entity Recognition，NER），是指识别文本中具有特定意义的实体，比如说人名、地名、产品名、属性名、日期、数字等。实体识别要做的就是从非结构化的输入文本中抽取出上述实体，并且可以按照业务需求识别出更多类别的实体。在应用过程中，实体识别的确切含义需要根据实际情况来确定，比如，在面向生物的实体信息抽取时，还包括细胞、蛋白质、基因、核糖核酸、脱氧核糖核酸等特殊生物实体。

实体识别在信息提取、问答系统、句法分析、机器翻译等领域应用广泛，在人工智能自然语言处理模型的应用过程中具有重要意义。例如在机器翻译中，有些人的名字在翻译成英文时把名放在前、姓放在后，而有些人的名字就直接用中文的汉语拼音来表示。实体识别可以准确识别出文本中是哪一种形式，大大提高了机器翻译的准确性。作为信息检索系统的一种高级形式，问答系统能用恰当的自然语言回答用户用自然语言提出的问题。当用户提出问题时，问答系统能够对可能的答案进行实体识别和深度分析，然后将最适合的答案呈现给用户，为用户营造一个信息丰富、答案准确、反应迅速的信息获取环境。

由于数量、时间、日期、货币等实体具有统一形式，我们通常可以对它们用模式匹配的方式取得较好的识别效果。但相比之下，人名、地名、机构名较复杂，识别难度很大，普遍存在嵌套和缩写的识别问题。例如“清华大学第一附属医院”这个组织机构名称里面还嵌套着同样可以作为组织机构名称的“清华大学”，再比如，有时人们会把“河北大学”缩写为“河大”，但是“河南大学”的缩写也是“河大”，这就对进行实体识别造成了很大的困难。而且新词汇也在不断涌现。例如随着互联网的发展，一些没有任何规则的网名昵称也为实体识别的进行带来了新的挑战。因此，近年来的实体识别主要以人名、地名、机构名这几种比较复杂的实体识别为主要的突破方向，由原来的单独针对人名、地名等进行识别的方式，发展到用更优化的方法同时进行各类实体的识别。近几年来，实体识别的效果有了显著提高，在各个领域得到普遍应用。

比如说，实体识别在旅游行业有着很大的发挥空间。实体识别在旅游行业的主要应用是对旅游景点的识别。例如，游客可以通过在旅游网站上检索来了解景点的信息，这个过程就涉及了对旅游景点的实体识别。目前对于旅游景点识别的困难主要有：旅游景点数量众多，建立旅游词库工作量大。据不完全统计，仅北京这一个城市的旅游景点就有 6 000 多个，幅员辽阔、地大物博的整个中国大地，旅游景点更是不计其数。旅游景点名称没有固定的格式和规律可循，给实体识别造成了困难，比如北京地安门大街附近的一个湖叫作“后海”，天坛公园里有一个小的景点叫作“皇穹宇”；景点名称经常采用缩写形式，也提高了实体识别的难度，比如“八达岭长城”“居庸关长城”都简称为“长城”。

但现在的实体识别模型已经可以很好地解决这些难题了。还是以北京为例，我们首先需要构建一个北京旅游景点词库，词库建立之后经过一系列去重操作和人工审核，得到有效的景点词表。在此之后，通过该词表对旅游文本进行标注，并构建模型训练集和预测集。通过对训练集的反复学习训练，最终，对旅游景点实体识别的预测准确率可以做到很高，有人通过上述方法得出了 95% 的准确率。这样，游客想要了解各种旅游景点时就不会出现检索不到的情况了。

除此之外，实体识别在新闻传播领域的应用也很有前景。由于新闻报道会涉及体育、财经、科技、时尚、教育等社会生活的各个领域，所以对涉及领域的常见专有名词都需要有一定的识别精度。此外，新闻报道都具有时效性，所以也需要关注与热门资讯和突发事件相关联的实体，例如 2019 年 5 月，华为注册了“华为鸿蒙”商标，以及之前大火的电视剧《陈情令》等，这些新产生的、具有很大热度的实体都是需要识别的。现在的实体识别能够自动识别那些未被收录到词表中的词，并且从中发现新词，不仅满足了新闻传播领域精准识别实体的需要，还能帮助媒体行业进行更精准的内容挖掘、对内容进行更有效的监督管理，推动了新闻朝智能化方向发展。

我们已经讲过了人工智能对于图片、视频和文本这些非结构化数据的识别。在人工智能出现之前，这些数据就似汪洋大海一般一直存在，但人工智能的出现，才真正赋予了它们价值。AI

思维就是这样，在已有数据基础上挖掘其未竟的巨大的隐含价值，给予我们做出更好判断和决策的能力。人工智能对于非结构化数据的理解是 AI 思维的一个重要组成部分，我们只有充分理解了这些数据处理的方法论，才能更好地利用人工智能支持决策。

AI 理解商业数据

前面我们讲到了人工智能可以理解图像，具有人脸检测、商品检测等功能；可以理解视频，具有动作识别、社交分析等功能；可以理解语音和自然语言，具有语音识别、文本分类、实体识别等功能。这些都是从具体的某一类型的数据出发的，人工智能对这些非结构化数据的理解是为了更好地为我们的实践提供帮助。下面我们要具体讲解人工智能是如何通过其理解和学习能力直接为商业实践赋能的。

商业实践的基础是商业数据。所谓商业数据，是指在一个行业内各个环节中涉及数据的集合，包括企业内部数据、分销渠道数据、消费市场数据等。通过人工智能对商业数据的理解和分析，我们就可以知道在这个行业中，用户的需求是什么，哪些需求已经被满足了，哪些需求还没有被满足，整个行业还有什么“处女地”没有被挖掘，行业的创新点和决胜点在哪里，以及自己公司的优势、劣势和独特点在哪里。只有这样，我们才能准确地进行市场细分，确定目标用户，制定更加个性化、精准化的营销方案；也只有这样，我们才能准确地进行产品定位，提供让客户更加满意的服务。

人工智能可以通过 SIFT 特征等对图像进行理解，可以通过光流模型等对视频进行理解，可以通过 N-gram 模型等对语言进行理解，那么人工智能是如何理解复杂的商业数据的呢？

你被标签化了吗？

我们在注册一个新软件时，软件会让我们勾选一些标签来更好地了解我们的喜好。在许多平台发文章前，平台也会让我们为文章勾选标签，因为这样可以帮助我们更好地定位内容与读者。我们每天都在被贴标签，我们也在给别人贴标签。当我们谈论起 80 后时，我们总认为他们是“叛逆”的一代；当我们谈论起 90 后时，我们觉得他们是“问题青年”；当我们谈论起 00 后时，我们说他们是“新新人类”。不管是哪个年代的人，我们都对他们有相对应的标签，甚至连“80 后”“90 后”都成了一种标签。这些标签都是人们根据他们的性格特点、人生经历做出的总结概括，在一定程度上反映了真实现象。有了这些标签，我们就可以更好地理解对方，甚至被贴上相同标签的人还能迅速拉近距离。现在很多人也通过贴标签的方式被大众熟知，比如网络上有的人因为和一些知名演员长得相像，就给自己贴上诸如“小林志玲”“小吴彦祖”等标签，迅速提升了知名度；还曾有某歌手凭借“四千年一遇的美女”的标签登上热搜成为“国民女神”。人工智能也是通过为数据打标签的方式来理解商业数据的。

标签是一种用来描述业务实体特征的数据形式。比如在描述一个用户时，我们会使用性别、年龄、地区、兴趣爱好、产品偏好等标签来反映该用户的特征。商业数据标签的生成过程以发生在时间和空间中的行为为媒介，将物的特征传递到人，人的特征传递到物。在这个过程中，物包括实物、商品、文本、图像等。标签传递过程形成了一个由人和物为节点，以行为为边的关系网。如图 4–20 所示，在很多实际商业场景下，需要把人打上标签，比如他经常和一些讲诚信的人合作，这样的社交行为多了，他也会被打上“诚信”标签；若他和一些经常毁约的人交往比较多，那和他合作就有一定的风险；他平时购买的运动用品比较多，他就会被贴上“运动”的标签；又或者是他平常喜欢收听科技类音频课的话，他就会被打上“科技”的标签。除了对人打标

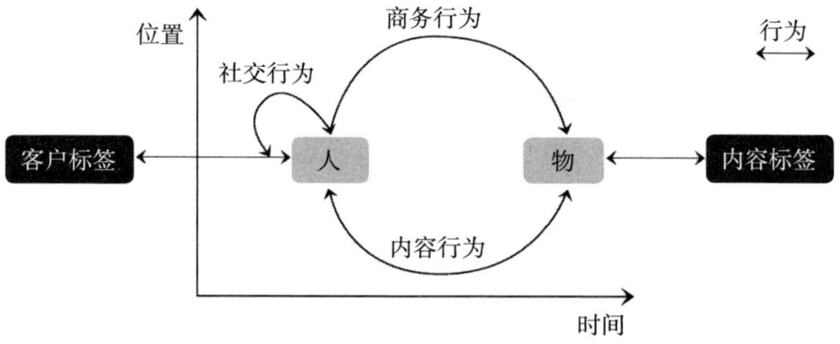

图 4–20 商业数据标签生成过程示意图

签外，对物也需要打标签。物包括自然语言的语料，比如说一部英文原声大片，其台词转录成文本以后，也可以打上标签。

数据标签化

为数量巨大的商业数据打标签是一个庞大的工程。它有什么必要性呢？首先，根据上述分析我们知道，数据标签化，无论在理解人的属性行为还是理解对应内容的属性上，都是一套非常重要的方法论。其次，在信息爆炸的现在，商业数据的体量也是巨大的，而且它们结构十分复杂，分布在许多不同的数据库中。在实际场景中要应用这些数据时，我们发现很难把这些规模巨大结构复杂的数据直接分析或者用于模型训练。但是在实践中发现，通过分类，可以将杂乱无章的数据条理化，将数据标签化其实就是一种分类。标签化的数据结构更加简单，而且非常容易管理。标签本身就是在分析系统中产生的，所以具有较好的兼容性，可以直接作为训练数据导入训练模型，减少建模的数据准备时间，也极大地提高了数据使用效率。所以，不管是从人工智能理解数据的难易程度还是数据使用效率角度，数据标签化都有优越性。

标签通常是人为规定的高度精练的特征标识，如年龄、性别、兴趣爱好、产品偏好等，将这些标签集合在一起就能抽象出一个用户的信息全貌。首先我们要知道，标签体系基本上都是层级化的。每个标签体系都分为几大类，每个大类底下分别有几个小类，逐层分布。在标签体系中，最高层级的那一级标签称为“一级标签”，以此类推，底下是“二级标签”“三级标签”等。底层标签一般能捕捉到更细的特点信息，所以经常用于精准的广告投放和营销活动，比如说某个用户被贴了一个三级标签“购物方式—支付方式—信用卡”，在这个标签中，信用卡是底层标签，说明了该用户在购物时经常使用信用卡支付，信用卡对他的生活很重要，所以此时信用卡相关的广告投放对他就很有吸引力，又或者我们可以对应他信用卡支付的习惯向他推荐各种分期付款或者刷信用卡支付的商品。这样就满足了该用户的需要，还迎合了他的习惯，对提高广告投放效果和营销的精准度有很大作用。一般而言，每一个标签都只有一个含义，这样就不会发生同一层级的标签重复或者冲突的现象了。另外，信息粒度是指信息的相对大小和粗糙程度，不同层级的标签对应的信息粒度不同。一般来说，底层标签的信息粒度会相对更细。下面是一些常见类别下的细粒度标签。

表 4-3 常见类别下的细粒度标签

类别	标签
人口特征	年龄、出生日期、性别、地域、教育程度、职业、星座等
兴趣特征	兴趣爱好、浏览内容、收藏内容、使用 App 类型、使用网站类型、品牌偏好、产品偏好、阅读偏好、互动内容等
社会特征	婚姻状况、家庭情况、子女状况、社交渠道偏好等
消费特征	商品品类、价格区间、收入状况、已购商品、购买渠道偏好、最后购买时间、购买频次等

下面我们再来介绍一下各类标签构建的先后顺序。这个先后顺序需要综合考虑实际的业务需求以及构建的难易程度等。因为业务需求各有不同，所以我们这里就只介绍按照构建难易程度来排列的先后顺序，如图 4-21 所示，这是一个化妆品商家的用户标签体系。

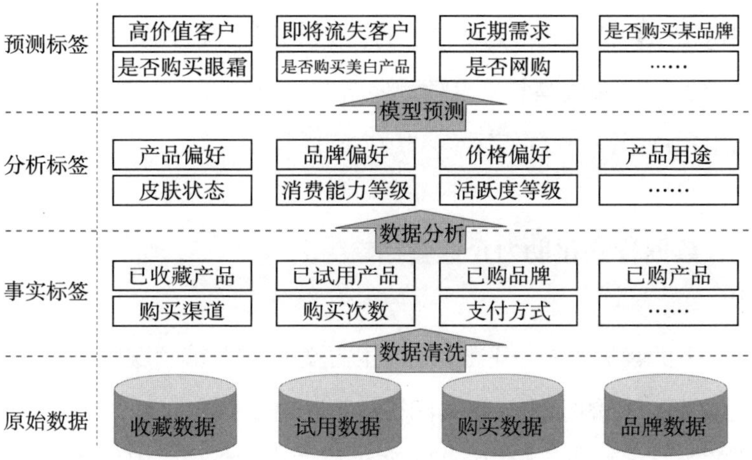

图 4-21　化妆品商家用户标签体系示意图

原始数据就是我们数据库中这些数量庞大、结构混乱的数据。在原始数据基础上构建的是事实标签。事实标签的构建可以是对原始数据的直接提取，也可以是对原始数据的简单统计。事实标签的构建过程并不复杂，但是在这个过程中，我们加深了对数据的理解，也清楚了数据的分布情况，为后续标签打下了基础。在事实标签基础上分析加工形成的是分析标签，分析标签的建立是整个数据标签化过程中的重要步骤。最后构建的是预测标签。预测标签需要通过机器学习预测模型来建立，例如我们可以根据某用户对产品试用的评价来预测他是否购买该产品。需要注意的是，原始数据可能并不完善，比如数据中并没有该用户的年龄信息，这时就需要建立一个模型来预测。模型的预测也是建立在这个用户的其他行为特征上的，例如我们可以根据该用户是否上学、工作岗位等信息来预测他所在的年龄段。在商业场景中，为用户打标签的过程又称为“用户画像”。

数据标签化助力企业营销

下面我们来看一下数据标签化是怎样在营销领域应用的。图 4–22 是一个银行的营销类标签体系。对于银行来说，数据标签化的第一步是统一用户标识，统一用户标识之后，用户的信息都汇聚在了一起，这样就可以对用户一贯的行为轨迹形成认知。这时再看银行数据，就能够有效地利用用户的属性数据、行为数据以及 CRM 数据等。属性数据包括年龄、性别、住址、习惯等；行为数据包括用户在银行存钱或者借款等一系列行为形成的数据；CRM 数据就是银行与用户进行过一些营销层面的沟通而形成的数据，比如银行向该用户推送过什么类型的广告和权益等都会有相关记录。对这些数据进行分析总结就可以形成基础行为标签和基础用户画像。当银行知道了用户的基础行为都对应了哪些标签，也就对用户画像有了一定的了解。通过基础行为标签和基础用户画像就可以形成场景化标签。比如要做营销，会有一套标签；要控制风险，会有一套标签；要推广一套产品，会有类似的其他标签；等等。场景化画像形成之后就可以对用户进行全方位的画像，比如用户是谁，哪些用户是有价值的，用户需要什么，对哪些商品感兴趣，如何选择沟通的媒介等。总体来看，数据标签化的应用过程就是用户数据在统一用户标识的基础上逐渐往上发展，最终形成对用户场景化认知的过程。

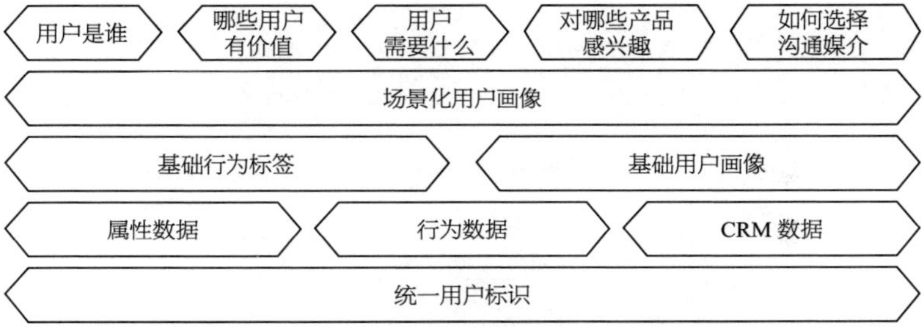

图 4–22　营销类标签体系示意图

图 4–23 是一套具体画像的例子。比如这套画像是针对金融机构用户的。例如，用户对旅游、电商以及交通出行等感兴趣，这些是一级行为标签；再往下细分，金融里面有理财、保险、贷款等二级标签；金融保险里又可以产生车险、少儿险这样的三级标签。这些标签都是根据用户的行为产生的，比如某个用户经常

浏览金融理财页面，就会有金融理财标签。根据这些用户行为标签，还可以推出用户人口属性标签。但人口属性标签不全是事实性数据，比如我们不知道一个用户是否有车，但我们可以通过机器学习模型预测出来。假如这个用户平时上下班和周末都是乘坐地铁公交，或者是打车，那他有车的可能性就很低。通过行为数据还可以大致预测出用户所处人生阶段，是已婚还是未婚、中年还是老年等。

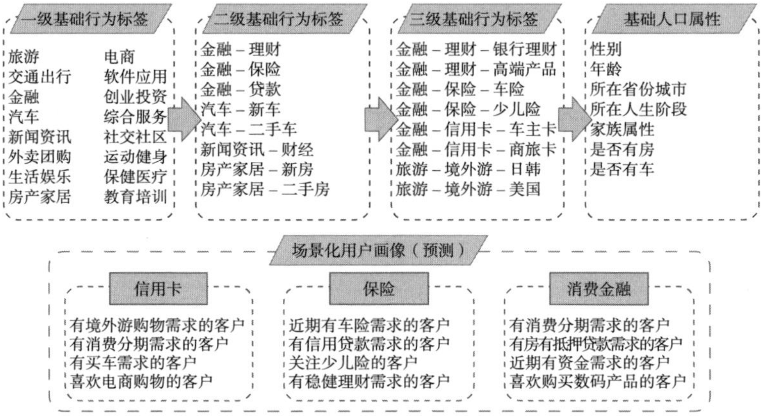

图 4-23 场景化用户画像示意图

通过上述数据能产生多个级别的标签维度，这些标签维度是对用户行为的刻画，通过机器学习方法从用户的行为又可以推知用户的其他属性。这些行为和属性维度可以用于场景化画像，预测客户在具体场景下会有什么需求。根据图 4-23 中金融机构的标签体系，可以预测出跟信用卡、保险、消费金融相关的用户画像，从而为实际的营销和运营活动服务和赋能。比如要做信用卡项目，可以将信用卡的广告信息推送给有境外游购物需求的客户；要做保险项目，可以将保险项目信息推送给有车险需求的客户；要做消费金融项目，可以将相关项目信息推送给有消费分期需求的客户；等等。因为客户的需求和推广的项目都是相对应的，广告营销的针对性和准确性就相对较高，客户购买产品和服务的可能性也就相对会有所提升。

深度学习数据标签化

前面具体讲了数据标签化的过程，接下来我们看一下深度学习是怎样进行数据标签化的。深度学习是对人类神经网络的模拟，它对原始数据一层一层地进行分析和学习，最终会给一个句子、文本或者用户打上相应的标签。当我们拥有一套完整的标签体系之后，就可以将这套标签体系下的训练数据用来训练深度学习模型，深度学习模型就会知道哪些数据应该打上哪一类标签。经过深度学习后，人工智能就可以自动打标签了。如图 4–24，这是一个深度学习标签化的一个具体示例。

我们现在有一个句子“曹雪芹是中国古代四大名著之一《红楼梦》的作者”。如果要把这个句子打上标签，可能会有“名人”“图书”这样的相关标签。那么，这套标签是如何通过深度学习加工出来的呢？

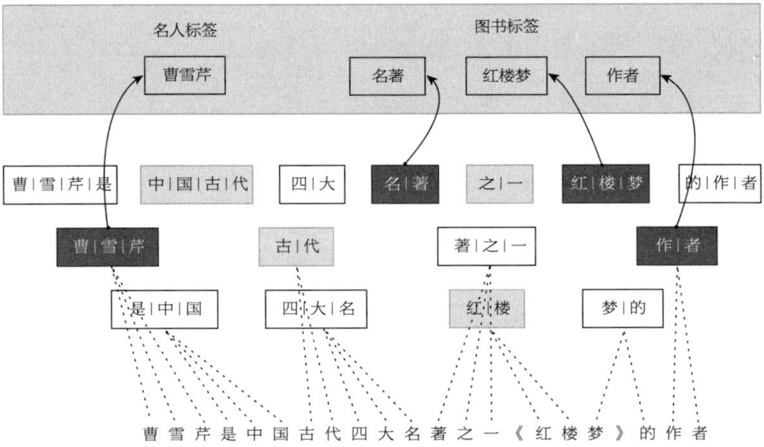

图 4-24　深度学习标签化示意图

首先，深度学习并不知道“曹雪芹”是一个词，它也有可能将“芹”和“是”放在一起看作一个词。但通过大量语料训练以后，深度学习会发现“曹雪芹”更可能是一个词，因为很多语料中“曹”“雪”“芹”这三个字都是组合在一起的，所以“曹雪芹”三个字会聚集成关键词。通过大量文本训练后，深度学习能学出“名人”标签对应的关键词。因为名人经常与“曹雪芹”有关，所以“曹雪芹”就关联上了“名人”标签。同样，深度学习可以自动将“曹雪芹是中国古代四大名著之一《红楼梦》的作者”这句话中的“名著”“红楼梦”“作者”这些关键词贴上图书标签。深度学习通过大量的语料学习，知道哪几个字该放在一起形成词，哪几个字不是放在一起的，并且把关键词和相应的标签关联起来，这就是深度学习理解句子的方法论。

数据是 AI 思维的基础。大数据时代，只有理解了数据，人工智能才能产生决策、创造价值。数据标签化是人工智能处理数据和理解数据的重要工具，更是人工智能理解商业数据的关键环节。数据标签化使我们知道了用户最想要的是什么，在营销过程中，我们就可以精准地投放用户最想要看到的广告；在研发过程中，我们也可以设计出真正符合用户需求的产品。基于数据标签化的商业实践真正做到了有的放矢，它也为未来商业开辟了新的发展空间。

AI 理解消费数据

数据按结构类型分为结构化数据和非结构化数据，我们在前面几节讲过了图像、视频、音频、自然语言这些具有代表性的非结构化数据的处理。下面我们就来了解一下人工智能是如何处理结构化数据的。我们只挑选其中有代表意义的两种数据展开讨论：消费数据和社交数据。很多机构都有这样的数据，那么，通过人工智能来解读它们，可以得到什么价值呢？首先我们来看一下消费数据。

消费数据

根据国家统计局数据，2019 年全年国内生产总值为 990 865 亿元，而全年社会消费品零售总额就高达 411 649 亿元。一个人的消费就是另外一个人的收入，用户的消费就是商家的利润来源，消费是拉动整个商业社会向前发展的驱动力，消费数据不仅能反映出社会整体的经济水平，而且对一个企业的经营和发展具有非常重要的指导意义。接下来我们就来了解一下什么是消费数据。

一般来说，消费数据指的是个人在商家购买商品而形成的数据，这个范围非常广泛，与我们的日常生活息息相关。大到买房的消费，小到买一块口香糖的消费，都是消费数据的一部分。

消费数据主要分为以下两类：第一类是购买不同类型的商品而形成的数据，例如在电商网站上的商品分为饰品、鞋靴、数码、电器等一系列类型，在日常生活中，用户也会根据自己需求的不同来购买形形色色的商品；第二类是在不同的时间购买商品而形成的数据，比如用户在春天购买的商品与秋天购买的商品的金额就会有所不同，又或者一个用户在“6 · 18”年中大促购买了一件商品觉得质量很好，然后在“双 12”时又购买了一件同样的商品。不论哪一类消费数据，都能够有效地反映出消费者的需求与特点。

消费数据的种类不同，用到的处理方法自然也就不同。下面介绍两种数据处理的模型框架：一个是推荐模型，一个是 CLV，也就是客户生命周期价值模型。它们分别对应上面说的两类消费数据相关的场景。

推荐模型理解消费数据

听同事说最近新上了一部电影特别好看，我们周末路过电影院不自觉地就去看了这部电影；看到网上很多人说一家店的食物做得特别好吃，我们就会去品尝一下到底有多么美味。我们日常生活中的很多购物消费行为都会受到各种推荐的影响。这些推荐可能来自身边人的分享，也可能是商家的广告营销，它已经成为影响消费的一个重要因素。在人工智能领域中，推荐模型指的是通过分析数据，预测用户需求，再将满足需求的商品和服务推荐给用户的人工智能模型。随着商品种类和数量的快速增长，用户需要花费大量时间和精力才能挑选出最适合自己的商品，所以能够根据用户需求向用户推荐商品的推荐模型，有很大的应用价值。

提到推荐模型，就不得不提及世界上最大的在线影片租赁服务商奈飞。奈飞的电影租赁业务之所以能做到世界头部位置，很大一部分原因是奈飞网站搭建了电影推荐模型。当一个用户在奈飞网站看完一部电影后，他会根据自己的喜好为这部影片打分。这些分数就成为推荐模型的参考数据，推荐模型可以根据这些数据来判断用户是否喜欢某部电影，可能喜欢哪种类型的电影，然后根据预测出的用户需求来向用户推荐电影。为了让自己的推荐模型更加个性化、更加准确，奈飞在 2006 年还组织了一个推荐模型大奖赛。在这个比赛中，只要参赛者能够最大地优化奈飞的推荐模型，就能够赢得 100 万美元。在高额奖金的吸引下，很多做机器学习的高手都来参赛。最终比赛的结果是，奈飞的推荐模型的推荐准确率提升了 10%，整个产业界推荐模型的发展也因此向前迈进了一大步。权威杂志 *IEEE Computer* 为此曾专门介绍相关推荐模型。下面我们就来了解一下奈飞的推荐模型具体是怎么工作的。

首先我们要知道，奈飞的数据很多，构成了一个庞大的矩阵。在这个矩阵中，每一行对应的是一个用户对不同电影的评分数据，每一列对应的是一部电影收到的不同用户评分数据。比如说一个用户评价过 5 部电影，在奈飞的数据矩阵中，属于这个用户的那一行里就有 5 个非零的数字，来表示这个用户对电影的评分。奈飞大奖赛里获胜的团队用的就是矩阵分解的模型。矩阵分解就是把庞大的矩阵分解成两个小的矩阵，它采用的是降低维度的思路，是把原始矩阵用低维的子空间去拟合。原始矩阵在很高维的空间中，拟合就是用相对低维的空间，比如说用几百个或者几千个维度，来拟合原来更高维的数据。

降维更重要的目的是提取用户本质的行为。通过降维，我们可以在原来庞大的矩阵中提取本质信息，来代表用户兴趣中最稳定的部分，它也是模型可以用来预测行为的部分。比如说在矩阵中，有一个用户看过很多动作电影，而且对动作电影的评分都非常高，那么说明这个用户对动作电影感兴趣，如果向他推荐此类电影，他观看的可能性就会比较高。

通过这样的方法，我们可以预测新的信息。具体是如何实现的呢？当我们用矩阵分解模型把大矩阵分解成两个小的矩阵之后，需要再把这两个小矩阵乘起来，重构一个新矩阵。在这个重构的新矩阵里会有更多非零的数值，而且排列要比原来的矩阵稠密一些。这时就可以根据新矩阵中的非零数值进行推荐，比如选取用户所在的那一行预测出来最大的非零数值，再把这个非零数值所对应的商品或服务推荐给用户。

这就是矩阵分解“协同过滤”思想核心的地方。通过矩阵分解还原用户和商品数据中的规律，再通过重构矩阵来预测出原始矩阵中不存在，但是用户可能感兴趣的商品，然后把它们推荐给用户。为什么这个模型能够准确地预测用户的兴趣呢？比如说，如果许多人都看过某几部电影，那推荐模型就会认为这些人的需求相似，就可以把这个群体中一些人看过的其他电影，推荐给这个群体中没有看过这部电影的人。同样，推荐模型也会认为这些电影之间存在相似性，当这个群体之外的人看过这些电影中的一部，就可以向他推荐这些电影中的其他几部。

为了更好地理解推荐模型，我们下面来举一个实例。如图 4–25，最左边表示的是在某视频网站上观看电影的名称和相应的评分。行对应的是不同的用户，列对应的是不同的影片，分别是《红海行动》《我不是药神》《无名之辈》《芳华》《寻梦环游记》

《神秘巨星》，数字表示的是不同用户对这些电影的评分。这个表格其实也可以类比实体商品的消费数据，只需要把影片换成实体商品就可以了。如果想知道一个用户是否对其他商品或商家感兴趣，感兴趣的程度有多高，都可以通过这类推荐模型实现。

从图 4–25 可以得知，第四个用户对《红海行动》的评分为 5

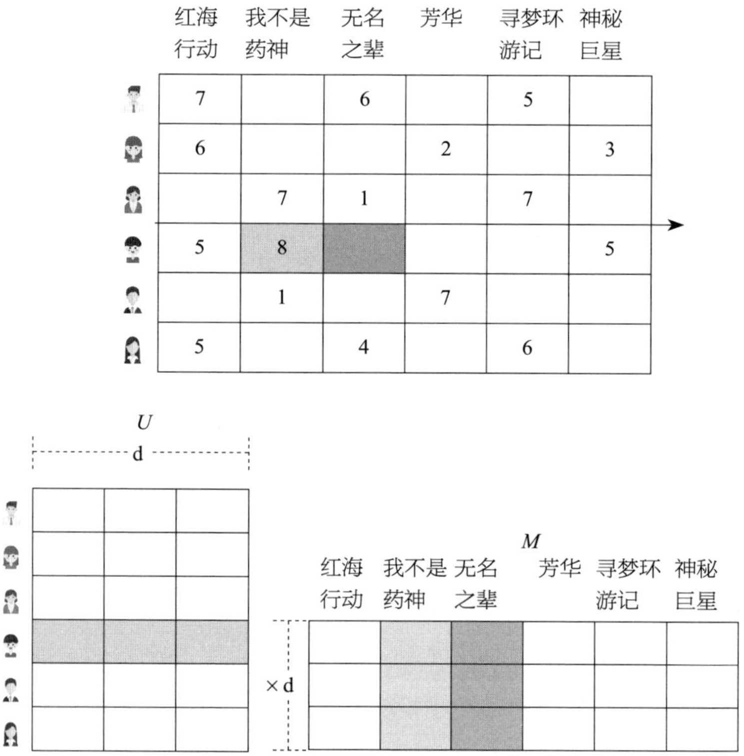

图 4–25　某视频网站推荐模型示意图

分，对《我不是药神》的评分为 8 分。如果想要继续知道这个用户对《无名之辈》的感兴趣程度，就需要把整个矩阵通过模型做分解。图 4–25 右边的部分展示了分解的过程。首先，我们将大的矩阵分解成两个小的矩阵，左边的矩阵每一行对应一个用户，右边的矩阵每一列对应一部电影。两个小矩阵的每一行或者每一列对应本质的兴趣特征，就像 DNA 存储了生物的基因信息一样。在左边的矩阵里，每一行是关于用户兴趣的 DNA；在右边的矩阵里，每一列是关于影片的 DNA。如果我想知道第四个用户对《无名之辈》的兴趣度有多大，我就可以把第四个用户的 DNA 和《无名之辈》影片的 DNA 乘在一起，算出一个数字，这个数字对应在这个未知的空格中。这个数可能是 8 也可能是 1，如果是 8，代表用户对这部影片的兴趣度很大，如果是 1，代表用户对这部影片的兴趣度很小。

现在我们来总结一下矩阵分解模型推荐功能的原理：首先，模型会把消费数据分解为两个小的矩阵，再把矩阵的行和列进行组合，相当于数学上的向量乘法，组合之后就可以预测出行和列交叉处的兴趣值。计算出来的兴趣值大小不一，但是数值越大代表用户的兴趣度越高，所以我们就可以根据兴趣值，向用户推荐他们没有购买消费过，但兴趣值很高的商品或服务。这是各大电商网站推荐商品的原理，也是视频网站上影片推荐的方式。只要用户购买过商品，结合用户的购买行为以及其他具有类似需求的用户的购买行为，矩阵分解模型就可以把最恰当的商品或服务推荐给用户，这是基于消费数据的推荐模型中最基本的框架。

奈飞的电影推荐，电商网站的商品推荐，金融机构向客户交叉销售产品，都可以应用这一类推荐模型。这种推荐模型能够从消费数据中提取规律，为用户推荐最适合他的选择，这是推荐模型最核心的思想。例如，随着生活节奏的加快，人们的闲暇时间越来越少，所以很多人会选择在网络上购物，而各大电商平台也都设置了购买之后的用户评价功能。如果一个用户在购买商品之后给了五星好评，那就说明他对这个商品很满意，这个商品符合他的需求，之后推荐模型就会向与这个用户具有相似喜好的其他用户推荐该商品。

客户生命周期价值理解消费数据

接下来我们就来讲一下第二类消费数据处理的模型框架：客户生命周期价值。客户生命周期指的是从一个客户想了解企业的一些信息或者企业想开发这个客户开始，一直到客户和企业的业务关系以及业务的相关事宜完全结束并且处理完毕的这段时间。对于一个企业来讲，客户生命周期描述的是客户与企业的关系从开始到发展再到结束这样不同状态间运动的总体特征，形象地讲，客户与企业的关系经历了诞生、成长、成熟、衰老和死亡这样一个完整的生命过程。

客户生命周期分析经常应用于零售行业，指的是客户从成为某商家的客户并产生业务消费开始，经过消费成长、消费稳定和消费下降阶段，最后完全不在这个商家购物的过程。客户生命周期价值指的是一个公司或者产品预计在与客户的整个业务关系中获得的利润。让客户在生命周期中产生商业价值才是一个企业运营的最终使命，所以企业在运营过程中要尽一切可能来延长客户的生命周期，在客户的生命周期中要尽一切可能来产生商业价值。那么我们如何预测客户生命周期的价值呢？

一般来说，我们都是从已有的消费数据来推算客户生命周期的价值的。从一个简单的角度来讲，对一个客户的消费数据而言，最重要的三个变量分别是：最近一次消费时间（recency）、消费频率（frequency）、消费金额（monetary）。

图 4–26 表示的是一个客户在 6 个月内的购物行为。一个购物车代表一个月，这个客户在第 2 个月和第 5 个月购买了商品，其他时间没有买。在这里，总观察时长是 6，最近一次消费时间是 5，消费频率是 2。掌握了这些变量后，我们就可以计算很多跟消费者有关的指标，比如：客户在将来某个时间点活跃的概率、客户在将来某个时间段购买次数的预期值、客户剩余交易次数的预期值和客户剩余生命周期价值等。其中，客户剩余生命周期价值是 CLV 的一种体现。

图 4–26 客户生命周期的变量示意图

那么我们是如何计算这些指标的呢？最重要的是，我们需要一个描述客户消费行为的模型，下面来讲一个最基本的 CLV 模型：在每个时间点，客户都有一定的概率购买，也有一定的概率失活，也就是再也不买了。购买概率和失活概率本身也是变量，因此我们要用模型去表示它们。国际著名的《营销科学》（*Marketing Science*）杂志曾有一篇文章讲了这个模型，并得出了一个有趣的结论：上面说的客户在将来某个时间点活跃的概率、客户在将来某个时间段购买次数的预期值、客户剩余交易次数的预期值和客户剩余生命周期价值这 4 个与客户相关的指标，都是可以用最近一次消费时间和消费频率，以及购买概率、失活概率相关的模型参数来表示的。而这些模型参数通过人工智能计算可以求得最优解，将其代入前面提到的 4 个指标后，用最近一次消费时间和消费频率，就可以算出跟客户将来消费相关的一系列指标。这个结论表明了最近一次消费时间和消费频率在消费数据分析领域的重要性。同样，消费金额也有类似的作用。

在与客户相关的 4 个指标中，商家最关心的指标是客户剩余生命周期价值。顾名思义，客户剩余生命周期价值就是客户在之后的生命周期中还有多少价值。比如一个客户在一个行业中的生命周期已经到了消费稳定阶段，那这个客户的剩余生命周期价值就是在消费稳定以及消费下降这两个阶段所带来的价值。剩余生命周期价值的数值可以通过求利润率、每笔交易收入以及客户剩余交易次数的预期值的乘积来得出。商家可以根据客户的剩余生命周期价值来判断，这个客户还会不会购买自己的商品，能够购买多少商品，商家还要不要对这个客户进行营销，如何营销等。这样，商家既能有效地控制成本，又能有针对性地进行推广，广告营销的投资回报率也会相应提高。

除了上述模型外，在客户关系管理中的 RFM 模型也可以用来理解消费数据。RFM 模型能够有效地衡量客户的价值以及客户创造利润的能力，其中的 R、F、M 就是上面提到的理解消费数据最重要的三个变量：最近一次消费时间、消费频率、消费金额。这三个数据是零售商最感兴趣的三个数字，也是在预测客户价值过程中必不可少的三个指标。最近一次消费时间是指客户上一次的消费时间，最近一次消费时间越近的客户，对商品和服务印象越深，再次购买商品和服务的可能性就越大。消费频率是指客户在一定时间段内所购买商品或服务的次数，这个次数越多，那说明该客户对商品或服务的满意度越高，对于企业品牌有一定忠诚度，这样的客户重复购买商品或服务的可能性也就越大，而且还是持续性的。消费金额同理，金额越高说明客户对商品或服务越满意，再次购买的可能性就越大。

通过 RFM 模型可以把客户群区分开，得到不同价值的客户群，比如分成重要维持客户、重要发展客户、重要挽留客户、一般重要客户、一般客户和无价值客户等几个类别。这在智能化客户管理中很重要，很多企业已经对此进行了实践。比如说在没有对客户进行区分的情况下，某家商店可能会付出一定的成本给

1 000 位无差别的用户发短信，通知他们商店有新品上架，欢迎购买，但是可能只会收到 100 个订单。但是有了 RFM 模型之后，商家就可以只将这 1 000 条短信发给重要维持客户、重要发展客户这些购买概率大的客户，付出同样的成本，收到的订单数却会大大上升。而且当 RFM 模型对用户进行区分之后，发的短信就可以不用千篇一律了，比如给那些以前经常购买但有一段时间没有购买过商品的客户，短信的开头可以是“好久不见”，而对于那些在短时间内购买很多商品的客户，短信的开头可以是“恭喜您成为本店的 VIP 客户”。对于客户来说，这样千人千面的短信比那些同质化的短信更具有吸引力，他们再次光顾的可能性也就更大。

人工智能通过客户生命周期的价值来理解消费数据的重要意义是：根据客户有限的消费数据，可以推测他将来是否会继续消费，消费金额是多少。对于那些消费可能性高的客户，商家可以采取相应措施来刺激他们的消费；对于那些消费可能性低的客户，商家也可以采取一些措施来防止客户流失。

消费数据仿佛一棵茂盛的大树，盘根错节，枝蔓横生。但是 AI 思维就是要在这些看似复杂的数据中抓取其最本质的特征，为决策提供依据。理解消费数据的过程就是通过人工智能对这些数据抽丝剥茧、披沙拣金的过程。人工智能理解了消费数据，就可以通过推荐模型提高客户的购买率，可以通过客户的生命周期价值模型提高客户的价值。总之，人工智能理解了消费数据后，就可以从各个角度刺激客户的购买欲，增加企业商品和服务的销量，提高企业的商业价值，对企业的发展起到强有力的推动作用。理解了消费数据，我们就扣住了 AI 思维中的重要一环，在决策中真正做到对症下药，一针见血。

AI 理解社交数据

人类天生就是一种群居动物，社交是我们与生俱来的属性。几百年前人们鸿雁传书交流信息，几十年前人们通过电话与千里之外的人沟通感情。现在，我们动动手指就能在手机上和牵挂的人联系。日常生活中，我们也无时无刻不在与其他人沟通交流。我们离不开社交，每时每刻都在产生着社交数据。这些数据里包含着我们的喜怒哀乐，反映出我们与这个社会的联系，所以我们这一节就来介绍一下人工智能是如何理解社交数据的。

我们在进行社交的过程中，会和许多人建立关系，这样就形成了社交网络。由于我们的时间和精力是有限的，不可能和许多人保持紧密的社交关系。一般来说，一个人的社交网络最大只能包含 150 个人，平均在 124 个人左右。也许你听说过，不论你想要认识谁，只要通过 6 个人就可以认识他，这就是被美国社会学家斯坦利·米尔格拉姆（Stanley Milgram）证明的六度人脉理论。在社交网络中，每个人都是一个节点，人与人之间的关系就是社交网络的边。在现实生活中，以社交网络的节点为基础，通过社交网络的边，就可以拓展我们的人脉。

在社交网络中有一个重要的概念叫作中心性，它表示的是一个节点在网络中处于核心地位的程度。中心性有三种计算方法，分别是度中心性（degree centrality）、中介中心性（betweenness centrality）和紧密中心性（closeness centrality）。

第一种，度中心性。在社交网络中，度中心性表现的是一个节点与很多其他节点发生的直接联系。一个节点连接的节点越多，这个节点也就越重要，处于中心地位，这个是比较直观的指标。比如说，用户甲的社交账号上有 50 个好友，这就意味着有 50 个节点与甲相连接；如果在同样的社交平台上，用户乙的社交账号有 100 个好友，那么乙的度中心性就比甲要高，社交圈子比甲要广。

第二种，中介中心性。中介中心性是指一个节点出现在其他节点之间的最短路径的次数。如果这个节点的中介中心性高，它对整个网络信息的传播就会有很大的影响。例如我们的不少朋友可能都是通过某位社交达人才认识的，那么很显然，这位社交达人起到了中介作用。换句话说，就是这个节点相当于一个关口，和它相连的节点想要到其他节点都得经过它。

第三种，紧密中心性。紧密中心性指的是一个节点到其他所有节点最短路径的和，主要用来考察一个节点在传播信息时对其他节点的依靠程度。如果一个节点离其他节点越近，那么这个节点就不会受制于其他节点，它传播信息的时候也就越不需要依赖其他人。比如，在一个公司里，甲只认识本部门的几个人，而乙除此之外还认识部门外的其他人，那么乙的紧密中心性就要比甲高，因为甲要与非本部门的人进行信息传递可能需要经过乙的搭线，而乙因为本身就认识其他部门的人，则不存在这些限制。

通过这三种方式，我们就可以找到中心性高的节点，也就是找到在社交过程中会产生很大影响的人或者组织。中心的节点有着不可取代的重要性，它们更具有权威性、中枢性、核心性等特征，同时也具有更多的经验和影响力，对社区的形成起着决定性的作用。比如说在营销领域，我们需要挖掘意见领袖，这时候意见领袖就是中心节点，因为，通过意见领袖展开的营销才能更具影响力，更容易被大众相信，营销效果也才会提升。

社区发现模型

下面谈谈什么是社区发现。社区是由一组连接紧密的节点组成的，并且这些节点与社区外部的节点连接稀疏。如图 4–27 所示，可以看出图上有三个社区，符合这样的规律。不同社区之间的关系稀疏，因而社区更多地反映的是网络中的个体之间的关联关系。研究网络中的社区对理解整个网络的结构和功能起到至关重要的作用，还可以帮助我们分析、预测整个网络各节点间的关系。社区发现就是在复杂网络中发现这些连接紧密的社区结构，或者说，社区发现就是网络中节点的聚类。举个例子，在一个班级里面，有的学生喜欢文学，有的学生喜欢绘画，有的学生喜欢数学，有相同喜好的学生之间联系会更为紧密和频繁，根据这些交流的频繁程度，可以把整个班级里的同学分成几个不同的社区。又或者说，在公司里，总会有几个联系较为紧密的小群体，例如，一部分人经常聚在一起讨论工作学习，还有一些人经常聚在一起讨论时尚潮流，根据他们之间联系的紧密程度和频率高低，很自然地能够发现这两个人群已经各自形成一个社区。

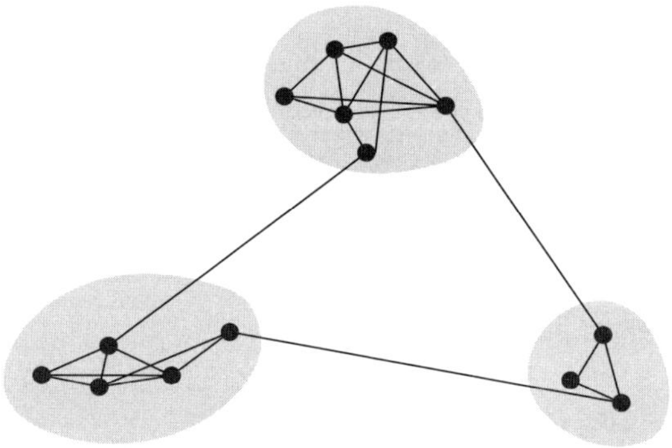

图 4-27　社区示意图

那么，我们怎么去进行社区发现呢？有很多常用的社区发现模型，例如吉尔韦安（Girvan）、纽曼（Newman）等人在 2003 年提出的 GN 社区发现方法（以两位开创者的名字首字母命名），就是社区发现中的一个比较经典的模型。GN 社区发现方法提出了边介数的概念。那么，什么是边介数呢？由网络中社区的定义可知，所谓社区就是指其内部节点的连接稠密，而与其他社区内的节点连接稀疏。这就意味着社区与社区之间联系的通道比较少，一个社区到另一个社区至少要通过这些通道中的一条。如果能找到这些重要的通道，并将它们移除，那么网络就自然而然地分出了社区。在实践中，我们用边的边介数来作为这个分割的依据。边的边介数定义为网络中所有最短路径中经过该边的数目。跟节点的中介中心性类似，它反映了相应的边在整个网络中的作用和影响力。联系定义可知，通过社区内部的边的最短路径的数目相对较少（边介数较少），而通过社区之间的边的最短路径的数目则相对较多（边介数较多）。因为社区之间的联系只能经由这几条路径发生，就像车流要从停车场开到外面一样，如果停车场只有一条通道，那么车流都得从这条通道走，这条通道的使用率就是 100%，非常高；如果这个停车场内部有 5 条通道，车流可以分散开来，可能每个通道的平均使用率只有 20%，远没有前者高。

GN 社区发现方法是基于删除边的方法，其本质是基于聚类中的分裂思想，原理上使用了边介数作为相似度的度量方法。GN 社区发现通过移除网络中的边来将整个网络划分成为合适的社区结构，将原来的网络分割成为任意数目的社区。在 GN 社区发现方法中，每次都会选择边介数高的边删除 。GN 社区发现方法的步骤如下：

第一步，计算每一条边的边介数；

第二步，删除边介数最大的边；

第三步，重新计算网络中剩下的边的边介数。

重复上述步骤，直到产生合适的社区结构。

通过上述步骤，GN 社区发现方法可以较好地发现网络中存在的社区结构。在网络理论中，复杂网络是由数量繁多的节点和节点之间错综复杂的关系构成的。GN 社区发现方法用边介数的概念来探测边的位置，从而在盘根错节的复杂网络中划分出社区。

人与人之间的互动使其相互间产生了或紧密、或松散的联系，也在不经意间建立起了一张张连通社会各个层面的网络：通信往来、商业交易和互联网社交等。社区发现模型可以用来找出网络中的社区聚类，让人们洞察这些网络中隐藏的形形色色的“社区”，也可用于评估一个网络结构中个体组合或分裂的程度，并从中获取很多新发现。

社区发现的应用一：推断用户未知信息

我们本来就生活在一张庞大的社交网络之中，随着社交媒体的兴起，社交网络变得越来越复杂。社区发现在近些年的不断发展，使得人们可以对复杂的社交网络进行分析，对于现实生活具有重要的应用意义。我们接下来就从推断用户未知信息、提高营销效果以及发现不良行为团伙三个方面剖析社区发现的应用价值。

社区发现的应用价值之一是推断用户未知信息。随着社交媒体的高度发展，其用户规模也在快速增长，有效的社区发现模型的应用也越来越重要。例如购物网站上的社交购物、商品推荐；微信、微博等媒体的社会舆情分析、意见领袖挖掘等，无论你想要找什么样的信息，都能通过社区发现模型获得启发。如果一个用户的某些信息尚且未知，但是我们知道他所在社区中很多人的信息，那么，我们就可以用这个社区中其他人的信息来推断该用户未知的信息。比如，你发现在朋友圈里有两群人，一群人花钱都大手大脚，入不敷出，另一群人生活稳定有规律，喜欢运动健身、阅读学习。这两群人都要向银行借钱，生活稳定有规律的这群人里，借钱的都还了，那么这群人里还没有借钱的人，一旦借钱，还钱的概率就大；花钱大手大脚的这群人里，不少人借的钱没还，那么，还没有借钱的人，一旦借钱，不还钱的概率就很大。

社区发现之所以可以用来推断用户未知信息，是因为我们可以在真实的社交网络中，通过社区发现找到节点之间的相互关系，利用已知节点的属性信息，推断出未知属性节点的缺失信息。基于社区发现的未知信息推断方法是基于两个假设：属性信息相似的人容易成为朋友，属性信息相似的人群倾向于聚集为社区。如果要推断一个社区中某些用户的未知信息，就要先从社交网络中选取若干个中心性较高的种子节点，通过这些节点的好友数据，运用社区发现模型进行划分，再根据节点的属性信息推断同社区好友的未知信息。实验结果表明，即使当给定的信息只占用户信息的 20% 时，某些用户属性也能够精确推断出来。所以，我们可以通过社区发现模型划分社区，根据未知属性节点所在社区的属性信息推断该节点的未知信息。

社交网络既是交流平台，也是市场营销等活动的平台。在人际关系网中，可以挖掘出具有不同兴趣、背景的社会团体，方便采用不同的宣传策略；在交易网站中，不同的社区代表不同购买力的客户群体，方便运营人员为他们推荐合适的商品。针对社交网络用户社区发现的方法，一般来说，可以基于用户发布的内容提取基于兴趣的用户社区；或者基于用户联系提取基于联系的用户社区；还可以将两个社区进行融合，形成兴趣和联系双重的用户社区。当社区形成之后，这个社区的成员可能就会拥有共同的兴趣或者联系，假如这个社区的大部分成员都喜欢网球，那我们就可以推断，社区的其他成员也很有可能喜欢网球。

社区发现的应用二：提高营销效果

社区发现模型在商业领域有着非常广泛的应用。在电子商务领域中，通过对消费者购买记录进行社区发现，能够挖掘出具有相同或相似购买兴趣的消费群体，发现相关商品的潜在客户并为其进行引导和推荐，进而提升商业价值。例如，通过社区发现模型，我们看到甲、乙两个消费者同属某一个社区，都买了简约风格的装饰画。这时，如果我们还想进一步为乙推荐商品，但苦于目前并没有太多数据，无法得知他的潜在需求是什么的话，可以通过甲的购物记录，发现甲还喜欢买智能手表，推知乙的潜在需求很可能是智能手表，进而做出相应推荐。

通过社区发现模型除了能找到消费者的未知潜在喜好，从而形成针对性的推荐外，还能找到社区中中心性高的核心人群，更好地实现营销触达。例如，我们要对一个社区的人群做营销投放，如果甲的中心性比乙高的话，那么通过甲来做社区整体营销触达的效果会比通过乙要好。因为，甲与社区里的其他人关系更为密切，也更有权威性，经由他来做营销传播，社区人群会更容易接受并采纳，甚至能够转化成实际行动。

在商业领域，有很多通过社区发现优化营销传播，从而实现商业价值的例子。例如阿里的年货节就利用了人工智能社区发现的手段，对品牌的目标人群进行分析，挖掘品牌目标潜在客户，使得其投放效果提升了将近 50%。他们的做法是从品牌方的受众人群出发，进行针对性的营销投放。年货节开发新用户时，先要通过机器学习模型对阿里年货节的受众人群进行预测。预测可以根据往年年货购买人群的数据进行，并以各大节假日促销时的购买数据作为参考，然后以同属一个社区的人有相似的兴趣爱好、价值观为前提假设，再通过社区发现模型找到与潜在消费者有相同或相似喜好的社区人群，利用社交网络关系进行广告投放。比如，一个社区内的大部分用户喜欢运动，经常购买运动类商品，那么我们就可以假设这个社区内的潜在用户也有相同的爱好，也有运动类商品的需求，在进行广告投放时，就可以向其推荐运动类商品。这样，推荐的商品会有很大的可能被购买，这个用户就从潜在用户转化为实际用户。新用户数量逐渐增加，品牌效益也会逐渐提升。

社区发现的应用三：发现不良行为团伙

社交媒体的发展让我们能够更加方便快捷地获取资讯，但是人与人之间的交流由于缺乏面对面的真实接触，而变得虚拟了。我们不知道与我们在手机软件上相谈甚欢的那个人的真实面貌，更加不能分辨其中的真伪。在社交网络的保护下，各种诈骗犯罪行为变得越发猖獗。但是，社交网络可以是不良团伙牟利的蜜糖，也可以是将他们困于囹圄的砒霜。基于社交网络的社区发现，一个重要应用就是发现不良行为团伙，打击违法犯罪行为。

例如，每天在家和公司之间穿梭，很多人会选择驾车出行，但是经常穿梭于车水马龙之间，难免会出现一些磕磕碰碰的现象。因此，有车一族都会为汽车买保险。但是保险公司发现，近几年竟然出现了许多车险理赔的欺诈现象。例如，在交通事故理赔中有这样一条规定：如果发生的交通事故不涉及人员伤亡，仅造成轻微财产损失，不需要联系保险公司，可以自行拍摄车辆损失代替现场勘查。有不少人就利用这个漏洞骗取保险金。保险公司曾发现，有部分司机在短期内多次制造轻微相撞事故，骗取保险金。但是事情并没有到此为止，社区发现模型的及时介入使得警方发现了这些司机同在一家公司，于是警方经过调查发现，在这家公司工作的另外几名司机也有同样的诈骗行为，便一举拿下了这个诈骗团伙。

随着经济的高速发展，银行客户群体的规模不断扩大，但与此同时，银行客户群体中也混入了一些不法分子，他们伪装成正常客户群体到银行办理业务，意图牟取非法收入，并且这种违法行为现在越来越团伙化。“近朱者赤，近墨者黑。”团伙化犯罪的成员彼此之间都有联系，所以社区发现模型对于发现不良团伙、维护银行利益具有很大帮助。例如，现在有很多人在大量透支信用卡之后，潜逃或者隐瞒身份来逃避还款，极大地损害了银行的利益。为了防止这一现象的发生，一些大型银行借助社区发现模型建立了银行反欺诈系统。如果一个用户想要申请信用卡，银行会以这个申请用户为节点，调取这个用户所在社区里人员的相关信息，如果这个用户处于不良团伙之内，也就是说，在与他联系比较密切的人里面，大范围出现过类似于恶意透支信用卡这样的金融诈骗行为，那么这个用户就会被划入高欺诈风险的用户范围，他的信用卡申请很有可能会被驳回。此外，利用社区发现模型进行深入调查后，这些隐藏起来的不良团伙也更容易被追根究底，一网打尽。基于社区发现模型的银行反欺诈系统大大提高了银行防范风险的能力，在银行反欺诈领域有很大的应用价值。

人类社会离不开社交，要想让人工智能更好地服务于人类，离不开人工智能对社交数据的理解。正所谓打蛇打七寸，想理解数量庞大的社交数据，理清复杂的社交网络，重点在于理解中心性高的节点；在此之后，我们再结合社区发现模型，找到相应的社区群体，一方面可以精准营销，提升品牌效益，另一方面可以发现不良行为团伙，提升社会效益。不管从哪个角度出发，AI 思维都能够把握住事物的发展方向，帮我们做出正确的决策。

第五章

数字化赋能

人类用知识的活动去了解事物，用实践的活动去改变事物；用前者去掌握宇宙，用后者去创造宇宙。

——意大利哲学家 克罗齐——

前面几章主要介绍了 AI 思维的底层逻辑和操作方法。学以致用，本章开始，我们将切入到“用”的层面，聚焦于人工智能是如何运用于具体业务场景之中，赋能于各行各业以及方便人们的日常生活的。数字化赋能将是贯穿整章的基础概念。数字化就是 AI 思维在具体业务场景中落地的基础，因为 AI 思维运用于生产制造或商业活动之中，要实现智能化，最终做出决策需要数据的支持和驱动，而数字化恰好提供了 AI 思维决策所需要的数据基础，在此之上人工智能才能发挥其应有之义。

所以本章将会以数字化赋能为切入点，从企业如何打通数据来进行剖析，结合商业案例，让你更为真实地感知和了解 AI 思维是如何在具体业务场景中汲取营养、发挥作用的。数字化转型已经势不可当，数字化赋能也不是天马行空、赚取噱头的暗黑发明。在数字化时代中，数据就是产生价值的原油，我们所提到的案例也都是已经实实在在落地，并成功产生了预期效果的行业应用实例。通过这一章，我们会更加深刻地感知到发生在每一个人身边的数字化和智能化变革，理解实际的人工智能在具体业务场景下的工作和价值，在一定程度上也能达到为各位读者“祛魅”的目的。

行业数字化是大势所趋

近年来，从互联网经济到数字经济转型的大幕已经拉开，数字经济成为不断被提及的热词。2017 年 3 月，数字经济首次被写入政府工作报告，要促进深化大数据、人工智能等研发应用……壮大数字经济。数字经济的核心就是数字化，即数据成为驱动商业模式和商业决策的核心力量。从全球竞争格局和行业演变进程来看，数字化驱动产业的时代已经到来，无论是在制造环节还是零售环节，中国、美国甚至全球趋势都是越来越向智能制造和智慧零售方向发展，行业数字化转型已经势不可当，并带来了商业模式的革命性变革。

行业数字化转型的核心在于数据驱动，即业务流程数字化，数据成为核心生产要素和战略资产。美国政府认为，大数据是“未来的新石油”，是“陆权、海权、空权之外的另一种国家核心资产”。数据是产业进行全方位的数字化升级的源动力，业务的实施、发展和创新都离不开数据的支撑，与此同时，数据还为经济发展提供新的活力和动力。

行业数字化发展的趋势主要体现在三个方面：第一，新融合。大数据、云计算、物联网的发展和应用，导致数据爆发式增长，并且通过技术将底层数据打通融合，与具体业务场景的融合也越来越紧密。第二，新市场。随着数据的应用，互联网不断升级换代，电子商务、工业互联网、互联网金融、国际市场等新市场形成，企业也不断创新，发掘新的市场方向。第三，新应用。智能终端、智慧生产、智能制造、智慧零售等新的行业模式不断更新，并在实际业务中落地，“智能 +”为各行各业升级赋能。行业的数字化转型不仅为企业提供了创新和发展的方向，也极大地促进了消费增长，增加了市场的活跃程度，为经济增长带来了巨大的助力。

数字化的技术壁垒和解决方案

企业顺应数字化的大趋势是必然选择，但是首先遇到的关键问题是攻破数字化的技术壁垒，即如何做好数据的打通（data onboarding），这也是数字化的基础工作。过去的数据世界存在着许多技术困境，如果没有做好数据打通，就容易出现各种问题，影响业务的效率和创新。

第一，企业在业务中会产生大量的数据，这些海量数据关联复杂，而且专业性强、维度多。如果将这些数据杂乱无章地存放在数据仓库中，即使是调取和利用其中的部分数据，都需要花费很长的时间，降低了业务效率。

第二，在企业内部，关键数据总是会散落在业务系统的各处，甚至导致对一个用户在各个阶段的需求没有全局的把握。不同部门为满足各自对应的业务需求，往往会建立不同的数据库，导致数据难以整合，形成数据孤岛。在业务开发和运行的时候，不同的部门或者项目组往往不能统一协作处理数据，以致对数据重复开发，影响业务的整体效果和效率。

第三，企业基于数据开发业务应用时，需要对数据进行处理和维护，然后综合分析。但是，目前企业中数据开发和维护的人员配置很少，甚至没有，大量数据十分混乱，无法直接使用，从而导致在企业决策时调取数据困难，难以挖掘数据之间的关联，制约了决策的科学性。

如果不能对企业后台的数据进行较高的整合和处理，在分析生产制造和零售各环节时就会缺乏数据支撑，在业务实施中就会缺乏数据指导和优化，导致企业库存失衡，运营成本提高，最终导致客户流失和利润低迷。

这确实是企业数字化之前企业运行的现实状况。因此，在企业数字化转型中亟须着手做的就是将所有数据打通，将散落在生产制造和零售阶段的数据汇总，集中进行处理和利用。数据打通可以通过企业的数据中台完成。数据中台是企业获取、整合、存储、加工和利用数据的综合平台，连接了数据后台与业务前台，实现了企业内部数据的开放和共享，帮助我们沿着生产制造和零售环节打通了数据。

也就是说，在数据中台上的数据不再是散乱的，而是经过收集、整合和处理的数据，并且在中台架构之上会有一系列的系统，比如零售管理、智能算法、调拨管理和会员管理等。数据中台上可以进行数据处理，它将数据抽象成服务，再提供给前台。所以数据中台相比于数据库系统来说，不仅要获取、整合和存储数据，也要对数据进行加工和利用，进一步探索数据的内在价值以及数据如何对业务产生价值。因此，数据中台向业务前台提供的是可以直接为业务所使用的服务，更贴近业务前台。换言之，可以说数据中台所提供的服务都是围绕数据而来的，在数据和业务系统之间形成了闭环。同时，数据中台整合了后台的数据资源，通过加工和提炼，提升了数据质量和可用性，使得数据成为可以产生价值的数据资产，有利于快速、稳定地向前台提供服务，实现业务创新和发展。

当前国内外企业都越来越倾向于实现数据层面的一体化，已经有不少公司搭建了自己的数据中台，这是企业解决数字化转型的一个思路和逻辑。但是数据中台本身也是动态的，它连通了企业的各个部门和业务的全过程，协同各方、服务各方，其上的数据和提供的数据服务也可以根据企业业务的发展而不断地进行调整。大型企业打通方方面面的数据，将各业务阶段的所有数据均整合在一个平台上，需要极大的人力资源、技术手段和设备支撑，其难度之大可想而知。在具体的业务环境下，企业可以根据自身的情况，在生产制造和零售环节分别进行数据的全链路打通，如有需要再将生产制造和零售数据整合，提供相应的服务，反馈并驱动新一轮的业务发展。

生产制造数据打通

如前所述，数字化赋能首先要做好数据打通工作。在生产制造环节，我们需要将机器、设备、生产线、人、车辆、渠道、物流等物理形态，通过数据进行表现与加工，将不同格式的零散数据进行有效的打通与整合，建立标准规范的数据仓库，最终构建一个赋能生产制造全流程的数字化环境，实现数据的互联互通，从而挖掘数据的核心价值。

如图 5–1，在生产制造环节的全链路上，从供应商到仓储物流乃至客户都有相应的管理系统，包括供应链管理（Supply Chain Management）系统、制造执行系统（Manufacturing Execution System）、企业资源计划（Enterprise Resource Planning）系统。我们要将这些系统数据打通在一起，才能做到生产制造环节全链路数据的打通。从原料供应商到客户的管理系统将会被集成在一个数据中台上，而这个数据中台会连接各方面的数据，包括企业设备数据、能效数据、故障数据和检修数据等。只有将这些数据统一汇总在这一个数据中台上，并且嫁接现有的供应链管理系统、制造执行系统、企业资源计划系统，才能将生产制造环节的方方面面打通，为数字化转型打好基础。

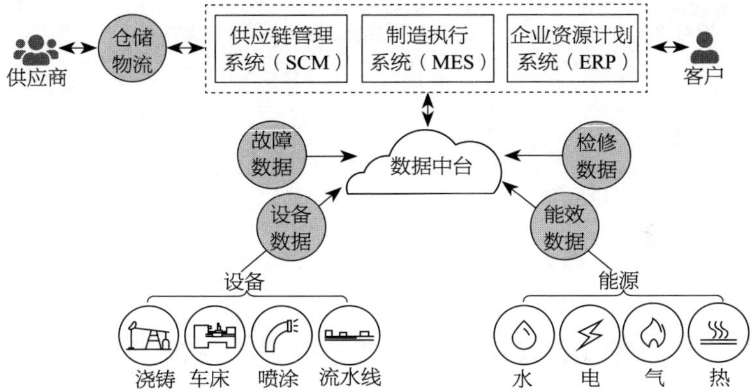

图 5-1　数字化赋能生产制造全链路示意图

零售数据打通

如图 5-2，在数字化转型的背景下，企业零售环节的主要节点包括：针对消费者的全域营销，针对研发设计的数字化研发，针对采购、生产制造等环节的协同供应链，针对分销流通的全渠道融合和针对零售部分的智慧门店等。这些节点构成以消费者运营为核心的全域新零售。零售环节的全链路数据打通，就是要采集和链接以上节点的全链路数据，对业务目标进行深度优化。

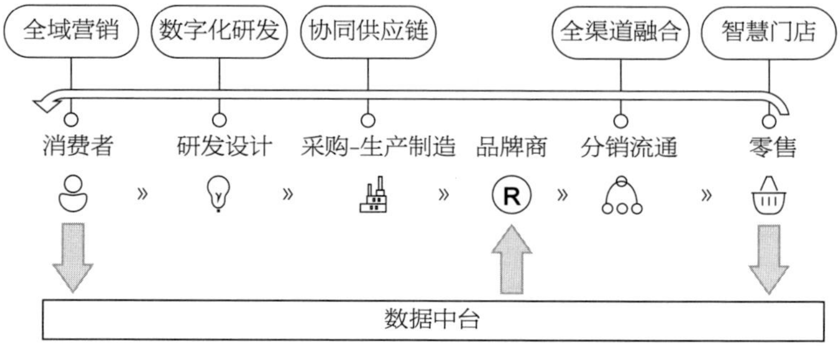

图 5-2　数字化赋能零售全链路示意图

零售的全链路大致可以分划成三个部分，即消费者端、供应链端和零售端，在全链路的各个环节都可以进行数据打通，从而实现数字化赋能，具体而言：在消费者端，要对消费者进行全域的把握，消费者端包括全域营销、会员行为分析、忠诚度、付费偏好、内容运营等。其中，全域营销指的是在新零售体系下，以消费者运营为核心，以数据为原料，实现全链路、全媒体和全渠道的一种营销方法。全域营销的出现使营销过程越来越可视化，不再出现断层，从而实现零售全链路的精细化运营。例如家电品牌戴森通过全域营销，全面打通消费者数据，进行精准营销，2017 年“双 11”之后，无论是消费者的数量，还是单个消费者贡献的价值，都有了显著提升。

供应链是指产品生产制造和流通过程中所涉及的原材料供应商、生产商、分销商、零售商以及最终消费者等成员组成的网络结构。供应链端主要是价格、仓储、配送上的优化，具体包括价格分析、仓储规划、配送优化、销售预测等。供应链端能够打通从原材料到最终消费的环节，它有很多可优化的地方，其中的重要一环是针对销售的预测，也即对门店或区域的产品销售进行预测。销售预测是供应链的核心，因为产品供应链应该以市场需求为导向，而销售预测能够很好地体现出市场目前需要哪一种产品，需要多少。销售预测是每个企业都应该关注的事情，因为只有做好了销售预测，才能实现其与供应链的完美共舞。例如，华北地区的知名连锁超市——物美超市，就是根据大数据分析下的销售预测进行备货和人力调度安排的。相比以前的传统模式，它的商品缺货率从 17% 降至 10% 以下，库存周转天数从 27 天下降至 17 天。

在零售端，线下门店可以通过软硬件集成的方法采集数据，在智能选品、智能进货、经营分析、营销分析、库存分析、导购管理等具体环节都可以通过数字化赋能，提升经营效益。以智能选品为例，以往线下店铺进货都是根据经验来选品，这样的商品更新速度慢，而且不一定完全符合自己店铺的风格以及消费者的需要。现在我们通过数字化手段，能够很好地解决这个问题。譬如，我们可以根据店铺位置、周边人群等信息为零售门店个性化地进行选品，帮助门店更好地卖货，降低缺品率和无效库存，用更少的成本获得更高的经营效益。

数字化和智能化相辅相成

数据中台是数字化架构中的基石，它将所有在生产制造和零售环节中的数据整合在一起。借助数据中台，企业管理者能够深刻把握各个环节的经营状况，科学、合理地制定策略。当企业各个环节的数据打通了之后，线上销售数据和线下销售数据均可以作为了解用户需求量的依据，真正实现生产销售一体化、线上线下双调节的理想状态。

以前，工厂制造的产品可能会卖不出去，在渠道中也可能不具备溢价能力，最终导致货积压在工厂里。现在的趋势是：借助数据中台，企业能够改变传统的销售模式，逐渐由渠道推动转为以客户为中心的打通价值链的运作模式。基于数据中台里打通的数据，企业可以知道客户的需求有多大，具体的需求是怎样的，并据此安排供应链和生产制造环节。通过数据中台，各个业务环节都能有所提升，实现增量收益。在数据中台发挥效果的过程中，企业能够借助 AI 思维实现进一步提升和优化。

我们已经知道，数据中台是实现数据打通和企业数字化的关键，打通数据后，人工智能就可以为企业做出优秀决策提供依据。“数据 + 人工智能”可以赋能更多的业务应用，因此，企业构建 AI 中台是十分必要的。在数据中台的支撑下，通过 AI 中台进行人工智能模型构建，不断演化和迭代，有利于向业务前台提供更加便捷和有价值的服务，加速从数据到价值的过程。数据中台为 AI 中台的应用提供了支撑，所以数据中台和 AI 中台是相辅相成的。

当然，AI 中台的建立也需要一个过程。因为，人工智能在任何企业的落地都是逐渐迭代的过程，包括世界 500 强在内的多数企业在运用人工智能时，都会在单点上先寻找业务落地的可能性和结合点，比如在工艺参数优化、会员运营管理、积分体系设计等业务领域率先尝试。当相应的人工智能应用在业务中产生了价值后，企业就会深入到更大范围的业务场景中。人工智能在企业的落地实践只有达到了一定的规模，才能从单点式的应用发展形成一个比较完备的 AI 中台，再进一步服务和赋能更多的业务场景。AI 中台这个人工智能大脑处理的数据越来越多，它和数据中台的联系就越来越紧密，并且在很多场景下，AI 中台还可以发挥自己特有的作用，驱动数据中台的形成、发育和完善。

具体来说，企业在业务应用中挑选出人工智能最能够产出价值的单点场景，随后考虑在这一单点上人工智能落地所需要涉及的数据，并在数据中台调取和使用相关的数据。如果数据中台上找不到这些数据，就会促成数据中台的扩建和完善，人工智能应用和从中产生的数据又可以和数据中台相互哺育和赋能。通常来说，不应该等到数据中台打通全局数据之后才升级应用人工智能，因为行业竞争是十分激烈的，等到那个时候可能为时已晚。正确的做法是选择业务上的单点场景进行人工智能落地，从而驱动整个数据体系的打通。

如图 5–3，它表示的是在全链路中数据中台与 AI 中台各自所处的位置。数据中台将来自数据后台的原始数据进行分析和处理，最后将打通的数据传递给业务前台；业务前台产生的数据最后也会再回到数据后台中，形成反馈的闭环，实现生产制造和零售环节的数据连通。数据中台和 AI 中台之间最良性的架构应该是逐渐演化的过程，这同时也是人工智能大脑学习发育的过程。人工智能在企业发挥作用的前提是对企业业务全流程的充分理解和掌握，所以必须获得全链路打通的数据。AI 中台通过打通的数据，在模型的加工下，形成决策。这样一来，人工智能应用也会驱动数据中台的构建。同时，AI 中台通过模型计算出的数据可以再次回到数据中台之上，不断循环和加工，并提供给业务前台使用。在实践过程中，为了让人工智能顺利落地，企业应当花费充足的时间与精力去思考和规划 AI 中台及数据中台的搭建。在这之前，可能大部分企业都没有这个需求，如果单纯靠人工进行工作，并不需要打通所有的数据，并且人工也没有能力去分析所有的数据。所以，企业的数据中台在人工智能需求的驱动下会越来越完善。

数字化与智能化相辅相成，数据中台和 AI 中台相互促进，共同发展。没有数据中台就没有 AI 中台的用武之地，有了 AI 中台就能产生进一步优化的业务结果，这时候企业管理者也就更有动力继续深化和提升数字化的进程。从这个意义上来说，人工智能也是企业升级的工具，可以推动企业内部的基础设施建设。由

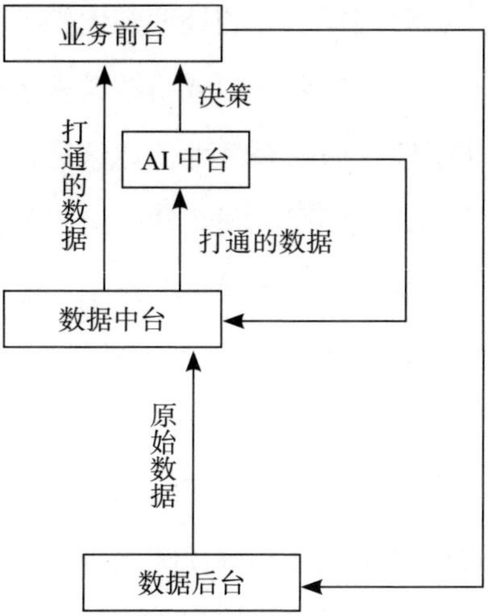

图 5-3　数据中台与 AI 中台关系示意图

于数据打通和中台构建会产生较高的成本，所以企业实现数字化基础设施的升级不应该由技术层面驱动，而应该由具体业务场景的需求来带动。数据打通以及中台构建完成之后，就能够帮助企业提升业务场景的效益，产生增量的价值，最终也能够支持数字化基础设施持续的升级和改造。

数据可视化平台

我们生活在一个充满了数据的世界里，但面对纷繁复杂的数据，我们经常感到无所适从。“得数据者得天下”的说法此起彼伏，但要通过数据的整理和分析来获得一个准确的结论并非那么容易。我们的大脑对视觉信息的处理要优先于文本信息，所以我们越来越倾向于利用可视化的形式将数据表示出来。数据可视化就是借助图形化手段，清晰有效地传达信息，以此帮助人们更好地理解数据。例如，我们早已习惯通过卫星云图来了解天气状况，也需要借助柱状图、饼状图等来汇报工作进度。而商业活动涉及的数据量非常庞大，数据之间的关系错综复杂，更加需要一个专门的数据可视化平台来直观地展现各项业务指标。

数据可视化平台要实现的是全链路数据的可视化。它具有两方面的作用：一是通过可视化的统计图表等形式呈现，让数据变得更直观；二是提供全域视野，打通不同类别、不同时间、不同地域、不同环节的数据，综合呈现。正是因为我们在数据中台上完成了每一个节点所产生的数据的收集、记录和连通工作，并将其与数据终端连接，实现了远程实时监控，可视化平台才能够像一个镜头一般，跟踪掌握整个流程中每一个节点上事物的状态和变化。

图 5-4 是一个服装电商的产销协同数据可视化平台示意图。这家电商覆盖的销售范围很广，有线上线下的销售渠道。从可视化的角度来说，在生产、物流和消费端，我们能够利用产销协同大屏监控非常直观地得到一些数据，比如生产端的生产计划准确率、订单匹配率、订单满足率和库存荷载率等；物流端的物流计划准确率、库存周转天数、物流满载率和物流周转天数等。这让我们能够相对轻松地将整体运营数据了然于胸，以便对具体的操

作事务做出及时调整。比如当发现库存周转天数有增多的迹象时（这可能意味着有滞销的潜在隐患），我们可以从生产端开始，马上调整相应产品的产出量，也可以进一步去查看物流端是否出现了怠慢的问题，或者在消费者端相应地推出一些促销活动，等等。这些数据的即时呈现，能够在很大程度上为企业降低风险，减少损失。

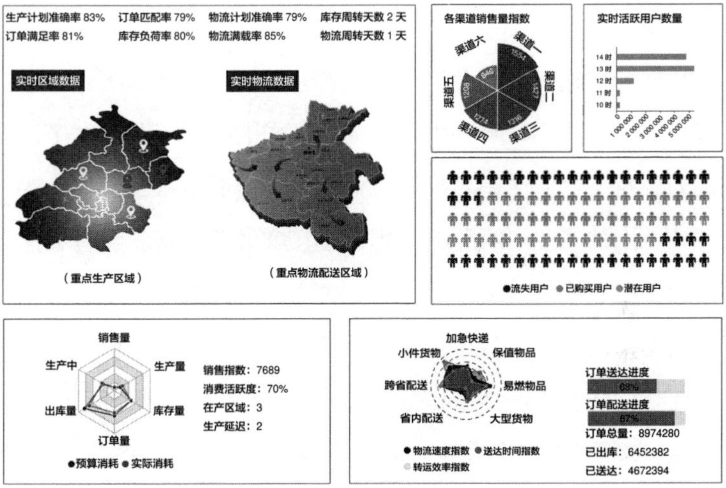

图 5-4　数据可视化平台示意图

在用户端，通过可视化平台也可以非常直观地看到活跃用户、流失用户、已购买用户、潜在用户等的数据，这些数据在各个环节的运作过程中都能够清晰展示出来，并进一步指导企业做出精细化决策。比如像促销活动，我们只知道要在哪个节点做促销活动是不够的，我们还需要了解这个促销活动什么时候做、做哪些、怎么做等一系列问题。要想做到数字化落地，就必须要把这些问题具体化。而用户端的这些数据可以为我们提供帮助。比如，根据可视化平台提供的近期每天使用人数，我们可以知道哪天属于淡期、哪天属于旺期，以及这些日子的特征，是周末、月末，还是都是工作日，我们从中选取适当的时候来做精准促销，提升业绩。

数据可视化可以避免出现盲人摸象的情况，数据可视化平台呈现出的全域数据视野，为探寻业务运作的各项问题提供了机会和助力。对于企业决策者来说，他们肯定更愿意看到可视化的数据模式。当然这些可视化的前提假设和实现手段是已经有了打通的数据，然后才可以做到上面所说的可视化呈现。

数据中台提供了数据的获取、整合、存储、加工和利用的服务，让我们能够更好地认识数据和使用数据，这种服务是任何业务场景都需要的。而 AI 中台提供的是更加具有创造性和个性化的服务，通过人工智能模型发现不同场景中的精准需求，提供业务创新的机会，从而实现业务增长。因此，数据中台和 AI 中台是适用于业务发展不同阶段的基础设施，数据中台为 AI 中台提供了基础和养料，AI 中台的需求也会反过来促进数据中台的成熟。相应地，数字化与智能化也是企业发展的不同阶段，二者并没有严格的界限区分，数字化和智能化融合发展，相互促进，相辅相成。最后，通过数据可视化平台，我们可以更加直观全面地了解到商业活动中每个环节的状况和发展态势，这样在进行决策时就能更加有的放矢。

工业赋能：数字化的物理世界

18 世纪末，蒸汽机的出现使人们进入工业 1.0 时代；20 世纪初，电力的大规模应用使整个世界进入工业 2.0 时代；20 世纪 70 年代，电子技术、信息技术以及工业机器人的广泛应用推动世界进入工业 3.0 时代；现在，随着物联网、大数据和人工智能的融合应用，我们已经进入了工业 4.0 时代。在新一代技术革命浪潮中，数字化趋势已经势不可当。我们需要利用数字化技术促进产业变革，尤其是通过人工智能的应用创建具有适应性、高资源效率和更加人性化的新一代智能工厂。在这样的背景下，不仅需要将工业所处的物理世界数字化，数字化的目标还需要反作用于物理世界，驱动物理世界，改变物理世界。

数字化反作用于物理世界的第一步就是将物理世界抽象成标准化的数据集合，这是物理世界向数字世界转化的基础。这一步可以借助物联网（Internet of Things，简称 IoT）完成。物联网，顾名思义，就是“万物相连的互联网”，是将各种信息传感设备与互联网结合起来的网络，它可以在任何时间、任何地点将能够独立发挥作用的物体连接在一起，实现互联互通。所以物联网的核心和基础仍然是互联网，它只不过是在互联网基础上进行了延展，扩展到了任何物品与设备之间。物联网上涵盖了大量的数据，各设备相互连接并且不断地进行数据交换。将物联网上的数据经过数据采集、数据分析和数据处理后，我们再把这些数据存储在标准化数据集合里，物理世界的抽象过渡就基本完成了。

但仅仅完成数据的抽象是远远不够的，工业 4.0 时代要做到数字化驱动物理世界并改变物理世界。因此，这里我们要引入一个概念——CPS（Cyber-Physical Systems），即信息物理融合系统。这是一个综合计算、网络和物理环境的复杂系统，它将计算、通信与控制深深地嵌入物理过程，使之与物理过程密切互动，实现了计算进程和物理进程的统一，从而给物理系统添加了新的能力。信息物理融合系统包括了很多智能系统，通过建立物理世界数据的人工智能模型，在数据采集输入后，系统可以进行管理、操作和预测，从而把相应的决策和洞察再反馈到物理世界。

所以，CPS 紧密连接了物理世界和数据计算，通过计算进程和物理进程相互影响的反馈循环，实现深度融合和实时交互来增加或扩展新的功能，达到实时监督或者控制物理世界的目的。也就是说，CPS 不但可以看作工业数据的集合地，而且同时将这些数据进行机器学习或深度学习，建立起物理世界的数据模型，并且基于这些数据模型产生智能预测和决策，从而最优化地驱动和改变物理世界。

总体来说，物理世界的数字化过程首先要有数据，然后通过 IoT 打通生产制造环节将数据整合在一起，再通过建立相应的人工智能模型，进一步理解整个生产制造过程，比如其中的某一个步骤需要怎么调控参数，怎么优化生产制造的目标，从而形成最优化的决策，实现效果的提升。其中，CPS 不仅可以实现针对物理世界的实时计算，还可以通过数字世界建立的模型将操控指令反馈到物理世界，驱动物理世界的调控和改变。

工业数字化赋能实现路线图

我们已经明确了工业数字化的总体目标：不但要将工业所处的物理世界数字化，而且还要将数字化反作用于物理世界，驱动和改变物理世界。如图 5–5 所示，工业数字化赋能的实现可以分为五个阶段：试点连接、全面连接、数据洞察、业务优化和链路集成。

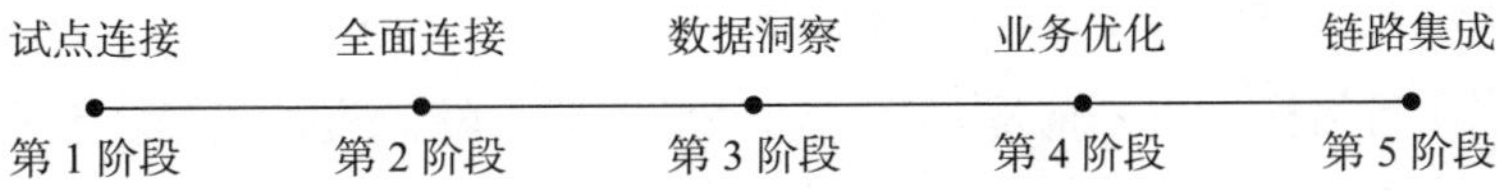

图 5–5　工业数字化赋能阶段示意图

在试点连接阶段中，要完成试点工业设备连接、数据采集集成、设备故障收集和设备性能分析等，这是最简单的数据收集，可以在单点上完成。此后进入全面连接阶段，把所有生产设备、检测设备和客户反馈等相关数据通过 IoT 和其他手段收集到数据中台上，完成大规模数据的采集和全链路数据打通。

下一阶段就是在数据基础上，搭建初步的 CPS，形成完整架构，进行数据洞察分析。在这一阶段中，通过收集的全链路数据，建立人工智能模型，进行设备故障诊断、故障预测、可靠性分析、寿命预测和质量分析等。接下来继续完善 CPS，根据预测性结果，进行业务优化，对整个工业生产链路做出相应的资产性能优化、维护策略优化、备件库存优化和产品性能优化等。业务优化阶段完成后，进入链路集成阶段，实现上下游信息和流程的集成、资源的共享，完成从生产型企业向服务型企业的转型。这也是企业成为数字化领导者的实现路线。整个过程从分步连接数据，到数据洞察、迭代和扩展，再到链路集成和整合优化业务流程，最终形成业务模式的创新。

通过工业数字化赋能的路线图，我们可以更形象地理解智能生产制造的各个阶段——从试点连接阶段，进阶到在 IoT 平台上连接更多设备和节点，对数据进行全面洞察，做出预测，从而优化业务目标，更好地提升产能、降低能耗、降低故障率等。工业生产的指标都可以通过数字化的方法进行优化，最终形成整个链路上的集成，向智能制造方向过渡和发展。

在工业数字化赋能的路线图中，要实现数字化赋能，最重要任务之一就是建立人工智能模型，也就是建立相关输入因素数据 x 及目标值 y 之间的相关函数关系。如图 5–6，模型的作用就是在获得相关输入因素数据（例如生产数据、能耗数据、质量数据和环境数据等）以及和生产目标相关的输出值后，对这些数据进行学习，进而通过人工智能产生因素数据和目标值对应关系的模型。在实际生产过程中，工厂将各生产过程中感知到的数据导入生成的模型，根据输出的结果完成决策和反馈，实现工艺参数推荐、过程优化和设备综合效率优化，最终实现预期的生产目标，如提升优良率、降低成本、提升效率或是节省能源等。

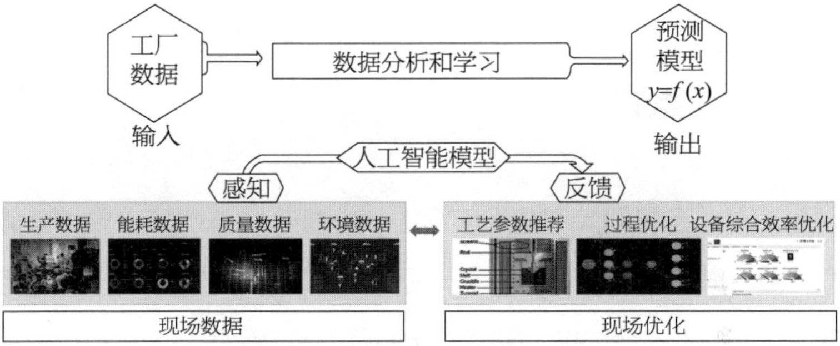

图 5-6 工业数字化赋能运作流程示意图

所以简单地说，工业数字化赋能的核心是提供全链路人工智能模型服务，通过分析工艺参数和关键指标之间的关系，进一步预测生产制造环节的关键指标，再根据预测结果完成相应的操控决策和反馈的闭环，最终为企业带来良品率提升、能耗降低和效益增加等效果。数字化赋能的过程完成之后，操作人员在生产制造中每一个环节需要关注的重点、操控的参数等，就都可以被科学地预测和制定。这样就可以做到生产制造环节的数字化赋能和优化。

以上的数字化赋能主要是针对生产制造而言的。虽然生产制造和零售是业务中两大不同的环节，但这一数字化赋能的方法论是通用的。也就是说，在数字化系统建立起来后，只要设定了业务目标，我们就能通过学习输入和输出之间的相关性进行预测性判断。至于如何操控系统参数，如何调整业务流程等，对于生产制造和零售环节的应用来说是异曲同工的。

国内智能工业案例

工业，在我们大部分人的眼中，就是一些与钢筋水泥打交道的产业，并且一直被划分在传统行业的范畴内。早期，行业内甚至流传着“工业不需要互联网”的言论。但随着技术的完善和落实，数字化、智能化系统越来越多地在车间中投入使用并取得了较好的运作效果。此时，“工业不需要互联网”的言论开始出现崩塌的迹象，“工业大脑”逐步在各地工业企业中广泛应用，不断攻占工业制造的各个领域。

通过数据的全链路打通和人工智能模型计算，智能工业可以深入到各行各业，达到赋能工业的目的。这样的例子比比皆是：在汽车行业，基于人工智能视觉处理的汽车工件合格性检测系统已成功在汽车零部件制造企业得到应用，有效地提高了汽车工件不良品检测效率；在烟叶行业的分级应用中，按照烟叶分级的国家标准，针对不同地域提供烟叶分级模型，可以有效地降低烟草公司人力成本，实现高效高质的分类。

智能工业可以运用到工业流程的各个环节，例如，在对产品的质量检测中，通过训练多层神经网络模型，可以对物体表面的缺陷进行大小、位置、形状的检测。在不规则缺陷检测方面，智能工业的准确率与传统模式相比有了明显的提升，譬如通过深度学习训练 LED（发光二极管）芯片缺陷识别及分类模型，能够有效提升产品质量和检测效率。再比如，光伏的电子发光检测应用通过数字化和智能化手段支持单晶和多晶暗域、黑边、黑角、各种隐裂等十数种缺陷识别，全面提升了缺陷分类准确率。

人工智能在工业领域成功落地的案例有很多，华菱星马就是其中的一例。华菱星马是一家重型卡车、重型专用车的生产商，在全国汽车生产领域占据着重要地位，其节能环保大功率发动机智能工厂项目已获批国家制造业互联网融合试点示范项目，其汽车生产的智能水平目前国内领先。华菱星马通过对工厂进行数字化、智能化的改造升级，建立起了多种智能化信息系统平台并进行相应集成，从产品的设计开发、生产、销售直到服务的全生命周期中，对各种数据进行采集和分析，真正实现了产品生产的数字化和智能化。

在发动机质量控制方面，华菱星马通过多种系统平台和技术手段实现了数字化赋能。在进行数据采集的同时，华菱星马还兼顾设备运行状态和质量管理的监控以及控制功能，统筹协调由多台全自动在线测量机和几十套装配辅助设备等组成的发动机生产线。如果接到生产订单，系统可以直接将订单信息及物料清单传递到生产线进行生产。在生产过程中还能记录产品的质量信息以及其他重要数据，形成完整的产品信息档案，搭建产品质量数据库，生成产品质量报表，以便在产品进入市场后进行产品质量追溯。

在提升服务质量方面，华菱星马基于现有的车联网系统平台研发了出一套智能服务系统“智慧华菱”。该系统借助人工智能，可以统计出自定义区域内车辆的通过次数，分析出车厂服务站的覆盖能力；其远程车况诊断功能，可以实时把控车辆的车速、转速、档位、里程、油耗、平均油耗、小时油耗、运行时间等，让用户对车辆的运行状态了如指掌，并且为预测性维护提供了有效数据支撑。对以上数据进行分析，也可以反作用于生产决策，对产品设计和性能提升起到积极的作用。

工业数字化除了应用于产品生产线上之外，对于优化产品质量也起到了举足轻重的作用。例如，天合光能作为全球最大的光伏组件供应商，电池片是其重点供应的组件。但有一段时间，天合光能在电池片的质量优化方面遇到了问题。他们尝试了多种方法，最终通过工业大脑平台解决了这个问题。工业大脑平台基于大数据，结合了人工智能以及工业领域的专业知识，在提高产品良品率、优化产品生产过程等方面发挥着很大的作用。该平台搜集了天合光能电池片从接收订单到产品生产完成全过程的所有数据，并进行了深度分析，再结合业务智能算法平台识别出生产过程中对电池片质量产生关键影响的重要环节，针对这些环节提出优化方案，进而在实际生产过程中不断调节该优化方案，直至达到电池片的质量优化目标。在工业大脑平台的帮助下，天合光能的电池片生产良品率提高了 5%，对天合光能产品整体质量的提升都起到了有效的促进作用。

从 20 世纪 70 年代开始，能源就和人口、粮食、资源以及环境一起被列为当今世界面临的五大问题。能源短缺会给人们的工作生活带来很大不便。而且，随着工业的发展，人们对于能源数量和质量的要求越来越高，加剧了能源短缺的问题。此外，能源使用过程中排放污水、废气等污染环境的问题也日益凸显。基于数字化的智能工业能在节约资源、提高资源利用率、防治环境污染等方面大有可为。

例如，三众能源就利用人工智能为全球累计降碳 70 多万吨，累计节约电量将近 60 万千瓦时。三众能源是一家综合型的能源科技公司，响应国家可持续发展战略号召，为节能减排的重灾区——工业，提供人工智能帮助。三众能源研发的人工智能节能产品应用在燃气锅炉、空气源热泵、空调等大型能源系统上，能够很好地实现节能减排。人工智能节能产品的具体运行过程如下：首先，通过数据采集器，实时采集能源设备的运行状态、环境参数以及用户偏好等各种数据；然后，对这些数据进行人工智能分析，及时调整、控制能源设备的运行，达到节能减排的效果。

这套人工智能系统，应用在中铁建工集团开发建设的商业建筑里，为其提供了能源、电力的精细化管理服务。首先，通过对室内外环境的感知数据和住户对温度的需求数据的分析，人工智能能够对提供热能的空气源热泵进行自动调节，真正实现了按需供能。这样既节约了电能，又一举两得地减少了二氧化碳的排放。其人工智能节能产品可以保证供暖数据实时上传，并具有故障远程报警和定位等功能，如果出现问题可以及时发现。即使在无人值守的夜间，人工智能也可以根据数据自动调整出相应的解决方案。最终，这套系统取得了良好的节能减排效果，一年之内为该商业建筑节约了电能 70 多万千瓦时、减少了二氧化碳排放量 80 多万千克，在电力方面总计为其节约成本 85 万元。

国外智能工业案例

数字化为处于工业 4.0 时代的企业带来了无数的机遇与选择，基于数字化的人工智能推动打通生产流程，使企业能够高效节能地运作并做出更加准确有效的决策。所以数字化对于新工业时代的发展是一个决定性的存在，是实现工业 4.0 的基础和最重要的步骤，也是衡量企业业界水平的一大标准。除了国内的案例外，国外的工业数字化运用也早已如火如荼。

世界五百强公司之一、美国最大的电力公司杜克能源通过多样化的能源组合（如火电、风电、核电等），为用户提供包括电力供应、能源服务和能源运输等在内的多种服务，但与此同时，杜克能源还存在着厂房老化、发电厂运行效率低下、预测性维护能力不足等问题。杜克能源在其系统中已经具备了预测性维护措施，但这项措施有 80% 的过程是在采集数据，仅有 20% 用于分析，这就导致了杜克能源无法准确地预测系统问题。为改变这一现状，杜克能源将数据打通，并使用人工智能进行深度分析，对预测性维护系统和设备管理进行升级改造，实现了 60 个以上电厂的智能监测，使得杜克能源通过预测所避免的损失达 3 000 万美元——这个金额早已远远高于项目成本。

巴西盖尔道集团是世界知名的钢铁制造商，在全球拥有超过 35 000 名员工。面对高能耗的钢铁生产过程以及高昂的人力成本支出，严格控制设备成本和维护设备的能力对盖尔道集团的盈利至关重要。仅在巴西，盖尔道集团就有 11 家工厂生产钢材，每年都需要巨额的费用去维护。即使是出现一个小小的设备故障，每小时也将造成上万美元的损失。在复杂的钢铁制造环节及多地区的场景下，盖尔道集团通过使用工业物联网，将集团所有生产设备的数据进行采集分析，实现了各类设备运行及故障情况的监控，即使是最轻微的异常也会被捕获到。同时，盖尔道集团还通过人工智能模型，识别出设备各类潜在的故障，并及时预警及采取相应行动。通过数字化和人工智能的手段，盖尔道集团一项原本计划 18 个月实现投资回报的项目，实际缩减到了 8 个月；同时在 6 个月内，盖尔道集团成功预测了 2 个严重故障，避免了对生产过程造成的重大影响。

在全球的智能应用里，视觉检测也是比较普及的一个应用。视觉检测已经在工业自动化系统里应用很长一段时间了，其涉及的领域遍布各行各业：仪表板的智能集成测试、汽车车身的检测、纸币印刷质量的检测和流水线生产检测等。视觉监测在这些领域中都起到了采集产品数据、提高生产效率和控制产品质量的作用。例如烟草行业就需要这样一款可以对工业生产线进行质量检测的机器视觉软件。传统的机器视觉检测的都是一些规则的产品，而这款软件能够应用于一些比较复杂、难以分类的产品的质量检测，比如说烟草的异物剔除和质量检测等。基于深度学习，软件首先对烟草产品进行图像采集，之后进行分析计算，最终再进行检测，大大提高了烟草产品质检的准确率，与人工质检相比，还大幅提高了工作效率。

如果说数字化转型是整个时代的机遇与挑战，那么数字化赋能就是企业抓住机遇和迎接挑战的重要本领。通过数字化、智能化的手段，企业的各个环节都被连接在了一起，各个方面都被赋能，既节省了生产成本，又提升了整体运营效率。AI 思维就是这样一种全面的思维，使我们在认识事物时能够做到面面俱到、统筹分析，做出正确决策。实现数字化赋能，必不可少地要经历这样一个过程：深入全面地采集数据，将物理世界数字化后，通过模型进行深入的数据分析，得出相应结论再在物理世界中进行应用，最终实现全面的工业赋能。数据是 AI 思维的基础，业务模式是 AI 思维的应用，数字化将二者串联起来，使 AI 思维真正能够在业务场景中落地。

零售赋能：智能产品定位和营销

生产制造和零售是商业运作的两个大环节。我们对生产制造环节，可能不太熟悉，接下来要说的零售环节则非常贴近我们的日常生活，其中的数字化赋能实际落地案例也比比皆是。比如，最近你正想买衣服，浏览的网页似乎有“读心术”一般，恰好呈现给你放在购物车里好久的衣服；或者夏天天气热，你正想去海边度假时，手机里的推送刚好就是泳衣、泳裤和各种潜水装备的广告，而且都还是你一贯喜欢的风格。其实，这些事情都是智慧零售的应用成果，智慧零售可以通过数字化赋能手段进行提升。

在零售环节，数字化赋能大有用武之地。首先是智能产品定位，即依靠大数据预测消费者诉求和潮流趋势，从而实现产品创新。也许你会有点疑惑，产品创新不是企业一直都在做的事情吗，那么智慧零售所做的产品创新又有什么不一样呢？为了解答这个问题，我们先来看看产品的创新模式。图 5–7 就是一个产品创新模式示意图，左边为传统研发模式，右边为数字化研发模式。

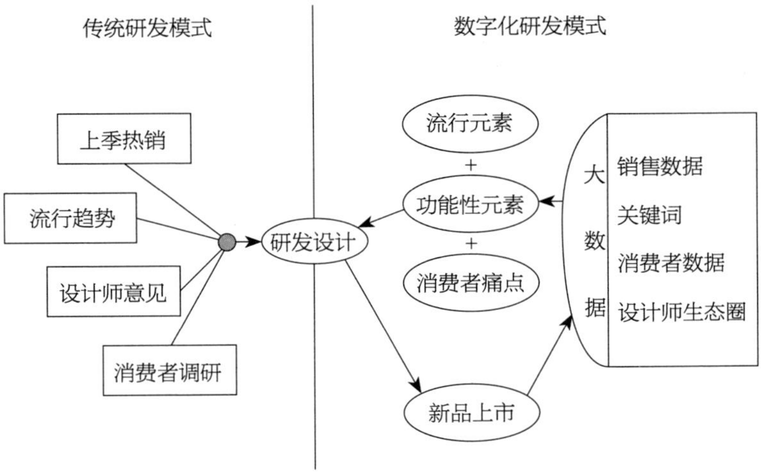

图 5-7 产品创新的传统和数字化研发模式对比示意图

传统的产品研发模式主要依赖于主观判断。传统产品研发设计主要依靠的是一种“经验主义”，比如参考上一季热销产品的反馈数据，上一季如果卖得好，下一季则继续按这个风格研发。或者，传统产品的研发设计还可以通过搜集、参考同类型产品中的流行商品的主要特征进行，但这种学习太浮于表面，很难做到真正的产品创新，画虎不成反类犬，更像东拼西凑的结合体，适得其反。此外，还有一种路径是根据设计师的个人意见来决定产品的最终形态，但很多时候，设计师的审美与消费者的审美是存在很大鸿沟的，这就使得产品难以与消费者的需求匹配。所以有时设计师们也非常苦恼，无法把握潮流，不知道消费者的诉求所在。当然，更实际的做法则是进行消费者调研，采取定性的调研来辅助设计，但是消费者调研成本高、耗时长，而且很难保证这些消费者是否是潜在消费者或者典型消费者，在信息反馈质量和样本数量上都有一定的局限性，同样会犯以点概面的错误。偌大的市场中，消费者的需求各有不同而且日新月异，个体的喜好早已无法代表整个市场的热度，传统研发模式潜在的痛点已经浮出水面：企业难以把握潮流趋势以及消费者诉求，研发出来的新产品无法完全满足消费者的诉求，从而导致消费者对品牌的忠诚度降低。

相比于传统的主观研发模式，数字化的产品研发模式则是通过客观的定量数据来反映市场趋势，将销售数据打通，通过数据洞察综合分析产品特征和消费者需求，再做出研发设计决策。因此，数字化的研发模式不再是过去的经验主义和局部主义，其基础和关键是最大程度上囊括所有市场数据。分析的数据范围，包括销售数据、关键词、消费者数据和设计师生态圈。销售数据，就是具体产品所在品类的整体销售数据，包括品类各品牌销售情况、品类明星单品等全方位数据。关键词是指将搜索引擎、社交网络和电商平台评论中的关键词，需要对其进行归纳。消费者数据就是消费者相关的数据，包括消费者群体画像、消费场景数据和消费习惯数据等。设计师生态圈则是由设计理念、设计产品、交流学习以及作品展示等各种内容组成的，在设计师的生态圈中出现的高频元素也是数字化产品研发模式的重要参考数据。在收集完上述一系列数据之后，可以在数据中台上进行打通，判断出相关产品的流行元素、功能性指标和消费者痛点，并借此指导新品的研发设计。新品上市后，随即产生的一系列相关数据会再反哺到数据中台上，为下一轮的新品研发做指导。这样，数据化研发模式整个体系形成正向循环，类似春泥一般，叶落成肥，滋养大地，又反哺出下一个花季。

以宝洁的产品研发为例，根据品牌多年积累下来的相关销售数据，总结分析产品触达的不同种族、跨年龄段消费者的规律和特征，宝洁研发部门抓住了很多消费者需求特性，如亚洲女性除了要面对松弛、皱纹等衰老问题外，面部轮廓逐渐横向外扩也是影响面容的一大问题。这是消费者的痛点，也就是研发部门的努力方向。根据这个发现，宝洁推出新品——OLAY 小脸精华，从感官上让消费者显得更年轻。经过这次的针对性研发，宝洁当季度中国区销量增长 30%，电商销售额上涨 80%，打了一场漂亮的数据战。

全域洞察

我们刚刚说到，数字化的产品研发需要基于消费者数据，数据越多，就越能精准地反映出来消费者需求和市场趋势，所以数据的广度是智慧零售中的一个关键问题。那么数据到底要多广呢？这就涉及“全域洞察”的概念。

全域洞察是消费者洞察的一种实现形式。所谓洞察就是深度理解，消费者洞察就是通过数据理解消费者，抓住消费者的真实需求，这是面向消费者营销的核心。图 5-8 是全域洞察的示意图。全域洞察的数据来源主要有品牌的活动平台、自营和第三方电商平台、媒体平台以及各种内部平台。

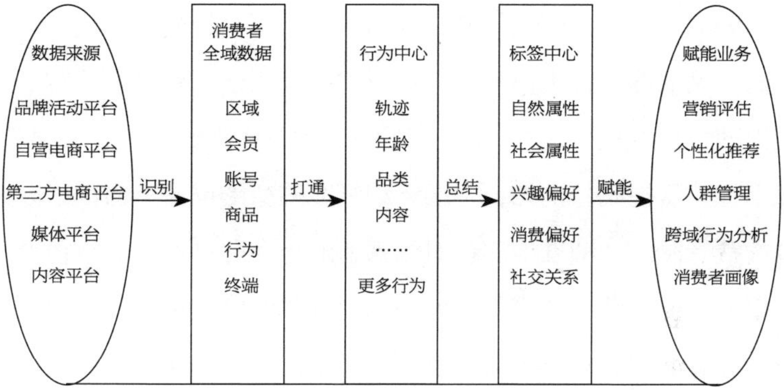

图 5-8　全域洞察示意图

洞察关注的消费者维度包括所在区域、会员、账号、商品、行为和终端等全域数据，将这些数据围绕消费者进行打通，将同一消费者的数据汇集到一起。数据整合后，我们将会对消费者的关键信息进行提取，例如轨迹、年龄、品类和内容等，构成行为中心。行为中心里面聚合了各个业务领域中消费者的行为，包括主体、时间、行为、内容及行为度量。最后，根据这些信息归纳总结出个性化标签，例如消费者的自然属性、社会属性、兴趣偏好和消费偏好，形成标签中心。与此同时，标签中心中还包括社交关系，即消费者之间的关系网络。数据的整合、处理和标签化是消费者全域洞察的核心过程，它可以在数据中台上完成。

消费者洞察可以赋能实际业务，例如营销评估、个性化推荐、人群管理、跨域行为分析以及消费者画像。比如个性化推荐，当我们真正做到对消费者的真实洞察后，我们就能知道不同的个体消费者有哪些独特的产品需求，从而有的放矢地进行高精准的产品推荐，直击目标，百发百中。相比于之前模糊认知下的乱投放、放乱箭，全域洞察下的个性化推荐效果自然更加显著，效率也有所提高。例如，中国移动开发的智能推荐平台就可以通过消费者洞察，精准地实现对消费者的个性化推荐。该平台通过数据分析出消费者的需求和偏好，根据这些信息不断调整模型参数，提高了推荐的准确率。目前，中国移动的客户端以及阅读、视频等频道通过该平台的赋能，真正实现了针对不同消费者千人千面的个性化推荐。

全域营销

全域营销指的是利用数据和数字化工具，进行以消费者运营为核心的智能营销。传统的营销方式推荐的可能不是消费者真正需要的，或者由于推荐流程过于冗长，等到消费者真正了解产品时，他已经不需要了。而全域营销以消费者的需求为核心，它的目的就是提升消费者在全渠道的消费体验，从而达到消费者与品牌关系全链路的精细化运营，为商家的营销和品牌建设赋能。全域营销分为三个方面：全域策略、全域传播和全域运营。

全域策略，是在策略层面做到洞察人群的价值，发现相应机会点，以达到高效创新。这里主要挖掘消费者的自然属性数据和品牌多源数据，将这些数据融合，为企业构建消费者画像体系，以此制定相应的人群策略。比如一个公司知道它的消费者大部分是年龄 30 岁到 40 岁的女性城市白领，那么根据这个属性，针对这类人群的相应特点和消费习惯，就可以更准确地进行相应的广告话术和用语包装等营销策略调整。

全域传播包括两个方面：在认知层面对消费者的曝光触达，在兴趣层面与消费者增进关系，因而它需要对消费者数据有更多认知，需要进阶到对数据的深入洞察分析。一方面，经由营销活动沉淀，完成对消费者画像的数据整合和分析；另一方面，通过消费者洞察实现全链路消费者行为及流转分析——因为从消费者第一次接触商品开始，到他实现购买或转向其他商品为止，这条链路上的很多关键节点甚至是转折，都是需要分析的。这些关键点可以是某个促销活动页面，因为这可以说明这种促销活动页面是能够引起这位消费者的关注和兴趣的；也可以是消费者浏览商品评论的行为，因为这说明这位消费者更为看重口碑；又或者是他的搜索行为，因为如果他搜索的基本都是名牌，那么我们就可以推知品牌的声誉可能对他更有吸引力。我们需要根据之前的数据，推导出什么样的人对什么样的营销活动更加敏感、更加关注，了解消费者的兴趣点所在，最终达到传播效果。

全域运营，包括侧重于忠诚层面的消费者运营、侧重于购买层面的店铺运营等，都可以通过相应数据进行增值服务和激活。相比于策略和传播，运营更偏向于消费者价值的最终落地。知道了在哪个传播节点、用怎样的话术能够触动消费者之后，我们要将这些内容进行整合落地。当我们知道网站消费者或门店消费者的人群画像后，我们在每一次的营销活动中都可以正确把握消费者的特点，从而增加营销运营活动的成功率。比如，都市白领喜欢通过新奇有趣的网文来认识新产品并产生购买冲动，且对品牌有着执着的追求，那么我们的运营就可以突出“大牌”“火热”“打卡”这些宣传文字，并且将发布宣传渠道侧重于网文传播，实现精准运营。

我们再对全域营销的这三点进行回溯：策略层面需要洞察人群的价值，创新机会点；传播领域要精准触达和曝光，精准增加和消费者之间的关系；运营领域，无论是店铺运营还是消费者运营，线上线下运营领域都要结合对消费者的认知，进行全域的精准营销优化。当然其基础还是以消费者为中心，打通整个营销数据。下面我们将策略、传播和运营三点结合起来，举两个成功运营的案例，以便读者全面认知。一是商场的运营，以华润五彩城的获客率提升为例；二是房地产的运作，以金茂府的销售量猛涨为例。

华润五彩城是北京地区集时尚购物、生活配套、餐饮、娱乐、文化和运动为一体的多功能、多主题大型区域性商场。华润五彩城通过对商场消费者各维度的大数据进行分析，了解到消费者在各时间点的交互情况，并据此策划营销活动。比如在某一个时间点，华润五彩城的人群种类和分布都有哪些特征，抓住这些特征定点地进行相应的商家和产品的推荐。经过数据分析发现，华润五彩城的受众已经具有从过去的家庭客群转变为以年轻人消费为主的态势，并且 90 后、95 后消费者占比都分别接近 20%，而 40 岁以下的消费者占比也达到了 70% 左右。也就是说，年轻群体已经成为商城的消费主力。从这个认知出发，华润五彩城形成了从宣发到触达再到消费的全面数据闭环，并对商城的规划做出调整：将商城从餐饮儿童驱动型风格转变为时尚中产家庭综合型运作模式，增加轻奢、化妆品和时尚配饰等商铺的比重，并举办各类触达活动，例如联合天猫做“双 11 快闪店”、打造“积分 ETC”功能、品牌活动、会员专属优惠日和会员沙龙这些新潮的活动形式。通过消费者洞察，华润五彩城对广告投放方式进行了改良，实现了广告的精准投放，通过其不断攀升的客流量和车流量，我们也能看出消费者洞察的巨大作用，其在 2018 年的销售额超过了 18 亿元，更是证明了这一事实。这也体现了在数据的支撑下，全域营销可以促进企业的发展，带来更大的效益。

对于房地产商来说，基于楼盘以及目标受众分布的商圈大数据分析，可以产生客群洞察和精准营销的决策方案，实现房地产行业消费者数字化管理，其精准营销效果可显著提升。通过数字化赋能的手段，依托大数据对不同场景下消费者需求的强大理解能力，房地产行业可以提升多场景分析和决策的能力。

例如著名的房地产品牌金茂府就是智能营销的积极实践者。金茂府通过楼盘和目标消费者大数据分析提供精准营销方案。对于房地产行业来说，对人群的定位特别重要。无论是开发一个楼盘还是楼盘的销售和运营，都需要知道潜在消费者所在以及他们有哪些需求和爱好。打通整套数据之后可以对营销客群进行深度洞察和精准营销。这样一来，金茂府就能更懂得消费者的需求，比如在消费升级的浪潮下，金茂府通过大数据分析发现，住宅的消费群体除了一些基本的住房需求外，开始更加关注住房的观赏性，对小区的美化和绿化有很高的要求，所以金茂府十分注重外部自然环境的美化，绿化率达到 30%。在实现了相关新品定位落地后，其营销渠道也开始通过数字化赋能打通数据体系，进行深度营销洞察，在洞察的基础上再进行精准分析，形成具有品牌特色的营销文案，精准投放到目标消费人群那里。在房地产市场经历了一段时间的消沉的大背景下，金茂府却运用数字化赋能不断扩大自己的市场，成功进驻了华北、华东、华南、华中和西南 5 大区域。由此看来，或许数字化赋能是房地产转型的一大关键。

通过数字化的深度运用和赋能，不仅商场营销和房地产营销能够实现显著的收益提升，其他行业也是如此。经由数字化赋能，行业内可以实现对全域数据的认知和分析，从而洞察消费者的价值点，找到营销的创新点以及以往营销过程中存在的问题，最终优化产品定位和营销运营。通过上述案例我们可以知道，数字化赋能是对整个行业的赋能，它可以为行业带来许多积极的改变。

大数据时代下，数字化赋能是企业在竞争激烈的市场中站稳脚跟的必经之路。用不好体量庞大的消费者数据，它们就是一堆不产生任何意义的乱码；用得好，它们就是企业生根发芽的基石，是价值难以估量的企业资产。数字化赋能提供的就是为企业化数据为效益的智慧，它将这一智慧嵌入产供销的每一个环节之中，为整个商业链路提速增效。它适用于各行各业，最终也将是全球商业未来发展的大趋势。数据是 AI 思维的基础，所以数字化赋能也为 AI 思维的落地夯实了基础。

第六章

企业级 AI 中台

虽然我一直和你说要追求卓越，要实现最后的 1%，但是这并不意味着我们不可以接受部分改进。很多时候，一个完美的结果需要完成很多改进，而不会一步到位。

——《态度》——

知行合一，学以致用，本章还是从“用”的角度展开，阐述人工智能如何在实际的业务场景中落地，并为企业创造价值的。本章先从人工智能治理的困境入手，引出 AI 中台的重要性和必要性。通过对工业 AI 中台以及零售 AI 中台的案例分析，你会真正了解 AI 中台是如何发挥作用，为企业赋能的。

我们在前面讲过人工智能决策引擎运行的全过程，包括对历史数据的特征处理、机器学习、模型评估、模型生产以及模型监控。读完本章之后你会发现，正是因为有了 AI 中台的存在，人工智能决策引擎才得以在企业实现落地。大量生产制造和零售环节的案例既证明了 AI 中台可以解决人工智能落地过程中管理难、利用难、可靠性低的痛点，也表明了 AI 思维是一套从理论到实践一脉相承的完整方法论。

美好而混乱：AI 治理的困境

回顾之前，企业将生产制造环节和零售环节的数据收集起来，在数据中台上进行打通，在具体的业务线层面会产生人工智能应用的需求点。无论是生产制造领域还是零售领域，都会逐步在单点上建立起相应的人工智能应用。但随着人工智能应用落地数量增加，人工智能模型就会出现零散而混乱的状况，企业在管理和利用这些人工智能模型时就会面临一些需要解决的痛点。

第一个痛点是管理难。从生产制造到零售，如果每一个业务环节都通过人工智能进行升级，可想而知，产生的人工智能模型数量是非常大的，而且会分布在不同的业务部门中，显得零散而混乱。那么如何管理这些不计其数的人工智能模型呢？现有的人工或者传统的信息管理手段似乎都不能有效地完成任务，所以对人工智能模型的管理是企业在智能化过程中形成的一个新的需求和领域。

第二个痛点是利用难。对很多企业来说，利用人工智能模型进行业务洞察和优化，存在相当大的壁垒和障碍。因为人工智能应用不像传统的应用软件，它涉及核心的业务决策，所以必须用专门的手段管理、监控和持续优化，若缺少人工智能专用的系统和平台，则很难发挥其价值。

第三个痛点是可靠性低。人工智能模型在管理不当的情况下非常容易出错，而且较之传统的数据分析更为复杂，出错的可能性相对大很多。单点式的人工智能模型散乱在生产制造和零售环节的各个业务节点中，无法确保输出结果的可靠性，从而无法驱动企业实现数字化智能决策，也就无法驱动相应业务的提升。

这些痛点都是围绕业务而生的。当人工智能逐渐深入到业务之中后，散落的人工智能应用会越来越多，这时候，不但数据可能凌乱地分散在各个平台上，形成数据孤岛，人工智能模型也会非常混乱，甚至管理人工智能模型本身也会成为业务痛点，因此必须通过一套标准化流程来应对和优化整个人工智能模型生产过程中所涉及的各个环节，构建一套相对标准化的、可延伸的，并在企业内可发挥价值的 AI 中台，来统筹管理所有散乱的人工智能模型和应用，并驱动其不断优化和迭代。

我在 PayPal 工作的时候，需要同时管理几百组不同的人工智能模型，这些模型分别对应了不同的场景预测，比如有一系列预测用户行为的模型，也有各种预测商家价值和风险的模型，而且每过一段时间，这些模型又会用新的数据刷新。在没有系统化使用 AI 中台之前，由于人工智能模型的混乱出现了很多问题，比如预测模型和应用场景没有最佳匹配，因此它不能恰如其分地给出满意的预测，最终在实际业务中不能够带来任何提升。发现是人工智能混乱引发的问题后，我带领团队开始构建 AI 中台，用平台化的模式管理这些模型，最终人工智能混乱的问题得以解决。对于软件怎么开发和管理，已经有很多成熟的方法论，而对于人工智能怎么治理，则可以通过平台化的方法论，在数据中台上进一步构建 AI 中台，为如何把人工智能模型更有效地管理起来提供了一些方向性的思路。

AI 中台就是为企业提供整合化和规模化智能服务的基础设施，它依附于数据中台之上，在企业里实现人工智能决策引擎。也就是说，AI 中台是在产供销全流程数据基础上进行模型建构，从而实现精准决策，使价值落地的。例如，从零售角度来说，用户的相关数据会留存在搜索渠道、社交渠道、电商渠道、线下渠道和客服触点里，我们在这些打通的数据基础上，构建 AI 中台能力，服务更多应用，而不仅仅局限在单点上的人工智能模型。当模型的数量达到一定规模后，我们可以通过 AI 中台提升人工智能模型运作的效率。所以，当企业数据打通之后，构建 AI 中台能够进一步提升和优化业务目标，实现增量的价值。

因此，AI 中台是在数据中台之上的延伸，如果说数据中台是对直接业务需求的响应，提供的是基础的服务，那么 AI 中台的作用就是实现业务的创造性发展。一方面，AI 中台实现的前提是基于数据中台的全链路数据打通；另一方面，数据中台和 AI 中台相辅相成，可以提供个性化的服务，智能驱动业务发展，甚至能够创造新的业务模式。所以说，数据中台不是数据分析利用的终点，而是业务创新的起点。通过 AI 中台和数据中台的整合，企业可以快速、规模化地利用 AI 思维创造价值。

机器学习平台

机器学习（包括深度学习）是人工智能发挥作用的核心，因此 AI 中台的核心就是机器学习平台，其中包括一套成熟的机器学习流程运作，涵盖从数据出发进行特征处理、样本调节、模型训练、模型参数调优、模型验证和提供预测服务的各个步骤。

图 6–1 对机器学习平台做了梳理，机器学习平台的输入包括客户数据、行为数据、交易数据、机器数据、生产数据等，需要预测的目标也都会输入到平台上，经过以下各个流程的加工：

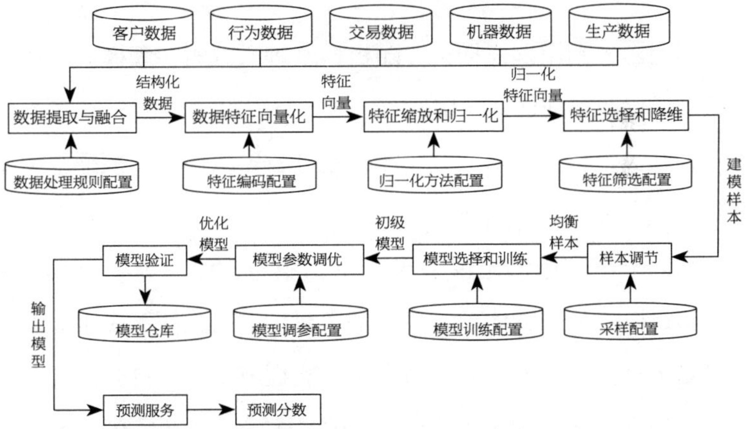

图 6–1　机器学习平台示意图

第一步，通过对原始数据的提取与融合，形成结构化的、后续步骤可以操作的数据。

第二步，通过数据特征向量化，将结构化的数据转换为特征向量。

第三步，对特征向量进行缩放和归一化处理，这些对特征数值的调节能够优化后续人工智能模型的效果。

第四步，通过特征选择和降维，降低特征向量的维度，形成建模样本。维度过高会对后续模型训练产生影响。

第五步，通过各种统计采样方法对建模样本进行样本调节，生成均衡样本。均衡的样本有利于产生优质的模型。

第六步，根据均衡样本进行模型选择和训练，产生初级模型。

第七步，利用网格搜索、随机搜索等方式对初级模型进行模型参数调优，形成优化模型。

第八步，将优化模型进行模型验证，合格后输出模型至模型仓库。

第九步，利用输出模型进行预测服务，给出预测分数。预测通常是以打分形式体现，无论多么复杂的人工智能应用，都是通过复杂的流程，最终输出对事件、流程或个体的打分。这个打分既可以是实时打分也可以是批量打分，既可以是在线的，也可以是离线的。获得预测分数后，根据分数产生针对实际业务的决策。

在实践中，人们通过对中台上已经打通的大量生产制造和零售环节的数据进行复杂的处理，对大量的数据实现深入的人工智能分析，最终达到指导和优化决策的目的。无论是生产制造环节的预测还是零售环节的预测，通过上述平台都可以实现标准化的管理。有了这套体系后，开发新的人工智能应用的时候就不需要重新开发框架，而是利用这个平台在每一个环节上通过简单的配置和脚本进行定制。对于实际应用来说，如果让每一位开发人员修改平台本身，就会容易出错，所以，只有把整套平台尽可能地固化下来才是最优的，在统一的环境下用一套完备的平台治理人工智能模型，降低它本身带来风险的可能性，这样也有利于企业人工智能体系的迭代和发展。综上所述，在人工智能已经有一定应用空间以后，企业适合建立一个以机器学习平台为核心的 AI 中台，这样可以确保人工智能模型之后的延伸和发展具有可靠性和易管理性。

从机器学习到应用定制

刚刚我们谈到了 AI 中台的核心是从数据到预测的机器学习平台，就像数据中台里打通的数据一样，机器学习和深度学习模型是 AI 中台重要的部分，如图 6–2 所示，下面我们来看一下各种不同的模型是如何架构和产出的。

各种通用数据在数据中台上汇总和融合，为 AI 中台的运作提供了通用数据样本。在 AI 中台中，当通用数据样本输入后，

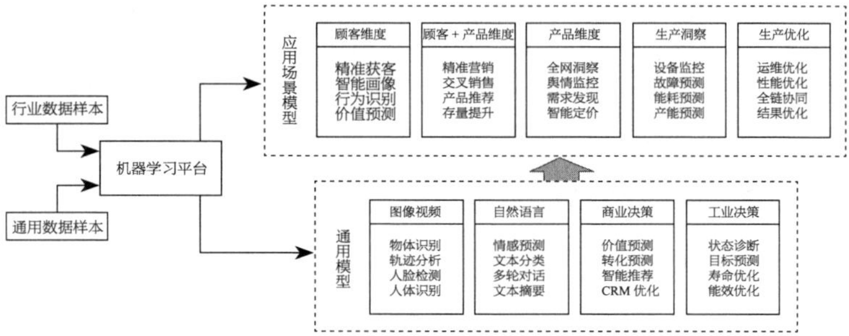

图 6-2 定制化模型体系示意图

就可以在机器学习平台上进行建模，生成通用模型，例如图像视频、自然语言、商业决策和工业决策领域的通用模型，来解决通常所见的预测问题。具体而言，图像视频领域的通用模型包括物体识别、轨迹分析、人脸检测和人体识别等；自然语言领域的通用模型包括情感预测、多轮对话、文本分类和文本摘要等；商业决策领域的通用模型包括价值预测、转化预测、智能推荐和 CRM 优化等；工业决策领域的通用模型包括状态诊断、目标预测、寿命优化和能效优化等。因为机器学习和深度学习具有反馈和自学习的功能，中台上的模型训练用到的数据越多，形成的通用模型效果也就越好。但是，通用模型的建立主要是依据大量通用样本数据，所以通用模型本身对于具体场景的应用而言不是最佳的，没办法做到十分精准的千人千面。就像穿衣服，上学时候的校服或者工作时候的职业装都能够套在每个人身上，但对于个体来说一定不是最好看、最合适或者最舒服的，每个人的体形、性格和喜好不同，应该有更精准的、定制化的穿衣解决方案。

AI 中台的最终目的是对企业的决策产生影响，因此仅仅局限于通用模型层面是不够的，机器学习平台还需要包括应用定制模块，产出应用场景模型，提升跨场景应用效果。虽然通用模型在一定程度上是可以跨场景的，但由于对行业和具体应用场景的认识不够深入，效果不够理想。例如，在物体识别领域，通用的物体识别模型是用大量数据进行训练而成的，但还是没法识别新的物体种类，这就涉及场景定制化，需要根据行业样本建立起应用场景定制模型。以箱包品牌为例，在此之前，虽然可能已经有了通用的箱包物体识别模型，但还是没法识别特定品牌款式的箱包，因为每个品牌都有品牌特有的箱包设计，例如简单的公文包、优雅的手提包，可以是方的也可以是圆的，可以是金属的也可以是帆布的，没有相应的数据就没办法进行最佳的识别。在这种情况下，也需要通过场景定制开发，形成场景定制模型。人工智能的最佳实现路径并不是单独开发一个识别具体款式箱包的专有模型，而是要先有基础的物体识别能力，再把个体品牌的具体模型引入。比如在通用模型的基础上，通过某个箱包品牌提供的箱包样本，进行深入迭代，就可以识别个性化的品牌了。

因此，通过行业数据的输入进行迭代以后，通用模型进行进一步学习和演化，能够解决商业场景的具体问题，也就形成了应用场景模型，具有了相应的商用价值。应用场景模型有很多，例如，在顾客维度包括精准获客、智能画像、行为识别和价值预测等；在产品维度包括全网洞察、舆情监控、需求发现和智能定价等；在顾客加产品维度包括精准营销、交叉销售、产品推荐和存量提升等；在生产洞察维度包括设备监控、故障预测、能耗预测和产能预测等；在生产优化维度包括运维优化、性能优化、全链协同和结果优化等。这些行业场景下应用的具体问题都可以通过应用场景模型进行恰当的决策。

从通用模型到应用场景模型是一个迭代递进的关系，一般不可能仅通过少量训练样本就产生这样的场景化能力，而是需要很多通用层面模型能力的沉淀，然后才能在具体的业务场景下定制开发出特定的模型解决方案。在生产制造和零售领域，随着模型学习的发展，一般会沉淀出效果良好的基础模型，它未必适应每一个具体的业务场景，但通过整合具体场景的数据进行学习，可以定制化生成最适合场景的一系列模型。

总结一下，AI 中台的核心就是机器学习平台，既能够产生通用的模型组合，也能够产生具体场景的行业应用模型。具体来说，就是通过大量数据的沉淀和打通，形成通用模型，再通过行业样本训练，形成智能程度更高、为场景定制化的模型，模型运算的数据再回到平台里不断优化和迭代，最终提升平台的整体效果，满足业务需求。

搭建 AI 中台

经常有企业想通过调取腾讯或者百度人工智能接口的能力来搭建自己的 AI 中台，这样可行吗？我的答案是可行，但由于百度和腾讯并不清楚和理解企业所需要的具体应用场景，所以这里得到的是通用模型。这些模型可以作为最终模型的出发点，产出初步效果，然后必须要结合场景深度优化，在通用模型基础上融合行业样本，迭代出新的模型，最终形成生产制造或零售领域里一系列定制的专属模型，帮助企业实现商业化落地。很多企业的人工智能创新在这一步停滞不前，因为它们倾向于调用腾讯或百度之类的人工智能接口，而这些接口不是定制优化的，所以运用起来就会发现很多问题不能得到妥善处理。

在实际应用中我们也发现，通用的人工智能自动问答系统在银行应用中只能做到 60% 左右的准确率，然而通过定制化模型，我们能达到接近 90% 的准确率。为什么能提升 30% 左右的效果？正是因为我们对其进行了定制化处理，所以效果远优于通用模型。如果没有定制专属的模型，企业就只能调用外部人工智能接口，而外部人工智能接口只能提供一些基础功能，很难满足行业的个性化运营需求。

感知类的能力平台也是如此。在语音识别领域中，通用接口的语音识别能力一般只限于普通话，在麦克风离说话者口部很近的情况下，能达到 95% 以上的语音识别效果；但只要说话者说的是普通话以外的语种，例如四川话，语音识别的效果就会大幅下降，因为通用接口一般无法识别普通话以外的定制化内容。那么，要识别四川话该怎么办？那就得拿大量四川话样本对其进行模型训练。这就需要很多定制化的开发，而不是仅仅使用通用平台能力。

从以上可以看到，一方面，AI 中台能够对散乱的单点人工智能模型进行整合和管理，保证人工智能模型有条不紊地运作；另一方面，在 AI 中台的定制化模型体系中，各个环节层层相连，在通用模型基础上，迭代场景专属模型，最终经由 AI 中台、机器学习和深度学习赋能，优化预测效果，实现应用场景下的最佳决策。前者能够保证人工智能模型正常运作，后者则能进一步让人工智能模型在场景中落地，这些都说明了建立 AI 中台的必要性和 AI 中台能够产出的实际效果。无论是生产制造环节还是零售环节，在产供销链路的每个节点里，AI 中台都能嵌入其中并实现深度赋能，充分发挥人工智能模型的价值，优化决策和效益。

AI 中台在企业中实现了人工智能决策引擎，以打通的数据为养料，帮助业务前台做出决策。AI 思维存在的意义是指导我们更好地工作和生活，AI 中台就是 AI 思维转化为实践的实现载体。AI 中台的基础框架部分上面已经进行了讲解，所以我们现在应该解决的问题是在实际的应用过程中 AI 中台是如何发挥作用、如何对各项业务进行深度赋能以及如何帮助企业实现效益的提升的。后面我们会通过对不同领域的具体案例进行剖析，找到这些问题的答案，这样一来，我们一方面能够清楚地了解 AI 中台的操作流程，另一方面也能更加了解在生产制造和零售环节中 AI 中台的运用现状。

以生产目标为核心，提升智能制造水平

人工智能领域权威学者吴恩达在 2018 年工业互联网峰会上说过："人工智能是新电能，一百年来，电能为很多企业带来了大量的改变，今天人工智能也会为这些企业带来一样的改变。"更有人说，是人工智能带来了第四次工业革命。"革命"就意味着颠覆，AI 中台就是人工智能颠覆时代的发电机。下面就让我们一起来了解，AI 中台是如何在历史的洪流中推动工业向前发展的。

在工业领域，生产制造是最重要的环节。生产制造的目标是提质、增效、降本和减存，这也是 AI 中台优化工业生产环节的目标。首先我们需要知道，AI 中台要发挥作用，通常需要先收集生产制造过程中各种各样的数据。企业的数据仓库里，存储了大量数据，包括原料、采购、生产、渠道和销售等各环节的数据，然后通过数据中台将数据打通。AI 中台要做的就是对这些打通的数据进行学习，生成定制化模型，对工艺、损耗和良品率等进行监控和诊断，得出生产制造环节相应的预测。最后，依据输出的决策进行反馈，在优化质量、降低成本、增加效能和减少库存等方面做出优化，实现生产制造的智能化转型。接下来，就让我们

来详细了解 AI 中台在生产制造环节是如何具体应用的。

工业 AI 中台总体架构

工业 AI 中台就是 AI 中台在生产制造环节的具体应用，其总体架构如图 6–3 所示，包括数据采集、数据筛选、信号过滤、特征提取、模型学习和结果反馈六大模块，具体流程包括以下步骤：

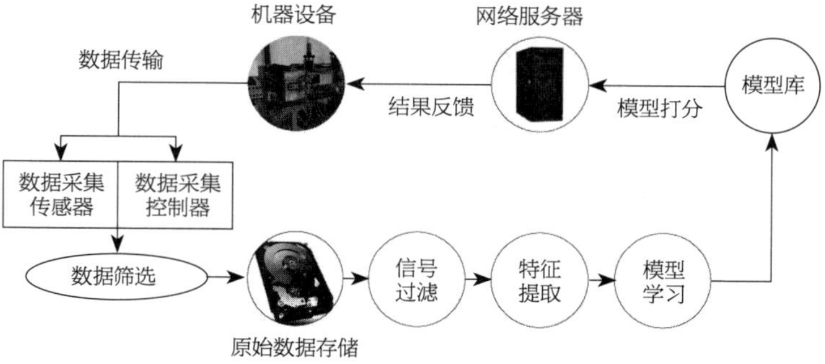

图 6–3 工业 AI 中台示意图

第一步，数据采集：通过数据采集控制器和数据采集传感器从机器设备上取得相应数据。

第二步，数据筛选：因为生产制造环节产生的数据非常多，所以需要对原始数据进行一定的筛选。

第三步，信号过滤：对数据进行信号过滤，一般包括数据清洗、信号同步和信号分割等操作。

第四步，特征提取：对过滤完毕的数据进行特征提取，例如对机器特征、原料特征以及时间和频率域特征等的提取。

第五步，模型学习：将提取的特征数据通过机器学习实现性能预测、能耗预测和故障预测等功能。

第六步，结果反馈：最终由模型输出的控制参数反馈到机器设备上，从而操控机器设备，实现智能优化。

这是生产制造环节中 AI 中台的典型架构。传统上，生产制造的参数仅凭操作工人的经验决定，有时甚至是工人一时兴起拍脑袋决定的，控制水平很大程度上取决于人的主观判断和操作水平，非常不稳定。有时候一不小心操作过头或者是疏忽大意了，都会影响最终的生产效果。而人工智能不仅可以解决这些问题，满足生产制造的需求，还能够降低成本，提升效益。在生产制造过程中，可以采集到大量数据，收集可观测的变量。能够观测的变量可能会达到成百上千个，通过感应和采集这些变量，在工业 AI 中台之上进行加工和分析。然后，要明确优化目标和优化手段，比如目标是提升生产效率，还是降低原料消耗，常用的优化手段是调节控制参数。可以说，工业 AI 中台在生产制造领域的核心应用之一就是调节控制参数，并且反馈到相应设备上，从而实现既定的优化目标。

例如，在生产过程中，产生的气体温度和浓度都会有一个理想范围，可以通过人工智能进行预测和优化控制。也就是说，人工智能模型可以根据每个时间点的状态，指导具体的控制决策。再例如，国家对工厂有环保和废气排放方面的限制要求，工厂利用石灰对废气进行脱硫，可以通过 AI 中台精准控制某一个时间点该放多少石灰原料，从而优化运营效率，降低原料消耗。

工业 AI 中台应用场景

在工业领域运用人工智能的先进性和重要性已为大多数企业首肯，从应用场景维度分析，降低成本、提高效率的需求是推动目前工业企业运用人工智能的最大动力。工业 AI 中台在工厂中发挥作用的前提是将工厂内部的机器设备连接在一起。然后，人工智能就可以分析联网上传的所有数据，优化生产制造的各个环节。目前人工智能与生产制造的融合场景主要可分为以下几类：生产优化、智能质检、生产设备的预测性维护以及供应链管理。

生产优化是指，基于生产线的大量数据，人工智能可以优化生产工艺，提升产品品质。具体来说，就是将生产制造端的各类数据打通，并在工业 AI 中台上进行分析，形成资源最优利用的方案组合，提升产品合格率和产品生产效率等。另外，在很多环境中，工厂都希望利用人工智能来降低成本，提高生产效率，从而提升企业竞争力。人工智能通过数据筛选和学习，甚至可以让机器成为自动优化的系统。例如，在钢铁厂中，通过 AI 中台对当前生产数据和历史数据进行连续分析和学习，实时调整生产制造系统的参数。目前，一些钢铁厂已经通过人工智能实现熔炉的自动优化设置，通过自动分析生产材料构成，识别稳定工艺条件的最低温度，从而降低整体的能耗。

智能质检是指通过人工智能测定产品质量并判断产品是否合格，能够有效地为产品质量把关。智能质检不但要对产品本身的质量进行检测，还要对生产制造环境的质量进行监测，而这一切都要通过人工智能进行。人工智能视觉系统能够利用图像识别发现缺陷以及产品功能的偏差，并且系统本身可以根据大量数据持续学习，其性能会随着时间推移而逐步改善。例如欧洲科研机构研发的一款 3D 机器视觉机器人就可以对工业生产制造的全过程进行智能质检。该机器人具有仿真人眼功能，可以根据多张 2D 图片生成 3D 图像，这样就可以准确检测空间上的质量问题，例如体积以及磨损问题。而且，该机器人的反应速度可达每秒传输 4 000 帧，完全实现在线检测，大大提高了检测的效率。

预测性维护是指在工业生产制造过程中，基于过程数据，通过人工智能预知可能的失效模式而进行的维护活动。预测性维护是人工智能应用于工业生产制造领域的重要切入点，它可以预防机器故障、加强工作场所安全，提升产品质量。德勤公司曾指出：不合理的维护策略会导致工厂产能降低 5%~20%，工业企业每年由于意外停机造成的损失高达 500 亿美元。而基于人工智能的预测性维护，可以在设备出现问题之前就分析得到出现问题的概率，比如，工厂中的数控机床运行一段时间后就需要更换刀具，工业 AI 中台通过持续学习，分析工厂内的机器和部件产生的数据，可以预知刀具损坏的时间，从而提前准备好更换的配件，并安排在最近的一次维护时更换刀具，这样可以避免出现故障。

GE（通用电气）董事长兼 CEO（首席执行官）杰夫·伊梅尔特曾说过："工业互联网是变革的最大机遇，超越了消费级互联网，是连接人、数据和机器的开放、全球性网络。"GE 的工业互联网平台 Predix 早在 2015 年就每天监控和分析大约 1 000 万个传感器发回的 5 000 万条左右的数据，监测和展示所有设备的实时运行状态、健康状态和运行绩效，并根据这些数据进行人工智能建模分析，预测设备故障并执行故障诊断，采取主动措施规避故障风险。具体来说，首先收集设备基础数据、物理模型和其他相关信息，然后建立具有故障检测功能的人工智能模型，对重要子系统及零部件数据进行分析，并把它部署到实际生产制造系统中，实现人工智能的落实。

供应链管理方面包含了许多不同的工作，指对整个供应链系统进行计划、协调、操作、控制和优化的过程。人工智能可以帮助企业管理和协调供应链涉及的各个流程，并将这些流程与客户流程和供应商流程综合起来，根据各自不同的需求，整合做出最佳的决策。企业通过 AI 中台管理供应链，可以更加智能地响应生产制造中需求的变化情况，因此，供应链也是 AI 中台能够赋能提升的重要环节。人工智能在处理由供应链产生的海量数据方面的能力已然超越了人类。一些企业利用机器学习将仓库、企业资源计划（ERP）系统与客户洞察的数据连通起来，然后应用 AI 中台的具体模型来处理和分析数据、生成预测，从而改进供应链，实现了从“开始”到“结束”的完整供应链的智能化。另外，AI 中台的应用能够提高原材料供应的转移效率，这对于管理制造多种定制产品的复杂过程来说是必不可少的。例如，AI 中台会利用物流数据，比如材料进出的数据、库存量和零件的周转率等，来促进仓库自主优化运营，例如建议将低需求的零件转移到更远的地方，将高需求的零件放到可以更快获取的附近区域。同时，在工厂和仓库内运输物品的无人车，在 AI 中台的引导下，会结合人工智能的视觉感知能力，实时调整车辆路线，从而实现最优的运营效率。

工业 AI 中台应用案例

工业 AI 中台能够应用于工业生产制造的方方面面，随着人工智能的不断发展以及在生产制造环节的不断深入，在工业产业中应用 AI 中台的场景和进展也会愈加复杂。上面我们已经谈到，AI 中台在工业中的适用场景包括生产优化、智能质检、生产设备的预测性维护以及供应链管理。提升生产效益是企业的核心目标，保障产品质量是企业的立足之本。下面我们来看看 AI 中台在生产优化和智能质检这两个应用场景里面的具体运用案例。

河南鑫磊集团是一家综合性煤炭企业，其在生产中也同样面临企业运营成本高、生产效率低的问题。在煤炭行业中，把不同种类原料煤按适当的比例配合起来的配煤工序占到了生产成本的80%以上，如果仅靠人工计算确定原料配方，不仅可用参数有限，而且由于人工操控难以保证精准，所以容易造成不必要的资源浪费，成品质量也很难形成统一的标准。鑫磊集团向人工智能寻求解决方案。在实际生产过程中，通过采集和输入各种原料煤库存、计划配煤量、炉温和结焦时间等数据，鑫磊集团借助人工智能，优化了各种原料煤的配比，找到了最优配置，降低了原材料的无谓损耗，每年至少节省成本约3 000万元。

国内最大的轮胎制造企业中策橡胶也通过人工智能对橡胶的生产过程进行了优化。中策橡胶在产品研发、生产以及质量检验等环节都积累了大量的数据，将数据打通之后，人工智能模型可以根据打通后的数据优化生产过程。例如，橡胶为企业的主要生产原料，不同的产地、批次等因素都会对橡胶的质量产生影响。人工智能模型可以迅速分析这些影响因素，得出将某几个产地的橡胶组合在一起会使生产质量达到最优，形成资源最优利用的方案。通过人工智能的优化，中策橡胶在降低生产成本的同时，还显著地提高了产品质量，产品合格率最高提升了5%。

国际上也有许多运用人工智能优化制造的成功案例。例如，为全球用户提供存储器产品的知名硬盘厂商西部数据公司

（Western Digital Corp）就利用人工智能优化测试设备节省了资金支出。对于硬盘制造行业来说，最大的开支之一就是测试设备。因为硬盘制造的任何一道工艺出错都可能导致生产的集成电路不合格，拉低良品率，导致不必要的经济损失，所以测试环节贯穿在集成电路生产制造的整个流程中。在基于卷积神经网络的人工智能模型的帮助下，硬盘制造的测试流程得以优化，也因此节约了数亿美元，这对市值在 200 亿美元左右的西部数据公司来说，是相当大的一笔资金。

作为深圳地区 LCD（液晶显示器）工业领域的标杆性企业，华星光电在智能质检方面取得了显著的成果。为了满足用户的需求，华星光电需要在较短的时间内交付出高质量的产品，但是在运营过程中发现，耗时的质量检验阻碍了生产制造速度的提升。质量检验是整个制造流程中极为重要的部分，如果不能在交付前发现瑕疵，就会导致产品退货和返工，为此需要付出高昂代价，也会对产品声誉造成损害。于是，华星光电将人工智能引入工厂，打造了生产线图片库。这个图片库里的图片分为两类，一类为合格产品的图片，另外一类是存在各种不同缺陷的产品的图片。然后，华星光电根据这些图片开始训练人工智能模型。在实际工厂中，超高清相机在检验点拍摄产品图像，人工智能模型将实时拍摄的图像与数据库中的缺陷图像进行快速比对和分类，并发送至云端供检验人员检查评估。华星光电利用智能视觉检测加速目视检查流程，通过将产品图像与缺陷图像库进行比对，实现了智能、更快速、更准确的产品瑕疵检测。经过人工智能的优化，检查流程能够实现在数毫秒内完成单个产品分析和检测，缩短了检验交付周期，在削减了生产制造成本的同时，提高了运营的赢利性。

工业 AI 中台“三步走”策略

从上述案例可以知晓，要让人工智能在企业实际运用中落地，各工业企业首先要找到着手点，从人工智能应用到 AI 中台还需要一个过程，可以采取“三步走”的策略。

第一步，评估现在，寻找着手点。首先要对企业各项业务的现状进行评估，从自身的业务痛点和人工智能成熟度出发，对自身工厂的各方面运转情况进行健康检查和审视，将自身企业的现状与行业平均水平进行比较，找到自身需要通过人工智能改造以有所提升的业务领域，例如资源消耗是不是合理、运转速度够不够快、操作是否稳定准确等。

第二步，引入人工智能单点式用例。根据各项业务的实际情况，确定优先引入人工智能的单点式用例。企业的利益相关者可以将人工智能用例清单与企业各项业务存在的痛点进行比对，深入研讨优先通过人工智能解决哪项痛点，并制定相符的方案，这部分需要考虑到业务的复杂度、基础条件的完备程度、数据的打通情况及引入人工智能所要付出的相关成本，再综合确定人工智能的优先用例。

第三步，人工智能模型测试与拓展。对人工智能模型进行测试与解决方案拓展，选择工厂内的特定场景测试人工智能用例，然后根据输出效果迅速地对人工智能模型进行多次迭代和改进试点方案设计，单个业务线实现优化后，为了发挥人工智能的全部潜能，应该在公司全范围实施人工智能，实现生产制造环节全方位的优化提升。将人工智能融合进各项业务领域，这时工业 AI 中台才初见其形，然后通过对 AI 中台的不断优化和迭代，最终形成统一支持和优化业务的 AI 中台。

历史的车轮滚滚向前，人工智能的浪潮以迅雷不及掩耳之势席卷全球，将工业从 3.0 时代带入了 4.0 时代。从宏观上看，从现有的传统生产制造模式到人工智能模式的转变，也许将是一个完全颠覆性的改变——因为从生产制造到供应链，再到销售和售后体系，人工智能可以实现全链路的覆盖和提升。从微观上看，对于企业来说，AI 中台之下的智能生产制造可以更好地优化生产、减少浪费和提高效率。从数据角度看，人工智能可以为工业的远大前景赋能，波士顿咨询就曾在《工业 4.0——未来生产力与制造业发展前景》的报告中预测，人工智能将为中国工业的生产效率带来 15%~25% 的提升，额外创造附加值 4 万亿 ~6 万亿元人民币。人工智能对工业的改造将是不可阻挡的一个大趋势，在新技术层出不穷的当代社会，人工智能的强大动力有增无减。对于工业来说，拥抱人工智能成为最理所当然的选择。

以消费者为核心，赋能智慧新零售

上一节说的人工智能赋能生产制造是以生产目标为核心，而这一节里要说的赋能新零售则是以消费者为核心。赋能新零售之所以以消费者为核心，是因为所有的零售活动都是围绕着消费者进行的，人是消费关系的核心，零售中的数据也都是和消费者以及消费行为有关的数据，消费者是人工智能赋能零售业的重要入口。

随着电子商务的兴起，零售行业发生了天翻地覆的变化，从传统的门店零售转向电商网站零售，消费者足不出户就可以买到心仪的产品，人工智能的出现又推动零售业向前进了一步，智慧零售应运而生。智慧零售的要义就是改变传统的零售方式，根据消费数据预测消费者的需求，做到个性化推荐和销售，甚至通过大数据和人工智能预测消费者行为，从而影响产品研发和生产。

人工智能赋能新零售的基本思想是通过数据指导零售行为，这里的数据就是企业所打通的消费数据。企业一般会运用一系列业务系统管理消费行为，如 ERP、CRM、DMP（数据管理平台）等，这些系统几乎涵盖了产品从生产到被消费过程中的所有数据，例如业务数据、客户数据、交易数据、竞品数据、外部数据和消费者全链路行为数据等。然后，数据中台通过数据清洗和加工将它们融合打通。

进而，由 AI 中台提供的图像识别、语义分析和智能决策等功能，可以实现以消费者为核心的智能应用，其中包括根据多方数据进行消费者人群画像、根据消费记录进行消费者价值预测、根据消费偏好进行个性化推荐、根据忠诚度进行忠诚奖励、根据店铺位置和所处社区进行智能选品以及根据消费者需求进行销售预测等。这些智能应用最终会通过各类业务终端，比如 App、各大电商平台、社交应用和自助终端等，与消费者产生关联。所以，从零售各业务环节来看，人工智能能够对消费者、门店、导购、运营、市场、生产、品牌和设计等相关方的行为产生影响。

总结一下，人工赋能新零售是以消费者为核心，也就是说在零售环节中，AI 中台要通过海量数据识别和分析消费者各种各样的动机和行为，针对消费者进行个性化服务，以达到增加销售的目的。所以人工智能赋能可以更好地理解消费者、服务消费者和赋能消费者，让消费者在最短时间内，通过最佳手段获取最高契合度的产品信息，从而增加零售的转化效率。

智能消费者管理全流程架构

在零售中要做到对消费者的个性化推荐，首先要做的就是了解消费者，即分清哪些是目标消费者以及目标消费者的需求等，这可以在智能客户管理体系中得以实现。智能客户管理体系的核心是零售 AI 中台，零售 AI 中台通过运用人工智能模型，对消费者数据进行机器学习或深度学习，从而预测出消费者的购买意向、购买力、触达方式和风险等，目的是锁定目标消费者，为创造个性化体验做好准备。

首先需要大量的消费者数据，例如电商、社区、客服、媒体和线下等各渠道获取的数据。具体来说数据的获取可以分为线上、线下两个方向。线上的触点有 App 端、微信端、电话端、短信端、广告端和媒体端等，线下的触点包括商超的售卖、户外广告和运营活动等。这些触点都会产生相应的数据，比如消费者属性数据、媒体数据、行为数据、点击数据和购买数据等，线上数据和线下数据相互补充形成数据闭环。然后需要对这些数据清洗、打通和融合，再进行初步的数据处理。这时，我们就可以在零售 AI 中台上进行建模和预测。

如图 6-4 所示，零售 AI 中台通过人工智能模型预测内容主要分为几个部分：

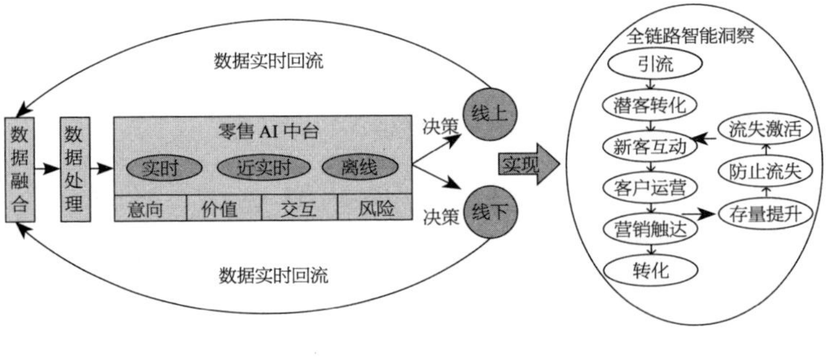

图 6-4 以零售 AI 中台为核心的智能客户管理体系示意图

第一，意向预测，即预测消费者购买意向，预测消费者是否有购买的意向和对其意向商品进行排序。例如一个消费者花费很长时间查看同一类商品的信息，并将其中的几件收藏以及加入购物车，说明这个消费者有购买这类商品的意向。

第二，价值预测，即预测消费者购买力，判断消费者是高价值还是低价值客户，对消费者的购买力进行预测分析。比如通过消费者的购买记录，对消费者的购买力进行分类，如果一个消费者经常购买奢侈品，则其可以被分类为高消费人群。价值预测不一定基于购买数据，通过消费者在线上、线下的其他行为，也可以推知其价值。

第三，交互预测，即评估触达方式和手段，通过分析消费者行为习惯来选择最优触达方式，比如电话、广告或者短信。例如，有的消费者非常排斥电话营销，根据相关数据预测这类消费者可能会拒绝接听，那么通过电话与这群消费者接触的方式就不太合适，可以选择线上广告等其他渠道触达。每个人有自己的交互方式，我们要理解并满足他们的偏好，实现有效的触达，促成购买，这也是对交互方式的一种决策优化。

第四，风险预测，即预测消费者的潜在风险概率、欺诈可能性或潜在损失金额。例如，阿里巴巴开发的“八卦盾”工具，依托于人工智能实时检测淘宝平台上的黄牛扫货以及恶意退款、恶意攻击、敲诈勒索等恶意订单行为。如果检测到上述行为，商家可以向平台申诉，系统就可以主动拦截订单并进行预警，降低了交易的风险，营造了一个公平可信的电商交易环境。

零售 AI 中台通过数据对消费者进行全面的预测和分析，目的是找到潜在的客户并确定相应的营销策略。在营销过程中又将产生数据，并回流到数据中台和 AI 中台。通过零售 AI 中台最终可以实现全链路智能洞察。无论身处哪个行业之中，只要面向的是消费者，其生命周期管理都具有比较标准的模式，无外乎是潜客转化、新客互动、客户运营、存量提升、流失预防和流失激活等过程。在整个生命周期里，零售 AI 中台需要在每一个环节都对客户的意向、价值、交互方式和相应风险进行预测，从而优化业务决策。在这个过程中，有大量的人工智能模型在发挥作用。零售 AI 中台将这些人工智能模型都汇总在一起，实现真正的线上、线下打通，赋能零售运作的各个环节，从而增加消费者的购买概率，增加消费者和商家的黏性，最终提高消费者的贡献值。如果每一位消费者的贡献值都增加了，企业总体的收益一定也会增加。

现在要开发一个新的客户，成本是非常高的，一般要付出几百元甚至更多的成本才能让一个金融或者教育领域的潜在客户成为企业的付费客户，如果付出了高昂的成本最终却没有实现价值，会给公司带来很大亏损。例如，企业想要增加新客户，如果考虑是从搜索引擎或者朋友圈引入，首先应当预测客户对产品的购买意向和潜在价值有多大，然后再去付出相应成本的投放。另外，因为对客户进行维护管理也需要成本，对于原先已有的客户，即存量客户，也要关心他们对企业的价值有多大。如果一个存量客户的预测价值较高，则需要通过各种方式经常沟通，给予他们相应的权益，进而维持和提升客户的价值。如果一个客户在某个环节上已经失去活性，不采取相应措施的话，客户就会流失，这时就需要通过营销手段对客户进行激活，防止客户真正流失。

个性化体验平台

个性化体验平台支撑了给消费者推荐个性化内容的任务。当消费者数据在零售 AI 中台进行了多角度的预测后，消费者就拥有了很多数字化的标签维度，再通过个性化体验平台，就可以做到真正意义上“千人千面”式的个性化营销和推荐，给消费者带来最精准、最恰当的消费体验。

如图 6–5 所示，根据智能个性化推荐数据准备的情况，个性化体验平台的推荐方式分为以下三种模式。

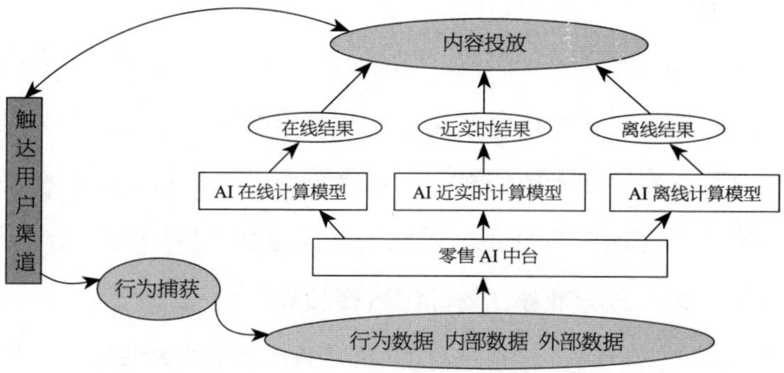

图 6–5　智能个性化推荐数据准备的三种模式示意图

第一种推荐模式是实时的个性化投放，即基于人工智能的在线计算模型，对数据进行在线学习，实时得出结果。其中的含义包括两个角度：一是利用了实时的信息，二是实时计算反馈离线和近实时数据库中没有的结果。实时的个性化投放一般是针对线上推荐而言的，通过互联网，信息才能被快速地收集和学习，并迅速做出预测和反馈。不同用户访问网站时，需要看到个性化的、与自己需求相匹配的产品或广告内容。这类场景需要实时的个性化推荐，用户一点击进入网站就要按照他的需求生成新的内容，这样才会吸引用户的注意力，对用户的决定产生影响。其中的延时不能超过百毫秒级，否则就会让用户觉得太慢了，难以吸引用户的注意力。例如，在一个外卖订餐 App 上向用户推荐餐厅必须是实时的，因为针对用户显示附近的菜品和餐馆，对用户来说才是有意义的，不然送餐时间过长，用户一般不会选择。因此，当用户打开 App 或者输入一个地址时，就要求 App 能够立刻做出反馈，呈现实时个性化的结果。首先，需要根据定位信息，发现用户现位于哪个商圈，该商圈里的菜品和餐馆种类是已知的，这些都存在于数据库中。如果发现预先准备好的推荐菜品和餐馆都不在这个商圈里，就需要利用零售 AI 中台实时进行计算得到新的合适的推荐，随即内容投放模块会将相应的内容触达用户，最终，用户实时地得到了菜品和餐馆的推荐列表。

第二种推荐模式是离线的后台个性化投放，利用人工智能模型对数据进行离线计算，把个性化的结果存储到相应数据库中，下次用户上线时可以看到。这些个性化的推荐不需要是实时的，也就是说，推荐内容可以在后台进行运算和决策，频率也不需要太高，比如说可以每天或每周迭代一次。例如，用户在电商网站上购买了婴儿奶粉，则零售 AI 中台可以预测出该用户对于母婴产品的需求较高，是母婴产品方面的高价值人群，因此在该用户后续使用的过程中，可以推荐宝宝辅食、宝宝玩具等产品。显然，这一个性化的内容投放不需要是实时的，推送频率也不用特别高。因此，可以把用户相关数据存储到相应的离线数据库中，用户下次上线就可以看到。每次打开外卖订餐 App，首页的内容就是通过这样的方式呈现出来的：首先，将对应每个类别的用户的菜品和餐馆推荐列表在后台通过人工智能计算出来，然后存储在数据库中，当用户打开 App 输入其想要的菜品或餐馆时，内容投放模块随即查询数据库，再由数据库返回预先准备好的推荐列表，呈现给用户。

第三种推荐模式是近实时的个性化投放，这是介于在线实时投放和离线后台投放之间的投放模式，不需要立刻做出个性化的推荐体验，但也不能延时太久。近实时个性化投放需要当场计算反馈离线数据库中没有的结果，但对时效性的要求没有实时的个性化投放那么高。因此，这种推荐模式可以理解为实时投放和离线投放的折中状态。例如，用户在浏览外卖订餐 App 的页面时可以进行选择，对不同的菜品或者餐馆表示喜欢或不喜欢。用户的反馈信息会被人工智能捕捉到，回流到零售 AI 中台进行学习，根据打分情况，更新外卖的推荐列表。当用户重新返回页面浏览相关的信息时，用户将获得实时的体验，App 会推送用户喜欢的菜品和餐馆类型。近实时的个性化投放不像在线实时投放，能够让用户时时刻刻都能看到变化，也不像离线后台投放，要等后台的个性化数据刷新后才能看到变化，而是不知不觉中产生的变化，是一种“润物细无声”的变化。

实时的个性化投放、离线的后台个性化投放和近实时的个性化投放三种模式对应了不同的场景应用，根据对时效性要求的不同，这三种模式的搭配能充分满足用户个性化体验的需求。

个性化投放应用实例

根据中国电子商务协会发布的《中国电子商务发展报告2018—2019》，2018 年中国电子商务交易总额高达 31.63 万亿元人民币，同比增长 8.5%。由此可见，电子商务领域发展得如火如荼，但是大量商家的进入使电商市场逐渐趋于饱和，即使电商领域的潜力无穷，没有核心竞争力的商家仍然会面临倒闭的风险。以往，满足消费者衣食住行的基本需求已经足以让商家成功立足，但现在，满足用户的个性化需求才是真正的核心竞争力。现在成功的电商品牌，无一不是依靠个性化投放留住用户，在用户、搜索、浏览、购买和支付等数据的基础上，进行实时、离线和近实时投放三方面的个性化业务，提升用户体验和平台的效益。

民以食为天，餐饮电商也在运用个性化投放来获得用户的青睐。饿了么是国内领先的专业网上订餐平台之一，在竞争激烈的餐饮行业中站稳了脚跟并做出了一番成绩。饿了么的核心竞争力正是在于，针对用户，它能提供精准的商家及美食匹配，满足用户的个性化饮食需求；针对商家，它能提供精准的流量，高效地带来用户和订单，并在商家的各个生命阶段为其提供个性化的发展方案。

事实上，用户的需求早已不是“千人千面”的问题了，同一个用户，在不同的时间、地点、季节和天气等不同消费场景下，需求是不同的，饿了么要面对的是“一人千面”的个性化难题。为了解决这个难题，饿了么首先基于对大数据的处理，进行实时数据分析以及用户画像；再通过机器学习，根据用户的位置、访问时间、搜索关键词等信息，对商家和菜品进行实时排序。也就是说，在不同的情况下，同一用户接收到的推荐内容是不一样的。比如在中午 12 点，用户的午饭时间，饭菜的排序会比较靠前，而在下午 3 点，用户的下午茶时间，饮料和小吃的排序则会更加靠前。为了给商家带来更多的有效流量，饿了么做出的努力是，离线进行商家菜品的口味、食材以及做法的标签化，通过这些标签训练人工智能模型，在实时搜索阶段，人工智能模型可以将搜索词与标签匹配，精准定位到某个商家的某个菜品。匹配的精准度越高，用户的下单率就越高，这样就为商家带来了大量的订单。在人工智能模型的帮助下，饿了么为用户和商家都提供了个性化投放服务，最终为饿了么平台自身赢得了数倍转化率的提升。

携程网是国内领先的综合性旅行服务网站，拥有数亿的用户数量和丰富的旅游产品。能够维护住数量如此多的用户群，携程网的秘诀同样在于个性化推荐。在携程网上，每天都有大量用户浏览和预订，并产生内容和相关数据，在海量的用户数据、内容数据和商品数据的基础上，携程网通过人工智能模型，形成符合细分需求的个性化定制解决方案，帮助用户进行旅行决策。比如，根据客户的出行目的、地点、价格偏好、对酒店设施的需求等维度的不同，有针对性地进行推荐。有的用户是为了商务工作，有的用户是为了休闲度假，他们的需求显然不一样。个性化推荐提升了用户的使用体验，还带动了一整条旅行线路的发展。据估计，基于人工智能的个性化推荐相较传统方法，每年为携程带来过亿元的营收增量。

在国际上，也有许多企业在积极运用个性化推荐，零售巨头塔吉特（Target）便是其中的一个代表。塔吉特公司是美国的第二大零售商，个性化营销在其发展过程中发挥了重要作用。塔吉特是通过其开发的 App——Cartwheel 来实现个性化营销的。该 App 会通过用户的购买记录、购买意向和浏览信息等分析预测用户的需求，进行个性化推荐。例如，根据数据分析发现某个用户喜欢电子产品，便可以针对性地围绕电子产品进行推送；如果发现这个用户近期多次浏览某件商品，就可以推送相关折扣信息，促成购买行为。个性化营销大大提高了用户的活跃度，为塔吉特的电商销售额带来了 50% 的年增长率。

妮维雅作为在全球市场占有一席之地的百年护肤品牌，也在积极运用个性化投放提升效益。妮维雅通过分析用户的购买记录和个人偏好等数据建立用户个性化推荐模型。不同的用户在妮维雅旗舰店的首页看到的信息是不同的，页面内容是根据每个用户需求和购买行为来决定的。比如，一个用户已经很久没有消费了，妮维雅就会通过在首页放置一些促销满减的活动内容来刺激该用户消费。经过这样的个性化投放，在为用户带去更加贴心、符合需求的购物体验的同时，妮维雅的销售转化率也提升了约 70%。

19 世纪美国零售巨头约翰·沃纳梅克有句著名的悲叹："我知道在广告上的投资有一半是无用的，但问题是我不知道是哪一半。"约翰·沃纳梅克创立了美国第一家百货商店"沃纳梅克氏"，被认为是百货商店之父，同时他也是第一个投放现代广告的商人。在传统的广告营销中，至少有一半的投放是无效的，但在人工智能个性化投放落地后，这个问题得到了部分解决，因为个性化投放的转化率要比传统的广告高。

过去的传统广告是粗放式的广撒网模式，一个广告投放出去，可能有很多人都看到了，但这个广告能与多大比例的消费者需求契合则无法估算。这一方面是由于部分消费者本身并不需要这个产品，另一方面则是由于这个广告没有对应上这部分消费者的兴趣和喜好，无法激起他们的购买欲，所以转化率极低，这部分的广告投放就等同于浪费掉了。而有了个性化投放之后，传统广告营销的这两点弊端就能被很好地解决——根据人工智能分析结果，了解每个消费者的实际产品需求，分别做好对应的产品推送；另外，根据人工智能了解消费者的兴趣点，根据不同的风格喜好推送不同类型的营销内容，相较于传统广告营销，实现个性化投放后，能够在很大程度上提升投放的转化率。

在商业高度发展的今天，个性化体验逐步成为零售领域的一把金钥匙，通过人工智能对大量消费人群的特性进行分析，有针对性地选用触达方式和进行产品推荐，既能使零售业实现资源优化配置，也能让消费者的需求获得满足、享受到更好的消费体验。人工智能赋能新零售，将数据合理利用并优化决策，完成个性化投放，以更低成本获取更高效益。

第七章

AI 实战的故事

每一种技术都有自己的性格，每一个市场也都有自己的性格，只有当技术和市场投缘时，才能擦出火花。

——《变量》——

在前几章里，我们从数字化赋能谈到了 AI 中台的构建，阐明了 AI 思维在行业中的应用主要是通过人工智能做出预测来影响相应的决策，实现业务结果的提升。这一切都离不开数据中台和 AI 中台的支撑，然后才能通过人工智能准确和稳定地预测各种行为和指标，在不断反馈、优化和迭代的过程中，形成一个良性的闭环，逐步提升各项业务的业绩。我们也分领域展示了人工智能落地的实践情况及具体的操作步骤，讲解如何使用人工智能进行用户行为分析、如何预测相应的指标，从而指导实际的业务决策，实现业务目标的提升。

而在这一章，我们一方面是要通过具体典型案例讲述人工智能在生产、供应和销售等各个环节中起到的升级和改造作用；另一方面，我们分析的案例囊括零售业、工业和金融业三大行业，每一个例子的讲解不会止步于是否利用了人工智能或者如何运用人工智能，还会进一步研讨利用了人工智能之后所能够达到的业务效果和影响。这章的内容会更加清晰地展示人工智能是如何在具体领域里展开运用的。

零售业 AI 实战

随着经济的波动发展以及人们生活方式的改变，传统零售业模式正在发生巨大的转变。整个零售市场的竞争环境变化急速、全球电子购物的兴起以及用户捉摸不定的情绪，均为零售业的发展前景带来变数。零售业的方方面面都贯穿了人工智能的应用。传统零售在长期的发展过程中积累了庞大的数据，通过人工智能可以消除数据孤岛，主动收集数据并把它转换为可利用的资源，从而提供更准确和更实时的预测，帮助人们做出更明智的决定。精准的预测可以帮助提高供应链管理水平，影响重大的促销主题，更合理地进行产品优化和创新，使得零售业的各个环节都能得到优化和提升。

图 7–1 是零售全链路流程的示意图，也是人工智能在零售领域落地实践涉及的范畴。在整个链路里，原材料经工厂加工生产为产品，产品通过线上线下两个渠道传递给用户。在线上渠道，产品一般会通过电商平台来展示，用户可以通过主动搜索或者其他社交渠道来了解这个产品的信息，并完成购买行为。在整个过程中，所产生的数据将为人工智能提供数据支撑。在线下渠道，产品通常由遍布在各地的门店销售给用户，线下的数据同样也可

以应用于人工智能优化商业决策的过程中。

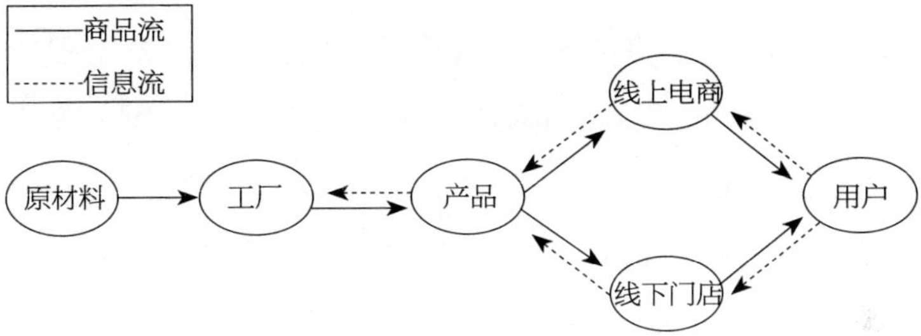

图 7-1　零售全链路流程示意图

在传统的零售链路里，企业都是通过渠道将产品推给用户的，难以直接获得用户的反馈。这样容易导致信息的延误与失真，最终可能造成产品与用户需求的脱节和库存积压。而人工智能在零售领域落地之后，会从用户的角度出发思考问题，例如，人工智能根据数据分析，可以通过用户在搜索、社交、电商和线下渠道的行为来预测他们的需求和喜好，以此指导产品生产和营销。当人工智能成功落地并运用于整个产供销体系后，最终是可以实现以用户需求打通供应和生产过程的，长此以往，企业的零售链路会进入一个对市场需求敏感的良性循环。

虽然人工智能可以赋能产供销中的各个环节，但是这个赋能过程不是一蹴而就的。通常来说，我们需要先在一个单点上形成人工智能的优势性应用，再逐渐接入产供销的各个环节中。最终，人工智能的应用在各环节形成闭环。这时，数据中台和 AI

中台才能极大地发挥作用。如果企业的生产、供应和销售环节都可以通过人工智能大脑来决策，那么整个过程就能通过对用户端需求最精准的把握来控制。这样会使产供销的各个环节损耗最小，企业库存降到最低，也能最及时地满足用户的需求，整体的产能和效益将是最高的。通过这样的大闭环逐渐推进人工智能在全流程、全行业的打通，真正实现 C2F（从用户到厂商的模式）的理想才是人工智能大脑最终的目标。

人工智能赋能零售，主要有三个方面：一是营销，即通过人工智能精准推荐产品、展示广告以及设计会员权益；二是供应，即通过智选商品和销售预测来优化供应链，降低库存；三是产品和舆情洞察，即通过人工智能洞察用户的反馈。下面我将从这三个方面展开，详细讲解人工智能在实际应用的案例。每一个案例都会介绍人工智能落地应用和取得的商业结果。

智慧营销

营销是指通过各种途径和方式将产品传播出去，它直接关系到产品的销量以及企业的盈利，所以零售的营销环节，是人工智能参与的重要环节。零售业的发展要以用户为核心，但对企业来说，用户的价值是存在差异性的，有低价值用户、中价值用户和高价值用户，而不论是哪一种价值用户，流失都是必然的。企业的资源又相对有限，不能将资源均等地用于这三种价值的用户的维护。高价值用户作为利润贡献的重点，对企业的生存和发展具有决定性作用，所以为了资源的合理有效分配，用于高价值用户维护的资源就应当较多。

区分用户价值并针对不同的价值群体，给他们提供恰当的服务和引导，能构建更加精准、有效的营销策略。比如说，高价值群体的营销重点在维持他们的忠客行为，同时进行追加销售和交叉销售；中价值群体的营销重点在追加销售和交叉销售，抓住促进消费的机会；低价值群体的营销重点在促销和提醒等，提升人均价值。

用户价值重在预测。所谓预测，不是直接使用历史上用户的购买记录，这样做意义不大，就比如某个用户这次虽买了某个品牌的洗衣机，但这并不意味着这个用户未来一定会持续在这个品牌消费。因为对于很多种商品来说，用户过去的价值跟将来的价值往往没有明显的相关性，用户过去的价值对企业来说仅仅起到了参考作用。而最佳的用户价值是预测性的价值，是要知道他将来对这个品牌来说价值是多少，这样企业才能进行更有效的运营。所以在零售业中，我们要重点来做的一件事情就是对用户的将来价值进行预测。

如图 7–2，这是一幅用户价值预测示意图。用户的性别、年龄、爱好、学历、人生状态、购买行为和点击次数等数据，都可以作为输入，通过人工智能模型预测出用户价值。

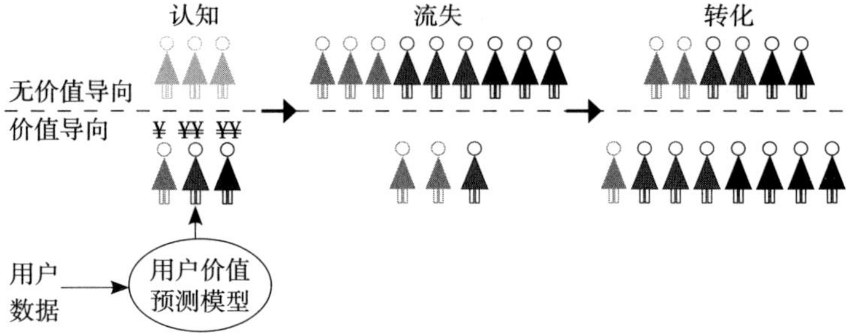

图 7-2 用户价值预测示意图

接着，从用户的价值角度出发，对每个用户做差异化的预测，形成价值导向。如果无价值导向，就会造成“千人一面”的同质化经营现象，高价值用户流失大；价值导向能避免同质化运营，重点维护高价值的用户，降低流失用户里高价值用户的占比；同样，针对性的运营活动最终能使转化的人群里高价值用户占比居多。这样既降低了用户流失率，又提高了转化率，真正实现了为企业赋能。

智慧营销可以通过十分具有针对性的个性化推荐来实现。一直以来，大型超市会采用印刷宣传单的方式，向顾客宣传商品打折信息及促销信息等，这样既浪费时间又增加成本。在市场竞争越来越激烈的今天，如何让顾客有效快速地了解到所需商品的信息，是超市和顾客共同面临又急需解决的现实问题。而人工智能可以通过基于用户需求的个性化产品推荐体系，来调整商品展示方式，让不同的人看到契合自己喜好的商品及优惠信息，实现营销的“千人千面”，从而提升用户转化率。

一家有着百年历史的大型连锁超市，就曾利用通过人工智能建立起的个性化产品推荐体系提高了自身利润。起初这家超市和大部分超市一样存在同质化程度严重的情况，顾客流失率大，导致利润率薄。通过建立个性化产品推荐体系，该超市的AI中台将顾客的表层肖像描述、深层需求挖掘以及产品之间的关系有机结合，预测顾客在将来一周内的购买行为，结合其他多种维度的因素，做出恰当的个性化推荐。基于人工智能的个性化推荐体系使该大型连锁超市新品推荐成功率上升了15.7%，顾客流失率降低了10.2%，人均消费总额提高了7.4%。

智慧营销的另一个体现就是会员制，会员体系在如今的商业模式中已成常态，众多平台都打造出了自己的会员体系。例如，大部分企业会对会员提供一系列的购买优惠、增值服务或给予其他奖励，这样不但可以奖励忠诚顾客，而且能够刺激消费并留住核心顾客。会员权益设计作为顾客运营的重要部分，以“福利”之名不断刺激顾客进行升级，产生物质激励的作用，有部分权益应该是尊享型的，只对极少顾客开放，营造一种稀缺感和尊贵感，起到了精神激励的作用。

设计会员权益主要有两大要点，第一是预估顾客价值，预估不同等级的顾客在生命周期内能创造的价值，设计权益时尽量把控权益成本。第二是权益匹配，不同等级的会员的权益要有所差别，譬如，有些基础权益是会员都可以享有的，而另外一些权益是会员升级达成一定的条件才可以享受的，如果随意地进行权益匹配，未必能起到好的激励作用。

会员体系虽然由来已久，但过去做会员运营，方式比较单一，所以会员活跃度并不高；通过人工智能权益设计进行的会员运营，在加强品牌忠诚度的同时，也能提升会员复购率。例如，一家旗下有多个知名品牌的服装零售巨头想要通过这样的会员权益设计，来提高会员复购率。具体做法首先是处理海量数据，包括运营数据、顾客数据、销售数据、交易数据、商品数据和行为数据等，之后利用这些数据进行顾客价值分析及聚类分析，得到的客群分类与顾客价值一一匹配。

权益设计是基于联合分析手段进行的。通过人工智能进行学习建模，能预测出哪种权益类型对应哪类客群所产生的商业价值可以达到最大，从而恰当地将客群与相应的权益类型进行匹配，比如客群一对应某种 VIP 权益，客群二对应某种礼品权益，客群三对应某种积分权益，等等。这种忠客运营体系，为不同客群匹配最佳权益，增加了客群忠诚度，提高了复购率，最终为该服装零售巨头带来了 2 亿多元的增量收入。

用户价值预测和个性化推荐等都需要基于用户的完整画像，但是由于市面上媒体的形式和属性繁杂，同一个人可能在不同媒体上停留，因此想要完全地了解用户需求，不重不漏地为其提供合适的广告内容，还是有一定难度的。全域营销就是为实现在极为多样的媒体上识别这个人，并且快速地提供与这个人相关的广告而出现的。全域营销需要打通整个生命周期、全链路、全媒体和全渠道的数据，通过人工智能全面提升有效触达率、转化率以及营销效率。

如图 7–3，这是全域营销的示意图，具体做法是首先将企业内部所有数据打通，无论用户是通过 App 端、网页端还是线下消费形成的业务数据、用户数据、交易数据、竞品数据、外部数据和全链路行为数据，都要在中台内打通。然后，通过数据清洗和特征提取，建立一系列基于机器学习或深度学习的人群画像模型、个性化创意模型、个性化触达模型、价值预测模型、个性推荐模型及忠诚奖励模型等，增加用户的黏性。比如说，一家大型电商平台想要通过全域营销提高营销效果，那么在这其中，全域营销的主要任务是通过合适的渠道把精准的内容推送到用户面

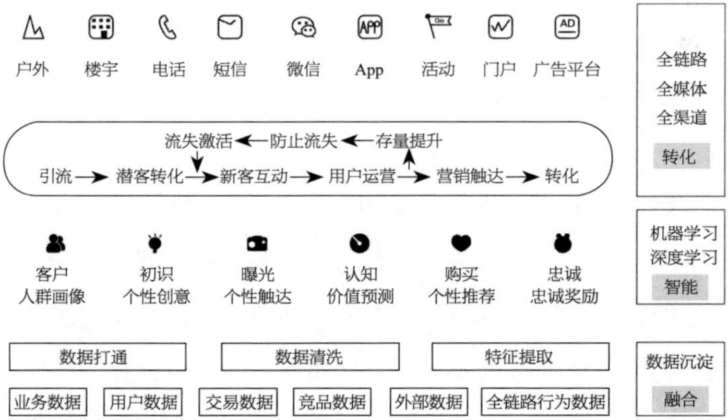

图 7–3　全域营销示意图

前，这家电商平台通过人工智能，可以精准地预测出用户想要购买的商品，然后再通过各种各样营销渠道，包括 App、电话和门户网站等，把相应的广告内容推送给用户，从而最终增加整体的响应率。

在全域营销过程中，人工智能可以提升包括引流、潜客转化、新客互动、用户运营、存量提升、防止流失、流失激活和营销触达等各环节的效率，最终实现更多的转化，这不仅使得该电商平台营销活动平均响应率提升数倍，营销活动的总体投资回报率也提升接近 40%，同时用户关于精准性的正向反馈也大幅度提升。如果原来付出一元钱只能产生两元钱，现在付出一元钱能产生将近三元钱。按照这个倍数来看，在营销费用很大的情况下，营销的投资回报率只要提升几个百分点就能够产生非常可观的增量收入。

智慧广告

广告作为营销活动必不可少的手段，使企业可以开发和利用优质的营销资源，满足用户的需求。在零售营销的过程中，利用人工智能来优化广告效果发挥着重要的作用。我们以一家知名线下品牌为例，详细解读人工智能是如何实现广告优化的。该品牌在几年前斥巨资购买了某头部 App 首屏广告位，虽然凭头部 App 庞大的流量，该品牌的广告获得了较多曝光次数，但是由于一个广告创意只能和部分用户群体产生共鸣，大部分用户看到广告也不会点击。其结果是虽然广告费用高昂，投放产生的效果却并不显著。

而通过人工智能可以对数据进行分析，指导和优化投放方式，帮助企业进行高效率、高性价比的精准广告投放。具体的做法是，首先打通这个品牌自身的数据和广告投放 App 的数据，通过用户在 App 上及站外的行为轨迹，包括浏览情况、收藏情况、广告点击情况和商品购买情况等数据，来掌握其点击和购买行为的规律。例如，某些用户更喜欢看母婴类资讯或者体育类资讯，我们利用人工智能将这些兴趣标签化，形成相应的用户画像。再根据大量用户的画像标签，建立起人工智能模型，预测任何一个用户对不同广告内容的点击率以及转化率。

这里的优化目标有两个，第一个是优化点击率，考量广告有效性的一个重要指标就是点击率，有了点击才有可能进一步影响用户。因此，我们需要通过人工智能对上百种广告创意打分以及做智能排序，选出点击率最高的广告推送给用户，从而产生更高的点击率。第二个是优化转化率，品牌自身长期积累了千万级的用户数据，利用这些数据，通过人工智能优化产品的营销和推广，可以获得更高的价值回报。经过人工智能优化之后，这个品牌在该 App 上的整体投资回报率提升了将近 2 倍。

在这个案例里，品牌虽然还没有建立起完整的数据中台和 AI 中台，但已经实现了一定程度的数据打通，这样依然能够实现人工智能的价值。所以，对于企业来说，并不是必须构建完善的中台体系后才能实现人工智能赋能，而是可以先在场景下实现局部打通，从单点人工智能的建立起步，逐步完善，落地以后就可以获得相应业务价值的提升。

智慧供应

纵观所有零售体系，用户是其核心，但是商品的供应也同样是关键。商品供应链将商品从生产链转移到消费链，使商品能够被用户接触、了解和消费。商品供应链将生产商、分销商、零售商以及用户连接在了一起，形成一个完整的零售链，能够保证商品的流通和消费。而在商品供应的过程中，选品至关重要。要想提高商品的销售额，就要做好前期的选品工作。所谓选品，就是通过数据分析，决定选出哪些商品或者商品的哪些型号，来进行销售。

一家位于华中地区的大型超市集团，其连锁门店一直存在货架上放置商品的品类太多、货品积压严重的问题，而且积压的商品有很大一部分是低价值商品，并不会带来较高的利润。该超市最终通过人工智能解决了这个问题。人工智能主要从两方面考虑这个问题：一个是通过商品对会员价值贡献进行预测，基于会员的未来价值并结合其消费习惯，保留对会员价值贡献度最高的商品；另一个是通过进行商品关联度的预测，找到需要保留的商品组合。基于这两个方面的预测，对商品的重要性做出总体的评价，从而做出选品决策。通过人工智能对商品重要性做出评价来选品，可以帮助这个大型连锁超市单门店减少 14% 的商品，在降低运营成本的同时还可以提升利润率。

智慧供应的重要一环是销售预测。销售预测是指通过人工智能对以往的销售数据以及其他大数据维度进行分析，最终形成对未来销售情况的预测。通过销售预测，可以以销定产，合理安排库存，避免商品积压；为商品的及时补货提供参考依据；还可以调动工作人员积极性，使商品尽早销售出去，创造更多的价值。

在传统的销售预测里，一般采用征集销售人员或专家意见的方式来预测市场的需求量，或是采用基础统计的方法，这些方法不仅需要较大的工作量和成本，而且预测的准确度也不高。人工智能的销售预测和传统销售预测的区别在于，人工智能预测会针对更多数据维度。人工智能的数据输入包括每天的进销存数据、外部环境数据、供应商数据、行业产品销售数据、天气影响数据、产品及竞品促销数据等。这里面包括很多大数据维度，这些数据维度整合在一起，可以帮助 AI 中台进行销售预测，预测未来一段时间内商品的销售情况。

在零售场景中，基于大数据的人工智能销售预测，对未来两周内销售预测的准确率能够达到 75%~85%。相比而言，运用传统策略加上人工经验的方法，销售预测的准确率一般最高只有 70%，所以说人工智能可以帮助零售商更好地预测商品的销量。

同时，基于大数据的人工智能销售预测也可以显著地降低库存周转天数，直接实现相应的效益提升。例如，生鲜类品牌通过这种销售预测可以优化库存管理、减少生鲜损耗、降低经营风险。

产品和舆情洞察

在零售行业，我们一直强调要以用户为核心，但是我们的最终目的都是将产品销售给用户，所以打造满足用户需求的产品至关重要。因此，产品洞察也是人工智能一直以来的重要应用方向。传统上，如果要推出新的产品，或者进行产品优化，需要通过产品经理去发现高价值的创新点，以及不断地思考产品定位、差异点等问题才能实现。而通过人工智能进行分析预测，可以快速找到符合用户需求的产品功能，提供可靠的产品研发建议，有效地避免了人工决策过程中可能出现的失误。

比如说，人工智能就曾帮助一个市值百亿元的家电品牌选择研发方向，其具体做法是首先分析各种网络平台上跟该品牌产品相关的用户评论和吐槽等海量非结构化数据。基于人工智能的自然语言理解，把数据进行标签化处理，并从海量数据中分析、提炼和归纳出高价值点，从而帮助企业优化或创新产品。通过人工智能，这个家电品牌每月都能发现数百个关于用户需求的潜在高价值点。

具体来说，人工智能通过训练语料可以学习出相应的语义模型，从而为新的语料打上准确的语义标签，进而产生对应的用户关注点、用户痛点和高价值点。这一过程主要分为两步：第一步是给评论做标签化语义处理，理解用户在表达什么东西，比如用户对于空调的评价，是噪音太大，还是制冷太慢，又或者是对吸尘器的评价，是吸不干净，还是不好操作，等等；第二步，进一步筛选和分析语料，判断普通关注点、痛点和高价值点。通过人工智能对用户的关注点、痛点和高价值点进行标记以后，能够为企业的产品决策提供便捷有效的工具。

舆情是一个企业的形象，是用户对产品和服务的情感评价。如果舆情正面，大家都对产品和服务表示欣赏，会进一步吸引其他受众购买；如果舆情较为负面，不但会失去新的潜在用户，现有的用户也有可能会流失。所以，舆情洞察也是零售企业需要高度重视的环节。人工智能对舆情分析起到的作用是，基于自然语言理解和情感分析，迅速洞察并处理企业可能出现的公共关系问题，其中包括媒体传播评估、危机预警和危机管理等功能。例如，当出现负面评论时，企业可以通过人工智能实时做出检测和反馈，及时维护品牌形象。

总部位于广东的一家著名住宅开发商就通过人工智能监测舆情，并且卓有成效。这家住宅开发商每日需要关注的相关资讯非常多，所以需要一个强大的舆情监控系统来对舆情数据进行收集、整理和分析。该开发商的人工智能舆情监测系统能够根据想要监测的维度，对相关舆情进行实时不间断的监测，通过这个系统曾成功预警 5 次重大危机事件，有效地制止了危机信息的扩散，维护了品牌形象。

通过人工智能，零售业各个环节都能得到优化和提升。在智慧营销层面，人工智能可以构建每一位用户全方位的画像，提升广告和内容的精准度，从而做到千人千面，实现精准营销。在供应链层面，人工智能可以帮助企业降低库存和供应链成本，实现效益提升，形成基于用户需求和线上、线下销售一体化的供应链智能管理体系，提升企业经营效率。再到产品层面，人工智能可以更为准确地找到产品痛点，帮助企业做好产品的优化和创新，还可以通过对企业舆情的实时监控，有效制止危机扩散，维护企业形象。

人工智能的应用最终都指向同样的目标和追求：降低成本、提高效率、提升体验。随着技术水平的飞速发展，人工智能在零售领域的用武之地也越来越广，发挥的作用越来越大。AI 思维一直坚持数据驱动决策，我们完全可以相信，在不久的将来，人工智能不但会继续赋能零售业，还会驱动整个零售业的变革和发展，为用户和企业带来更多惊喜。

工业 AI 实战

工业 4.0 时代对传统工业来说是一种挑战，更是不可多得的机遇。要提高整个行业的智能化水平，促进产业的变革，工业必须借助人工智能这把利剑。人工智能在工业中发挥潜能，在规模化的工业上创造出的价值可以让所有人受益。经过几十年的发展，工业自动化已经可以在生产中被广泛应用，但人工智能在工业上的应用目前还处于起步阶段，只在个别的工业场景实现了人工智能的应用。工业人工智能作为一种系统化的方法论可以为工业应用提供解决方案，不仅可以让工厂自行生产和组装，也可以具备智能管理、智能质检和智能维护等功能。随着第四次工业革命来临，工业自动化将与人工智能融合提升，助力工业实现智能化升级，为工业带来新的增长点。

在这个过程中，人工智能通过对大量工业生产制造过程中产生的数据智能感知，通过模型进行决策，最终实现优化控制、提高质量、降低成本和提升效益等效果。人工智能在具体的生产操作和检测中可以比人工更加精准和及时，在很大程度上提高工程效率，为企业节省成本、提升效益。

人工智能的建模分析是实现人工智能赋能工业的基础，下面我们将从智慧工厂、智慧工地和智能环保这三个方面展开，详细讲解人工智能模型实际应用的案例。

智慧工厂提升生产效益

随着工业 4.0 时代的到来，工业智能化越来越成为未来工业的发展趋势。企业为应对日益激烈的工业市场竞争，将智能制造视为必备武器。智慧工厂是将产品和制造连接在一起的纽带，使智能制造成功落地。智慧工厂在智能制造中的作用日益凸显，工业领域中越来越多的企业开始配备自己的智慧工厂。

智慧工厂是指在对工厂各个系统、各个流程的运行数据深刻分析的基础上，训练出基于人工智能的系统，为工厂提供智能决策服务，并具有自我学习和自我更新功能。简单点来理解，智慧工厂就是在数字化工厂的基础上，减少了生产线上的人员参与，实现了工厂从原料选择、产品设计、产品制造再到物流等流程的自动化和智能化，既能降低生产成本和能耗，又能提高生产效率，在满足市场需求的同时，为企业带来更多的盈利。

例如，一家全球领先的石化公司就通过智慧工厂优化生产，大大降低了能耗。该石化公司的一个主要业务是化纤生产。化纤是将煤、石油、天然气等原材料经过化学加工得到的，所以化纤生产属于高能耗产业。在生产化纤的过程中，锅炉燃烧需要合理控制数百个参数，比如燃料量、氧气量和进风量等，这里面任何一个参数的变化都有可能影响到化纤生产过程中的能耗。但传统化纤行业在多年的实践中，并没有形成一套科学的参数调节方法，而是大体依靠人们以往的经验来判断和调节。由于煤炭燃烧成本非常高，如果继续按照以往的方法来做，很难实现燃烧效率的提升。最终，该企业成功通过人工智能解决了这个问题。

通过对化纤生产过程中的数据进行采集分析，根据数据训练人工智能模型，并将模型输出的控制参数反馈给生产系统，可以实现精准控制和优化，具体做法如下：

首先，该企业进行了数据采集分析。化纤生产的数据采集包括两方面，一方面是采集锅炉燃烧过程中所需要操控的数百个参数；另一方面，需要采集在一段时间内形成的历史数据。通过对各种参数的综合分析，找出对锅炉燃烧能耗影响最大的一些参数定为关键参数。采集这些关键参数与燃烧能耗的历史数据，形成模型学习的训练集。之后，通过数据分析推导出关键参数（x）与燃烧能耗（y）之间的变量关系，根据这个变量关系，并以训练集为样本来学习人工智能模型。

模型搭建完成之后就可以发挥作用了，所有的人工智能模型都是为了落地实践而搭建的，所以要将模型输出的结果反馈给生产系统，调整生产过程中的参数，实现精准控制优化。在实际运行过程中形成的新数据也会实时更新到模型中，以此来不断优化和完善模型，提高模型决策的准确性。通过人工智能模型形成的决策，可以对化纤生产过程中的相关参数进行优化调整，降低生产的成本和能耗，产生实际的经济效益。该企业通过人工智能模型的精准控制，最终在化纤生产中实现的效果是燃煤消耗显著降低，每年节省的燃煤成本逾千万元。

对于一个社会来说，高能耗固然能在短时间内带来快速的发展，但是从长远来看，这无异于饮鸩止渴，竭泽而渔。为了可持续发展目标的实现，节能降耗是必由之路。工业作为国民经济的主体，是能源消耗的重要领域之一，在工业生产中降低能耗应该是责无旁贷之举。人工智能目前已经在工业领域的很多环节实现了落地，能够有效地帮助工业节约能耗，而且依照现在的发展态势来看，我们可以相信，人工智能在未来能够为工业的节能降耗带来更多的惊喜。

智慧工地提升生产安全

根据住房和城乡建设部办公厅发布的《关于 2018 年房屋市政工程生产安全事故和建筑施工安全专项治理行动情况的通报》的数据，2018 年，全国共发生房屋市政工程生产安全事故 734 起、死亡 840 人。近几年，工地事故起数、死亡人数不断攀升，工地生产安全形势不容乐观。安全帽是工地上保护工人安全的最常见的物品，如果发生意外事故，安全帽的帽壳可以保护人头部免于较大坠落物的伤害，减少 2/3 以上的冲击力，对保护施工人员的生命安全起到了至关重要的作用。施工现场坍塌是工地伤亡数量居高不下的一个重要原因，而在那些因坍塌而不幸伤亡的人中，许多都没有按照规定佩戴安全帽。如果不注意正确佩戴安全帽甚至不戴安全帽在施工现场进出，施工上空掉下的一颗小小的螺丝帽都可能威胁到施工人员的生命安全，更别说轰然倒塌的钢筋铁壁和水泥高墙了。

为加强对工地的安全管理，保护施工人员的安全，国家要求进入工地的施工人员必须戴安全帽。工地也通过安全教育来提醒施工人员佩戴安全帽，但仍然有很多工人因为一时疏忽或者存有侥幸心理而没有佩戴，最终发生安全事故，追悔莫及。如何监督工人时时佩戴安全帽成为维护工地安全过程中需要解决的一个重大问题，但是由于工地上的人员流动性强，人工监督不太现实，此时，人工智能就派上了用场。

为了便于管理，一家大型矿山企业的工地上部署了安全帽的人工智能识别系统，通过人工智能来监督工地上的工作人员是否佩戴安全帽。这一识别系统的工作原理是通过摄像机捕捉的视频流进行图像识别，具体来说，就是获取工地上的图像数据，并上传到部署在云端的人工智能模型中，判断工地上的人员是否佩戴了安全帽。识别主要包括两方面：第一，通过图像识别模型进行检测，识别图像中有没有人；第二，如果有人，通过图像识别模型检测图像中有没有安全帽，如果图像中既有人又没有佩戴安全帽，那就是违规事件，该系统会自动发出警示。但这个系统在实施过程中存在一个难点——由于工地上的基础设施条件不完善，机器配置通常较低，所以数据传输有不稳定的问题。在这种情况下，要落地人工智能识别系统，首先要完善工地上数据获取的软硬件系统，这样才能稳定地把数据上传到云端的人工智能模型，准确地识别出图像中是否有人，以及这些人里面是否存在没有佩戴安全帽的情况。

需要强调的一点是，通用的图像识别模型最开始并不能直接识别出图像中是否存在安全帽，我们需要结合大量安全帽的图像数据，在通用模型的基础上进行训练，才能形成行业定制的安全帽识别模型。所以，要构建安全帽识别模型，首先要对安全帽的图像数据进行人工标注。标注工作完成之后，一共形成了超过 10 万个不同的安全帽样本，涵盖了不同颜色和不同样式的安全帽。总的来说，安全帽的图像数据标注是一项非常细致的工作，需要耗费大量的人力和时间成本，但这些成本都是必须付出的，因为只有拥有大量的标注样本，才能训练相应的安全帽识别模型。

安全帽数据的标注工作完成后，接下来要做的是训练深度学习模型。深度学习模型训练完成后可以进行自我学习和迭代。对于人工智能识别系统来说，新数据反馈的闭环必不可少，只有形成了闭环，模型的准确率才会越来越高，适应范围也会越来越大。例如，企业可以在这套系统上圈定更多的安全帽图像样本。现在安全帽常见的颜色有四五种，如果以后出现了更多的颜色，就可以通过上述功能使更多颜色的安全帽也可以被识别出来。这套基于人工智能的安全帽识别系统，判断的准确率超过 98%，并且能够针对违规的情况报警，可以有效地减少工地上的工人不佩戴安全帽的现象。

智能环保提升减排效益

环境保护是人类社会永恒的话题，可持续早已成为全球发展工作的总目标，随着“绿水青山就是金山银山”的理念深入人心，环保更加成为当代社会关注的焦点。而工业作为高污染行业，首当其冲应该做出改变。

我国作为钢铁生产大国，钢铁产量在全球遥遥领先。但由于钢铁工艺流程长、产污环节多，钢铁行业已经成为工业生产中污染的重灾区，其环保问题备受关注。中国环境与发展国际合作委员会的数据显示，2017 年钢铁行业二氧化硫的排放量为 106 万吨，氮氧化物的排放量为 172 万吨，颗粒物排放量为 281 万吨，钢铁行业已经成为工业部门最大的污染物排放来源。为了久违的蓝天白云、绿树碧海，亟须解决钢铁行业的环境污染问题。

就我国的钢铁行业而言，节能环保是全行业的主要短板。而人工智能有机会改变传统钢铁生产的认知，在效率、能耗、质量等方面改善生产过程，极大助力行业的可持续发展。“智能＋环保”一直受到业界的广泛关注。国家提出了“智能环保”的要求，甚至在《生态环境大数据建设总体方案》中确定了未来五年的具体目标。人工智能现在已经能通过数据整理和分析，应用于环境保护之中，为环境治理和环境保护提出智能解决方案了。数据显示，科学高效的智能环保方案能够优化工业生产流程，降低生产能耗，提升工艺指标，极大地提高能源资源的利用率，遏制浪费，减少排放。由此可见，人工智能在助力环保升级方面存在巨大的发展空间。

国内一家大型钢铁集团就通过人工智能助力工业生产，提升环保效益。钢铁生产过程中会产生大量的二氧化硫，但国家对于工业生产过程中产生的二氧化硫有硬性的排放标准：二氧化硫排放限值是每立方米 200 毫克，所以工厂要使用脱硫塔对二氧化硫进行处理，降低钢铁生产过程中的二氧化硫排放量。为了达到国家标准，同时优化原料消耗和水电能耗，该工厂在钢铁生产过程中使用人工智能模型，该模型通过输入在脱硫塔入口处获得的工业废气的相关参数和其他可监测的系统参数，预测脱硫塔出口处二氧化硫的含量，将二氧化硫含量稳定在排放标准以下。

在这中间要注意控制的参数包括下降液调节阀的进水量和风机变频器的功率，它们会直接影响到石灰原料和水电的消耗；当然对于其他参数的控制也不能忽视。该工厂控制这些参数时采用的方式是：基于人工智能模型的辅助决策，并由人参与到反馈闭环过程。按照这种方式，通过模型的预测和优化，可以辅助操作人员选择合适的控制参数。在实践中，人工智能可以找到符合排污标准的石灰原料消耗和水电能耗的最佳平衡点。运用人工智能，在生产过程中就可以通过模型的辅助决策，优化控制下降液调节阀的进水量和风机变频器的功率等，与此同时，还能通过预测模型确保排出的二氧化硫浓度控制在排放标准以下。

接下来具体看看其运用人工智能的步骤，如图 7–4 所示，首先要根据环保场景的数据进行人工智能控制模型训练。在输入原始数据后，对数据进行过滤和特征提取，然后进行模型训练。之后需要进行参数调优，再做模型评估和优化步骤，最终给出推荐的控制策略，即在不同输入二氧化硫浓度的情况下，对应地推荐控制策略。

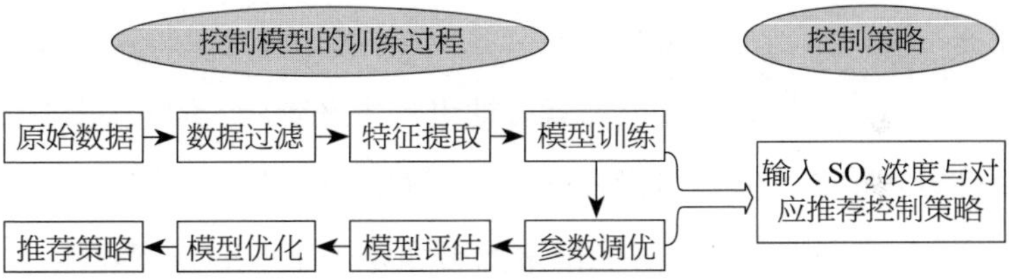

图 7-4 控制模型的训练过程和控制策略示意图

传统的运作流程是通过人工控制多个参数，稍有差池就可能导致不合规，或者过多的原料消耗和水电能耗。通过对比传统人工操作和人工智能的推荐控制策略发现，使用后者时脱硫塔消耗的原料和水电量明显减少，单台脱硫塔年均可节省数十万元。

虽然人工智能现在已经能为工业领域乃至整个人类社会带来很大的裨益，但目前人工智能仍处于早期的发展阶段，在推动人工智能在工业领域落地的过程中仍然存在着诸多的问题。其中最主要的问题是工业业务理解中的巨大门槛和工业应用定制化程度高的问题。在一个细分问题对应一个模型的情况下，如果要在工业领域落地，那么涉及的细分问题成千上万，繁杂程度可见一斑。另外，还存在一系列问题，如技术门槛高，人工智能人才在短期内难以有效补充；行业缺乏统一的系统和标准，应用开发和实施成本高；所依赖的数据的完整性和质量有待提高；应用场景的碎片化、个性化、专业化制约着复制推广和用户接受程度等。由此可见，人工智能要还有很多难关需要攻克，但人工智能所蕴含的强大动力让我们有足够的信心相信在未来的发展过程中，它能够不断完善，解决这些问题，逐步实现在工业领域的落地。

虽然企业还是需要按部就班地进行生产制造，但人工智能已经开始为整个工业领域带来很大的颠覆，加速生产制造进入工业4.0时代的步伐。人工智能带来的是为整个工业的强大赋能，从生产优化到供应链管理，从降低成本到提升效益，从降低能耗到智能环保，从立足数据到驱动决策。这是人工智能赋予工业的强大动力，也是AI思维下工业转型的必由之路。

金融业 AI 实战

根据中国人民银行发布的《2018年中国金融市场发展报告》的数据显示，我国经济发展稳中有进，2018年GDP（国内生产总值）继2017年突破80万亿元大关后，迈上90万亿元新台阶，2018年GDP增量接近8万亿元。社会经济水平不断提高，人们的生活水平也在不断改善，金融意识也开始慢慢提升，越来越多的人开始参与到金融业务中来，例如个人的信用贷款、买房时的房贷以及基金投资等。但对金融行业本身来说，大批人群的参与会使得金融行业审核和风险管控的成本升高。尤其在贷款业务里，如果对金融客户的审核不到位，导致坏账出现，将严重影响业务开展乃至整体金融行业的稳定发展，从而也会对金融所服务的实体经济产生不良影响。所以，通过人工智能优化金融各业务的运营和风险对整个经济体系来说都非常重要。

在前面的章节，我们讲解了人工智能可以赋能很多行业和领域，但其实并不是所有领域都适合大范围使用人工智能。要满足大规模商业应用人工智能，应具备两个必要条件：第一，数据的数量和质量必须达到一定的要求，尤其是整个流程中数据的打通和定期的数据更新和反馈，这决定了人工智能发展的基础是否牢固。第二，所在领域是否对需要解决的问题有相对清晰的定义。如果领域本身没有明晰的问题定义，或者不能通过数字化的方法描述出来，则很难通过人工智能来解决这类问题。

从整体来看，金融行业经过多年的发展已经沉淀出大量金融数据，而且金融领域现在需要解决的问题也很明确，营销获客、风险控制和投资顾问等一系列清晰的问题早已浮出水面，由此可见金融行业已经比较接近人工智能大规模商用的两点要求。随着人工智能的发展和在金融领域的不断探索，人工智能现在已经能够赋能金融行业的不同的业务场景，例如智能营销、智能风控、智能投顾和智能投研等，下面会通过具体的案例来展示人工智能对金融业的赋能和提升。

智能营销

和零售一样，金融行业提供的各种产品最终都是要服务于用户的，所以为了让更多的用户了解到自己的产品和服务，在金融行业营销也是必不可少的。同样地，人工智能也能助力金融营销，也就是我们通常所说的金融智能营销。金融智能营销指的是通过人工智能精准定向用户的金融需求并满足这些需求，一般有三个核心步骤。

第一步是进行金融画像。与零售领域一样，金融行业要通过人工智能得到提升，前提是有足够的数据积累，然后在金融业务里产生全面、准确、实时的用户画像，例如，需要知道用户的基本属性，用户有哪些信贷和理财方面的需求，用户对哪些金融产品感兴趣，是否有偿还能力，是否有既往的借贷和逾期行为，是否有其他的风险行为，等等，这些维度通过加工整理形成用户的金融画像。

第二步是进行智能创意。所谓智能创意，即根据不同的人群画像，生成与需求场景自然切合的动态创意内容，实现千人千面的创意。根据不同消费者的个性化需求场景、所处人生阶段、生活品质、消费水平以及客户的生命周期等相关数据，通过人工智能的分析和学习，从情感激励、行动召唤、产品匹配和其他方面切入，进行针对不同客户群体的创意优化。智能创意进入营销系统进行精准营销后，营销结果反馈回来，成为新的数据来源用于下一轮智能创意的优化。

第三步是进行智能匹配，即通过人工智能响应模型，准确地匹配金融产品与客户的需求。基于机器学习和深度学习的响应模型，将产品特征（如额度、利率、收益率）与消费者的画像特征（例如用户画像、借贷行为、消费意愿）相匹配，恰当、精准地为金融客户推荐与他们需求相匹配的金融产品，最终实现智能营销。利用人工智能整合数据资源，打造数据闭环，从海量数据中挖掘金融客户潜在的模式和趋势，实现基于数据的智能营销体系。

除了把握用户的需求之外，金融机构也要了解用户对于自身的价值，也就是说，金融机构需要运用人工智能预测出一个用户在未来能够带来多少收益。预测之后，金融机构就可以根据用户价值的不同相对应地来优化营销活动。例如对于高价值的用户，重点在于注重保持他的价值水平，因而需要针对高价值用户的需求进行各种各样的营销活动，通过活动让用户产生更多价值，同时还要保证该用户一直都是高价值用户。而对于低价值用户，可以通过权益和优惠活动提升黏性。每一个价值段的用户都需要不同的运营手段来维护，要有差异化的考虑。如果用户看到的营销内容千人一面，运营同质化严重，将不能充分地实现和提升用户价值。通过预测性人工智能体系，针对高价值、中价值和低价值用户各自的特点，设计专属的运营手段、权益和话术以后，总体效益可以得到很大的提升，客户流失率降低、利润率提高。

我们以国内第一家互联网民营银行微众银行为例，了解人工智能是如何赋能营销的。我们都知道，金融产品属于高价值、低频次的消费品，所以为了提高业绩，金融行业需要通过营销不断宣传自己的金融产品，在维护现有客户的同时还要开发新客户。在过去很长一段时间内，金融行业营销的问题是广告投放效果差。人工智能进驻金融领域后，帮助金融行业实现了精准营销。例如，微众银行利用人工智能模型做到了精准推荐，使投放效果大大提升。首先根据长期以来形成的各种数据，如登录、点击等用户前端行为数据，以及如开户、存款等后端转化行为数据，以实际的转化为优化目标，建立起专属人工智能模型。通过该智能营销模型，微众银行将其多种金融产品的广告精准投放到数十万家小型企业，广告投放效果得到了有效提升，在降低广告投放成本的基础上，实现精准获客。

智能风控

在金融行业，风控是永无止境的，传统金融机构通常采用传统评分卡和规则引擎等“强特征”进行风险评分。评分卡可以通过用户的各种金融记录和历史信用资料，对用户的信用等级打分，根据分数来判定是否向该用户提供贷款、贷款的金额以及利率。规则引擎可以对规则的层次结构有一个综合的考量，以此来实现复杂的决策，比如通过整合金融产品的准入规则、信用评分规则和风险分级规则，来进行金融领域的风险控制。

通过上述两种方式进行风险评分存在审核周期长、涉及人员多、侧重人工审核和业务流程繁杂等问题，会导致效率低下，严重影响了用户体验。在风控领域中，人工智能能够有效地弥补传统风控的短板，建立起全面的风控模型，提升风控的效果，优势愈加凸显。

金融智能风控指的是通过全面风险管理模型，准确计量风险并定价。金融智能风控常用于贷款业务场景中，具体步骤如图 7-5 所示。

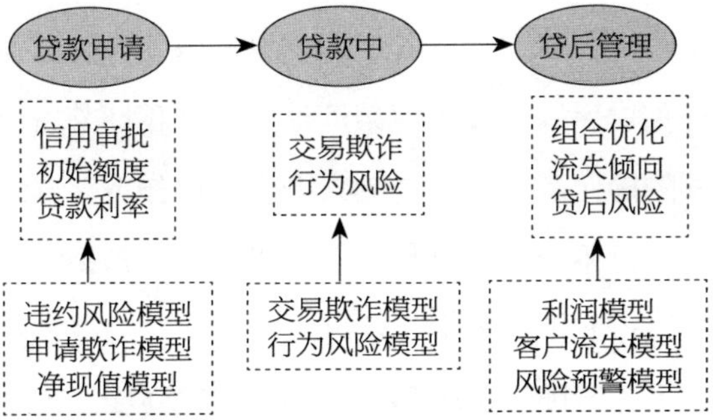

图 7-5　金融智能风控模型示意图

第一步，进行贷款申请部分的智能风控。需要在客户数据的基础上，通过违约风险模型、申请欺诈模型和净现值（net present value）模型等，对金融客户进行信用审批、初始额度和贷款利率的确定。

第二步，进行贷款中的智能风控。通过交易欺诈模型和行为风险模型等，可以对金融客户的行为风险及交易欺诈概率做出评定。

第三步，进行贷后管理部分的智能风控。利用利润模型、客户流失模型和风险预警模型，对金融客户的信贷组合进行优化，对其流失倾向和贷后风险做出评估。

人工智能在金融风控领域的应用已经势不可当，但在一些具体场景应用的推广过程中，人工智能仍然面临一些障碍。首先，金融行业本身也在不断发展变革，所以人工智能要在金融领域落地应用，不可避免地要面对银行等机构的模式转变和潜在风险等的重重考量。其次，在传统的金融领域中，开展业务要经过申请、审批和贷后等一系列复杂烦琐的手续和环节，而且整个过程是在不同的操作系统和大量的人力资源协作下完成的，如何通过人工智能进行系统整合以及人工智能如何与各系统进行磨合调整，还需要进行长期的摸索。此外，由于一些金融从业人员意识的滞后性，人工智能在金融风控领域的实践还要经过从业人员意识转变的漫长过程。另外，人工智能模型经常呈现为“黑箱”形式，而金融活动又有可溯源性的要求，这样就形成了一些难以调和的矛盾。智能风控可以根据履约记录、社交行为和行为偏好等多方面的行为特征进行用户风险评估，而人类并不能直接有效地理解人工智能风控的具体过程，但是在某些监管较严格的场景下又要给出必要的解释。

在金融智能风控中，反欺诈和信用评估是非常重要的两个环节。反欺诈指的是对金融业务中可能出现的欺诈行为进行识别，目前已经可以通过人工智能实现金融领域的反欺诈。信用评估是指在金融业务中对用户的信用情况进行评估。当前，我们可以通过基于人工智能的信用分准确刻画贷款申请人的信用风险。

如图 7–6，通过人工智能建立的信用分和对应人群的逾期率有这些分布特点：总体上，在各个信用分区间的人数大体呈现正态分布；随着信用分的上升，逾期率逐渐下降。据此可以进行针对性的风控管理，例如蚂蚁金服推出的芝麻信用，就是利用人工智能对用户的个人信用进行综合评分，用于预测用户在信用行为中的违约率。芝麻信用的分数越高，证明该用户的违约率越低，在申请信用服务时，企业就可以根据用户的分值给予用户免押金、先使用商品后付款等相关权益。

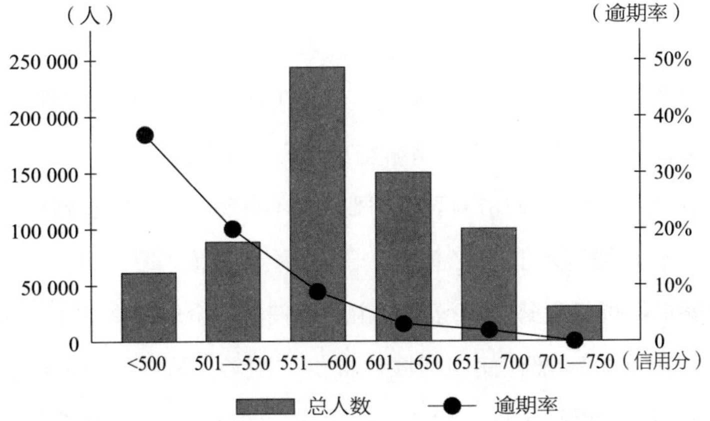

图 7–6　信用分和对应人群分布示意图

从上面可以知道，金融智能风控已经有很多手段能够进行风险识别，但人工智能风控模型仍面临很大的挑战。目前，金融大数据特征存在高维稀疏、异构和弱相关等缺陷，信贷样本缺乏且波动性大。这些难题的解决方案，可以通过契合的模型进行机器学习和深度学习而最终得以实现。下面我们就通过一些具体的案例来了解人工智能在金融风控领域的实践情况。

作为大型国有银行，中国工商银行就在积极运用人工智能来进行金融风控。近年来，寻求金融服务的用户越来越多，但随之而来的是层出不穷的金融欺诈行为。为了维护资金安全，降低金融风险，工商银行利用人工智能建立了自己的风控系统。该系统通过人脸识别和声纹识别来确认用户身份，防止不法分子盗用他人账户进行信贷；通过机器学习分析处理海量用户数据，挖掘社会网络关系，避免团伙性金融欺诈；运用神经网络、决策森林等模型，分析用户信息和交易记录，能够实时甄别出风险较大的金融交易。通过这套人工智能风控系统，工商银行实现了实时检测以及风险预警，大大减少了金融交易过程中的风险。

通过人工智能成功进行智能风控的还有美国征信巨头费埃哲（FICO），它通过人工智能建立了一套费埃哲决策引擎，可以为各种金融机构提供服务，银行是其主要用户群，全球最大的 100 家银行中超过 50% 都在使用费埃哲提供的服务。费埃哲的智能决策引擎的一个最基本功能就是信用评分，通过基于人工智能的信用评分系统，根据用户的信用记录、欠债额度等数据，对用户的信用状况进行评分，以此来确定向该用户进行信贷的风险。美国 90% 的大型金融机构都在使用费埃哲的信用评分服务进行风险控制。另外，费埃哲的智能决策引擎还通过社交网络分析建立了反欺诈平台，该平台在为苏格兰皇家银行服务时，仅仅用了 4 个月就将欺诈率降低了 1/2。费埃哲从一家普通的数据分析公司，发展为总市值将近百亿美元的美国征信巨头，人工智能功不可没。

智能投顾

智能投顾作为人工智能应用于金融领域的热点，一直在升温。智能投顾指的是通过人工智能进行投资组合推荐，根据投资者的风险偏好和配置需求为客户推荐个性化投资组合（包括股票、期权、债权和房地产资产等各种配置组合），并提供基于策略的自动交易服务。

智能投顾能够快速、高效地解决客户的投资选择难题，实现的是为客户个性化定制最佳投资组合。智能投顾首先通过人工智能模型充分分析投资者信息，这是个性化配置投资组合的前提，即对客户的财务情况、投资偏好、投资需求、收益目标以及市场表现等进行综合分析，进行客户画像，目前主要采用调查问卷等形式，但以后通过人工智能可以进行更为全面的客户画像，则会减少对客户的打扰。

然后，通过机器学习，根据历史经验和市场信息，综合收益和风险情况，统筹考虑多种资产，对大类资产进行配置，建立分散的投资组合，并在投资组合中进行选择，对资金进行精确配置。随后执行交易服务，并在交易服务过程中，通过自然语言处理等对市场信息、新闻和政策等进行学习，并排除无关事件以及黑天鹅的影响，根据市场和客户情况提供动态资产配置调整和交易策略。

智能投顾最早起源于美国，发展已有 10 年，管理的资产规模在 2019 年达到 7 497.03 亿美元，Betterment 和 Wealthfront 是新兴智能投顾平台的代表。其中，Wealthfront 作为一家在线财富管理公司，经过调查问卷评估客户的风险偏好和风险承受能力，再利用人工智能模型分析客户行为、市场和产品等一系列信息，最终形成为客户量身定制的资产投资组合建议，包括股票配置、股票期权操作和债权配置等。该公司运用人工智能开展投顾业务，在一年之内，其资产管理规模扩大了近两倍。

相比传统投资顾问，智能投顾具备五个突出优势。

第一，成本低。传统投顾服务很难触及客户，人力处理信息的成本较高，因此传统投顾机构均为投顾服务设定了一些门槛，主要针对高净值客户。在传统的投顾服务中加上人工智能，可以面向的客户数量就实现了海量增长，并且通过人工智能模型为投资者画像并为其提供资产配置建议，极大节约了人力成本，也降低了客户获取投顾服务的门槛和费用。

第二，效率高。智能投顾的服务过程更加便捷，投资者在平台上可自行操作，人工智能模型自动评估投资者并提供投资配置组合，减少了传统的人工环节，整个流程仅几分钟，就能达到高效、精准的目标。

第三，理性化。智能投顾通过人工智能模型提供投资配置建议，有效地避免了人的主观观念和情感因素的影响，通过对市场数据的有效捕捉，避免了个人投资者一味追涨或者追跌的行为和思维惯性，或者传统财富管理人为了佣金而误导客户的风险，科学、理性地提供投资建议，并根据实际情况动态调整。

第四，分散风险。智能投顾的投资决策和投资组合由人工智能提供，可配置和管理的投资标的种类更多，范围更广，因此分散度更高，可以有效分散风险。例如智能投顾平台 Wealthfront 涉及多达 11 项资产类别，包括美股、海外股票、新兴市场股票、股利股票、债券、国债、自然资源和房产等，客户可以自由选择，并为客户提供全球范围内的投资组合。

第五，信息透明。传统投资顾问服务一般存在信息披露的问题，而且有时候投资操作与客户需求不能完全匹配。但在智能投顾中，客户可以随时查看产品范围、投资组合和管理费用等信息，并且智能投顾可以严格执行人工智能模型给出的资产配置建议。客户可以直接接受系统的建议或是在平台对投资组合进行微调，也可以根据个人意愿选择是否接受公司的服务来管理其投资组合。这样的服务对客户更加公开和透明。

目前国内传统投顾业务，也开始进行智能化转型，大多数机构在 2015 年至 2016 年期间推出智能投顾产品。招商银行 2016 年 12 月发布了智能投顾应用摩羯智投，这是国内银行第一个智能投顾产品，利用机器学习构建以公募基金为基础的、全球资产配置的“智能基金组合配置服务”。在客户选择了理想的投资期限和风险承受等级后，摩羯智投会利用人工智能模型构建相应的基金组合推荐给客户，并由客户进行决策。

与此同时，该平台利用人工智能进行学习建模后，能够实现目标风险确定、组合构建、一键购买、风险预警、调仓提示、一键优化和售后服务报告等功能，打通基金投资的全流程服务环节。例如，该平台可以实现对全球市场信息的实时收集，根据这些信息可以掌握最新的市场状况，这样就可以计算出最优的组合比例。如果客户所持组合偏离最优状态，平台会建议客户调整基金组合达到最优状态，在客户认可后，就可以自主进行一键优化。截至 2019 年 4 月，摩羯智投的累计销售规模已经达到 122.33 亿元，客户超过 18 万人。

智能投研

智能投研是人工智能在投资研究场景下的一大重点应用，也就是利用人工智能自动化地完成海量金融信息的收集、摘要、归纳、缩简、分析和预测，更加快捷方便地为投资研究人员提供信息，支持他们进行决策，而非直接给出决策结论。

与人工投研相比，智能投研的最大的特点就在于高效。人工投研中，分析师需要花费大量的时间在金融数据终端或者信息平台上收集素材，并需要通过自己的逻辑将这些素材再组织成投资决策，并且将结果以不同方式呈现，实际效率不高。然而智能投研利用人工智能模型可以迅速收集、读取大量的信息，自动化地完成多维度综合计算和分析，发现事件之间的关系，从而做出一定程度的预测，并且按照预先设定的模板生成研究报告，实现了从信息收集到研究内容呈现的跨越，提升了效率。并且，智能投研中应用的人工智能模型，也可以避免分析师的主观因素影响，使得投研内容更加客观，这在一定程度上也提高了投研报告形成的效率。

Kensho 是美国智能投研的先行者，2018 年 Kensho 被标普全球（S&P Global）以 5.5 亿美元收购，创造了迄今为止华尔街最大规模的人工智能公司收购交易之一。Kensho 的定位是数据分析与机器学习公司，长期以来，基于人工智能开发了针对投资者的新一代数据分析工具 Warren。它具备高效的数据处理与强大的数据分析能力，能够在数秒内搜索 90 000 多个全球事件，将数据、信息和决策进行智能整合，并挖掘数据之间的相关性，从而预测资产价格走势和套利机会，并以图表形式呈现其预测效果。Warren 能够分析与回答 650 万个金融问题，预计未来能回答超过 1 亿个不同类型的金融问题，实现了分析能力上的一个巨大跨越，从而提高了投资者工作效率和投资能力。与此同时，Warren

利用人工智能强大的学习能力，以极快的速度读取亿万条数据或信息，在分析数据的过程中实时进行反馈学习，不断优化其分析结果。

金融是现代经济的核心，金融行业的发展对整个经济起到举足轻重的作用。金融业天生具备数字的理念，在足够多的数据和明晰的业务目标两方面存在极大优势，与人工智能的运作模式非常契合，人工智能可以在金融领域大范围落地应用。从智能营销、智能风控、智能投顾到智能投研等几个业务方向的实际应用可以看出，人工智能基本覆盖了金融业的方方面面，为金融业繁荣而有序地发展赋能。毋庸置疑，金融业已经成为人工智能场景中发展最为迅速的领域之一，人工智能也助力金融业守正创新、安全可控。

随着人工智能的应用越来越成熟，从个人消费贷款到大规模的投资决策，人工智能对各类金融业务的赋能价值不可小觑，金融业拥抱人工智能自然也是顺势而为。人工智能能够帮助金融机构升级换代，提高金融服务的风险把控能力，也能够突破金融行业壁垒，消除金融产品信息的不对称，真正让金融服务于大众，实现普惠金融的行业理想。

第八章

AI 的挑战与对策

凡事总是盛极而衰，重要的是认清趋势转变，要点在于找出转折点。

——乔治·索罗斯——

在之前的内容里，既有高屋建瓴的人工智能原理探讨，更有各行各业的人工智能落地案例。但是，沉舟侧畔千帆过，病树前头万木春，一切新生事物的发展都不会一帆风顺，如同世间万物曲折前行的轨迹一般，AI 思维在前进的过程中也免不了有磕磕绊绊，不断地遇到挑战。但凡事都有两面性，在想方设法化解这些挑战的过程中，也相应地促进了人工智能的发展和落地。

“势”反映的是事物在发展过程中，一定会遇到阻碍和波动，但从这些变化之中能体现出事物的发展趋势和方向。在前面的章节中，我们已经对 AI 思维的道、法、术、器、用的五个方面展开了讲解，所以，在本书的最后一章，我们将从“势”的层面深入探讨人工智能在现阶段所面临的挑战和瓶颈，无论是在技术层面的、法律伦理层面的，还是人为因素层面的挑战，都让我们在认识到一定的局限性的同时，也更理性地看待周遭因为人工智能而正在发生的巨大变化。庆幸的是，到如今，这些挑战已有相对应的解决策略，成功应对这些挑战也能够产生不可估量的积极影响：一方面深化了人工智能的落地，另一方面，也让我们对人工智能的发展更具信心和期待。

AI 模型的挑战

人工智能发展至今已经走过了 60 多个年头，这期间经历了风风雨雨，有高潮也有低谷。每当人工智能的技术和应用取得核心进展时，人们都会对此产生非常大的兴趣，这也吸引了大量的资金投入，此时便是人工智能的高潮期。但另一方面，由于外界对人工智能的宣传报道较为单一，导致大家对人工智能的期望远远超过了目前技术所能达到的高度，而当大家发现花费了大量的资金、投入了大批精英人才却不能达到预期成果的时候，人工智能的低谷期就到了。

通过前几章的讲解你也了解到，人工智能离不开大数据、模型、算力、业务模式，这 4 点是 AI 思维成功实现的支柱因素。其中，模型是整个 AI 思维的核心，也是让数据奏效的强大引擎，如果没有模型，其他的因素都不能够在 AI 思维体系中起作用，也就无法实现人工智能对各方面的提升和赋能。但同时，模型在现实中的短板也给 AI 思维的进一步发展和普及带来了制约。那这些制约究竟是什么？我们下面就围绕模型面临的挑战进行探讨。

如何从无标注数据中学习

实现 AI 思维落地最重要的一环就是建立模型，但是通过机器学习或深度学习训练一个模型的前提是有大量经过人工标注的数据。例如在图像识别里面，通常来说，需要几十万到上百万人工标注的数据。在语音识别里，则需要成千上万个小时的人工标注语音数据。机器翻译则需要数千万的双语句对做训练。包括曾经一战成名的 AlphaGo，也是利用围棋高手们数千万步棋谱对局的记录进行模型训练的。

训练模型需要大量的人工进行标注，就意味着这需要花费很多人力和资金成本。很多时候，找专家进行数据标注费用非常昂贵。我们可以粗略评估标注数据的代价会有多高，以机器翻译为例：我们的目标是标注 1 000 万个句子，如果请人工进行翻译，假设一个句子的标注费用在 0.5 元，那么要完成这个标注 1 000 万个句子的目标要花费 500 万元，这个费用是相当高的。所以，如此大的数据标注成本，对于那些创业公司或者刚刚开始涉足人工智能领域的公司来说，是一件难以完成的事情。

另外，对于一些个性应用场景来说，很难找到大规模的标注数据，比如说疑难杂症的诊断，因为它既然被列入“疑难杂症”的范畴，一方面可能说明这类病症的患者病例较少，另一方面也说明医生对这类病症的了解并不全面，无论是哪个原因，最终导致的结果都是没有足够广泛的数据用来进行模型训练。

所以，人工智能领域的专家们开始思考，深度学习建模能不能去掉数据标注这个步骤，也就是探索如何从无标注的数据里面进行学习。这成为深度学习研究的一个前沿。就目前的研究工作来看，一条可行的解决路径是通过最近比较火的生成性对抗网络来实现。

首先，我们了解一下什么是生成性对抗网络。生成性对抗网络简称 GAN，是非监督式学习的一种方法，即通过让两个神经网络相互博弈的方式进行学习，一个是生成网络，另一个是判别网络。生成网络从潜在空间中随机取样作为输入，如图 8–1 所示，将噪声向量发送给生成网络，生成网络将这个噪声向量转换为虚拟数据，其输出结果需要尽量模仿训练集中的真实样本，再将虚拟数据发送到判别网络进行分类。而判别网络的输入则为真实样本和生成网络的输出结果，其主要的工作是将生成网络的输出与真实样本分辨开来。两个网络相互对抗、不断调整参数，最终达到生成网络的输出结果与真实样本无二。

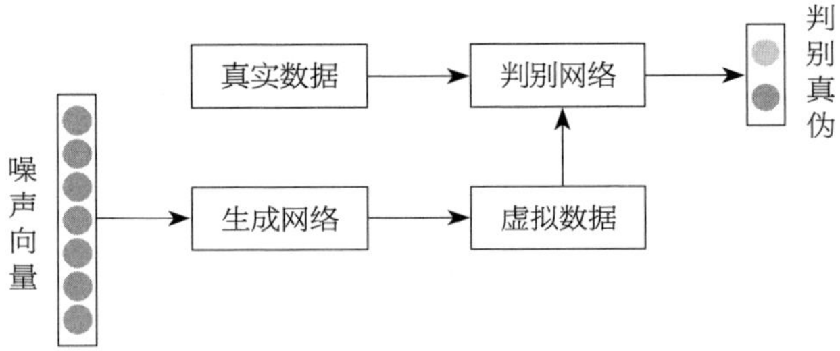

图 8–1　GAN 网络架构示意图

通俗来说，GAN 的工作原理类似于这样的场景：一个男生试图拍出摄影师级别的照片，而一个女生以挑剔的眼光找出照片的瑕疵。这个过程是男生先拍出一些照片，然后女生分辨出男生拍的照片与摄影师级别的照片的区别。男生再根据反馈改进自己的拍摄技术和方法，拍出一些新的照片，女生再对这些新照片继续提出修改意见，直到达到均衡状态——女生再无法分辨出两者的区别。

所以，GAN 能够从多个角度学习到海量无标注数据的特性，从而使得从无标注数据中挑选出来的可用数据与人工标注数据之间存在很强的互补特性。这就类似于，以往的模型没有规律判别功能，需要标注员将输入数据打上标签后，模型才开始进行学习；而通过 GAN，机器能够自发学习输入数据的规律，自动对新的数据进行判别和分类，从而实现无标注数据的学习。

从无标注的数据进行学习是非常重要的一个问题，它对人工智能在各领域的实际应用也起到了相当大的作用。过去的标注数据十分有限，这导致我们无法有效地运用深度学习，从而延缓了人工智能落地的步伐。而如今，如果我们能够跳过数据标注这个步骤，从无标注的数据进行学习，那么越来越多的实际应用场景都能够嵌入深度学习，很多问题也就迎刃而解了。

如何把数据和知识结合起来

近年来，深度学习的发展取得了巨大的进步，甚至改变了整个人工智能领域的发展方向。深度学习通过在海量的数据上构建大规模的神经网络，这些神经网络经过训练后可以在很多领域有很出色的表现，如语音识别、图像识别和自然语言处理等领域。深度学习的特点是不再需要人为建立结构化的知识表示体系，知识经过海量信息训练后直接融合在网络中，这使得经典的知识表示和逻辑推理等思想在人工智能领域的作用逐步弱化。

然而，深度学习终究不能解决人工智能领域的所有问题，学习产生了模型也不代表模型能够真正理解所处理的数据，模型也无法进行深层的推理和思考。实际上，基于知识的规则推理系统能够动态学习规则，而且能在多项规则的关联作用下进行复杂的推理，挖掘信息间的深层联系，这是深度学习目前难以做到的。虽然基于知识体系的方法由于目前难以构建大规模的知识系统，限制了其在实际场景中达到理想的效果，但如何把数据和知识结合起来仍是值得深入研究的问题。

知识图谱可以将数据和知识有效地结合在一起。那什么是知识图谱呢？可能在外界看来，知识图谱是在 2012 年的时候由谷歌公司提出来的一个新概念，但事实上却并非如此，知识图谱这个概念其实由来已久。从 20 世纪 70 年代出现的“专家系统”，到万维网之父蒂姆·伯纳斯－李（Tim Berners-Lee）提出的“语义网”和“链接数据”，都是知识图谱的前身。知识图谱主要研究的是客观世界各种概念之间的关系，近年来发展迅速，产生了在智能医疗和自适应教育等领域的落地应用。

从本质上来看，知识图谱是语义网络的知识库；从实际应用的角度来看，可以将知识图谱简化理解成多关系图。我们通常用图里的节点来代表实体，用图里的边来代表两个节点间的关系。实体指的是现实世界中的事物，比如人、地址或机构等，关系则表示的是不同实体之间的某种联系，例如，人 – 站在 – 高台，“人”和“高台”是实体，而“站在”则代表了人和高台这两个实体间的关系。在不同的图里，节点和边也会不同。如图 8–2 所示，一般的图是由节点和边构成，但这些图通常只包含一种类型的节点和边，而多关系图则包含多种类型的节点和多种类型的边。图中，不同类型的节点和边用不同的颜色和样式来进行标记和区分。

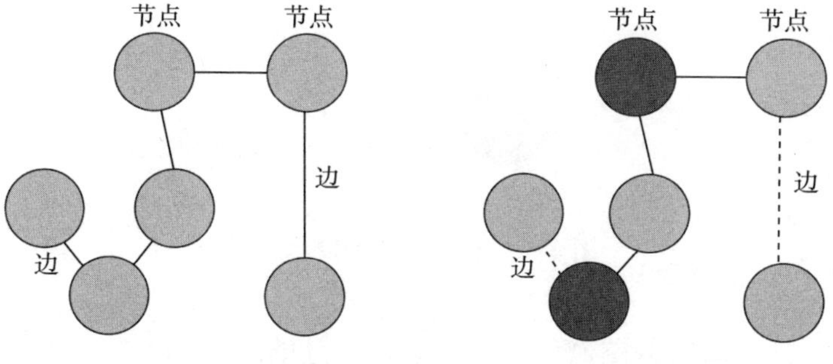

图 8–2　一般的图与多关系图对比示意图

在现实世界中，很多场景都非常适合用知识图谱来表达。以社交网络图谱举例，如图 8–3 所示，社交网络里包含“人”“学校”这样的实体。人和人、人和学校之间存在多种可能的关系，例如甲和乙是“同学”的关系。乙和 A 学校是“现就读”的关系，乙和 B 学校是“曾就读”的关系。丙和丁是“同学”的关系，丙和 A 学校是“现就读”的关系。如果继续拓展下去，每个人都有许多同学，同学们又来自不同的学校。这张社交网络图谱就包含了很多信息，又把这些信息通过节点和边的形式表现得非常清楚。

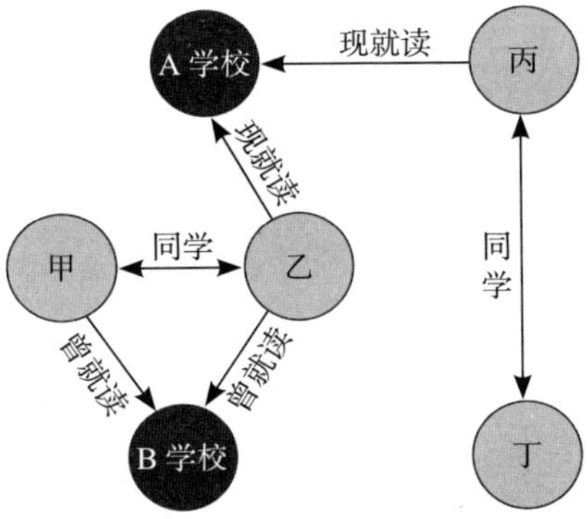

图 8-3 社交网络图谱示意图

只有当知识图谱构建完成之后，才能应用到实际的业务之中。一个构建完成的知识图谱相当于是一个知识库，这就解释了为什么它可以回答用户搜索的问题。比如在百度搜索引擎里输入“阿里巴巴的创始人是谁”，我们直接就能得到答案——“马云”。这是因为在系统层面上已经构建完成了知识图谱，在这个知识图谱中包含了关于“阿里巴巴”和“马云”的实体以及两者之间关系的知识库。所以，当我们进行搜索的时候，就可以通过关键词提取类似“阿里巴巴”“马云”“创始人”的词汇以及这些词汇在知识库里的匹配，获得最终答案。这种搜索方式与传统的搜索引擎是迥然不同的，如果用户在传统的搜索引擎上进行检索，返回的是网页，还需要用户自己来筛选和过滤信息，然后才能获得最终答案。

知识图谱的出现是为了理清不同概念之间的关系，所涉及的数据量通常较大，所以知识图谱的构建是一项错综复杂的巨大工程。从整体来看，我们将知识图谱的构建分为知识获取、知识融合、知识验证和知识应用这四个步骤。

第一步是知识获取，主要是从不同来源和结构的数据中获取知识。那么，这些知识是从哪里获取的呢？垂直领域的知识图谱数据来源主要有两种渠道：一方面是业务本身的数据，这指的是以结构化的方式存储的公司内部数据库表，只需要简单预处理就可以进行输入；另一方面是互联网上公开的数据，这类非结构化的数据通常包含了文本、图像、音频和视频等信息，一般需要借助人工智能提取出结构化信息之后才能进行输入。

第二步是知识融合，各个来源获取的信息往往是分散和异构的，具有冗余、高噪音、不确定、非完备的特点，仅仅依靠数据清洗并不能解决这些问题，而是需要进行融合和后续的验证工作，将不同来源不同结构的数据融合成统一的知识图谱，以保证知识的一致性。这步的主要工作是对获取的数据进行实体识别和关系抽取，然后融合构建数据之间的关联，包括实体对齐、属性对齐、冲突消解和规范化等。

第三步是知识验证，即对数据进行补全、纠错、更新，一方面，可以确保知识图谱的一致性和准确性；另一方面，知识图谱的构建是持续动态的，当引入新知识后，需要对新知识进行验证。如果新知识与旧知识间有冲突，那么就需要判断：是原有的知识错了，还是新的知识有问题？如果新知识是正确的，那么就要进行相关实体和关系的更新。

第四步是知识应用，主要是根据知识图谱提供的信息，推理得到更多隐含的知识、隐含的关系、隐含的社区和知识间关联的路径等。这样，通过知识图谱可以产生大量的智能应用，如专家系统、推荐系统、语义搜索和智能问答等。其中，基于知识图谱的智能问答系统可以提供用户所需的信息与知识，一般是以一问一答的形式来精准回答用户的问题。比如说，电商领域的智能问答系统可以辅助人工客服回答一些常见的问题。这样既能在第一时间对用户的问题做出反馈，提升用户体验，又能减轻人工客服的工作量，减少人力成本。

可解释的 AI 模型

在过去的十几年里，人工智能在各个领域都有成功落地的案例，像我们之前谈到的金融领域的农业银行、零售领域的塔吉特、工业领域的杜克能源等，都通过人工智能提升了自己的效益。但在实践的过程中我们发现，现在仍然有很多企业对人工智能持一种怀疑的态度：人工智能系统做出的决策是否真的值得信任呢？这是我们在推广人工智能应用过程中经常遇到的质疑，也是人工智能在企业落地需要攻克的下一个难关。

在现实的业务中，如果人们要做一个决策，是需要在企业中达成共识的，而相关的人员也要通过定期的审查，来解释他们的决策。这样，既能够保证所做决策可以有效地提高整体业务水平，也能够保证决策在整个企业中顺利进行。不难理解，在决策制定过程中，信任机制中存在着一个关键因素：如何为自己的想法或者做法阐述出一个合理的解释？

人工智能也一样，模型的有效性同样会受到当前无法向人们解释其决策的限制。当人工智能根据模型和分析做出决策后，企业会有各种疑问和担忧，比如说“为什么要这样做？”，“什么时候能够实现？”。但这时人工智能并不能人性化地给出回答。这就催生了人工智能的新兴分支，称为“可解释的人工智能”（XAI），即建立一套新的或改进的机器学习机制，生成可解释的模型，结合有效的解释方法，使得用户能够理解、一定程度地信任并有效地管理人工智能。

XAI 的关键在于：解释人工智能所做出的每一个决策背后的逻辑，都是合理的、可追踪的和可理解的。这里包含三个关键维度：首先，是合理的，即能够理解每个人工智能做出预测的背后推理，整个决策过程中人工智能的思考流程和逻辑是如何的。其次，是可追踪的，即从数据的特点到模型的逻辑，追踪预测过程的能力。最后，是可理解的，即完全理解做出决策所基于的人工智能模型，包括为什么要选择这样一个模型，这个模型如何建立起来的以及能够实现的结果是什么等。

在了解了 XAI 的基本原则后，具体该如何操作呢？ XAI 是如何对人工智能模型进行解释的呢？其实 XAI 解释人工智能模型的方法有很多，比如说，在模型建立前对数据进行解读。我们都知道人工智能模型建立在大量历史数据的基础上，所以理解数据对于人工智能模型的可解释性具有重大意义。对数据的理解可以通过一些数据预处理和数据可视化的方法来实现，对其进行解读的关键在于全面地展示数据分布的特点。这一方法可以使建模过程中可能面临的问题都充分地暴露出来，从而帮助我们选择一种最合理的模型来获得可能达到的最优解。再比如，建立本身就可以被解释的人工智能模型。不同的人工智能模型的可解释性是不一样的。在实践中，如果我们选择本身就易解释的人工智能模型，就从根本上解决了问题。常见易解释的人工智能模型有决策树模型、线性分类模型和线性回归模型等。

针对比较复杂的人工智能模型，我们以卷积神经网络为例来具体来说明 XAI 是如何对深度学习模型进行解释的。曾有研究者利用反卷积的相关思想，实现特征可视化，来帮助我们理解卷积神经网络的每一层究竟学到了什么东西。我们已经知道卷积神经网络的识别过程是由卷积、池化等步骤组成的，而如果想要深入了解一个卷积神经网络的逻辑，我们就需要经过反池化、反卷积这样的逆过程。通过这样的逆过程，我们就可以比较清晰地了解到卷积神经网络是如何进行分类和识别的，也就可以实现人工智能模型的合理性、可追踪性和可理解性。

XAI 除了可以解决模型的可解释问题之外，还具有更深层的裨益，例如：一方面，因为 XAI 提供的解释有助于找到数据和特征分析中的问题，所以 XAI 能够帮助改善人工智能模型的性能。当人工智能模型的判断逻辑易于解释时，我们就能够发现整个过程中的缺失，从而找到改良它的方法。

另一方面，XAI 可以帮助人们确认人工智能判断的合理性，从而更快地部署基于人工智能的方案。决策不光是人工智能的核心，也是人类活动的关键，在进行重大决策的时候，我们既需要确保所做的决策是合情合理的，又需要知道它背后的理由，才能评估它是否值得参考。XAI 对于模型的解释提高了人们对人工智能的信心，帮助他们更加明智地决策以及果断地行动。

虽然人工智能模型面临的挑战很多，但所幸最终都有了相对应的解决方案。这其中包括：对于如何在不进行成本巨大的数据标注工作的情况下，还能实现深度学习的问题，我们可以通过生成性对抗网络进行自主学习来解决；针对如何能够把数据和知识有效地结合起来的问题，我们可以通过构建知识图谱来解决；关于如何更好地解释人工智能模型的问题，我们讨论了可解释的人工智能。

无论是哪个挑战，业内都已经有了相关的研究结果，并且实证有效。但这些挑战都值得更进一步地进行研究，找到更好的解决方式，最终使人工智能可以更好地为人所用。而且随着人工智能更长远的发展以及它的深度运用，以后还会有更多复杂的问题出现，就像长夜漫漫，凛冬将至，高峰之下必有低谷。但是我们知道，冬天到了，春天也就不再遥远，人工智能也在不断的挑战中日趋完善。

AI 的伦理和法律挑战

虽然人工智能还处在发展的初期，但它已经展现出了巨大的颠覆力，不仅在一定程度上方便了我们的日常生活，也对传统行业模式产生了一定的改变，促进了智能化经济的发展，社会正经历着从“互联网 + ”到“人工智能 + ”的转变。在我们享受人工智能红利的同时，也会感受到技术带来的危险，包括隐私和数据泄露的问题、机器与人的关系问题等，就像狄更斯所言：“这是最好的时代，也是最坏的时代。”随着人工智能的进一步普及，它所带来的伦理和法律问题也将越来越突出。积极关注并回应人工智能带来的伦理和法律挑战，能够促进民生福祉改善，推进行业健康发展，在新一轮技术革命中掌握主动权。

AI 的伦理挑战和应对

人工智能模拟的是人脑，但它又不同于人脑。人工智能在学习和决策的时候，虽然缺乏人脑的主动和细致，但也有其自身的优势，比如它可以在短时间内学习大量的数据，工作速度高于人类，长时间工作不知疲惫，并且可以做出最优决策等。人工智能促使社会发生着新的改变，形成新的行业和产业形态，也由此创造出巨大的经济价值和社会财富。人类在享受人工智能带来的便利的同时，也会产生担忧，一旦机器有了思维，那机器能够变成人吗？人类会被人工智能取代吗？我们在利用机器解放自身的同时，也会产生危机感，一方面我们要利用工具，另一方面我们又害怕被工具取代，丧失了人类对社会的控制。

控制论之父维纳在他的《人有人的用处》一书中曾做出了一个耸人听闻的结论："这些机器的趋势是要在所有层面上取代人类，而非只是用机器能源和力量取代人类的能源和力量。很显然，这种新的取代将对我们的生活产生深远影响。"在 AlphaGo 打败围棋冠军李世石时，我们已经看到了人工智能的凌厉之处。当今很多电影大片和文学作品里面，也出现了机器人或者机器智能体超越人类的话题。关于机器人是否会背叛人类、人类是否会成为机器的仆人等话题的讨论此起彼伏，热度不减，甚至霍金都曾多次表达他对"人工智能可能导致人类毁灭"的担忧。硅谷"钢铁侠"埃隆·马斯克把车祸、飞机失事、毒品泛滥、食品问题和人工智能进行了对比，认为前四项东西至少没有对人类文明造成根本威胁，但是人工智能却从根本上威胁到了人类文明。

人类区别于其他动物最根本的属性在于长期进化而来的高级逻辑，人工智能与人类思维存在相似之处，人工智能的目的是让机器能够像人类一样思考，机器的自主性越来越强，所以人工智能的应用势必会带来伦理挑战。我们不禁要问，人工智能究竟能否产生自己的意识？人工智能真的会挑战人作为主体的根本地位吗？但从人工智能现在的发展情况来看，要对人工智能是否真的会导致人类毁灭这样的问题下结论还为时过早。当前我们所说的人工智能并不是我们脑海中的具有自由意志和行为能力的智能体，更多的是从数据中学习知识的工具，或者可以将人类从烦琐、枯燥、重复的工作中解放出来，或者可以将优秀的经验不受时空限制地应用。不过人工智能的出现确实带来了伦理方面的挑战。

人工智能伦理挑战中最主要的问题就是人工智能与人类的关系问题。这一伦理问题的根源还是在于人工智能和人类思维有相似之处，人工智能模拟了类似于人的神经元网络，可以像人脑一样进行学习，并做出思考。如果可以将人类接触的各种信息和经验转化成数字和符号，再加上强大的数据分析能力，那我们就可以完整地模拟出人脑的功能，机器与人类的差别就会越来越小。所以我们一直以来担心的机器人对人类的挑战，其实是人工智能对人类思维逻辑的挑战，也就是具有了思维的机器对人类主体地位的挑战。

2016 年，欧盟委员会下的法律事务委员会就曾提交动议，要求赋予最先进的自动化机器人“电子人”的身份定位，除给予“特定的权利和义务”外，还建议对智能自动化机器人进行登记，以便为其注册进行纳税、缴费和领取养老金的账号。如果该项法律动议获得通过，无疑会动摇传统的法律体系，法律上主体和客体之间这种不可逾越的鸿沟现在正发生动摇。这在我们看来无疑是荒谬的，一个由人类制造出来的机器，竟然在法律上要享有和人类同等的权利。

在机器的身份定位发生动摇的同时，也出现过机器对人造成伤害的事件。比如说，20 世纪 80 年代，日本就曾经发生过在作业现场工业机器将工人置入机器压死的事件。2007 年，因为医疗外科手术机器人对病人造成烧伤、切割伤以及感染的事件频发，美国食品药品监督管理局收到超过 200 份投诉。那么这些事件，是机器人创造者的技术漏洞，还是机器人管理者的疏忽？机器人本身需要对侵害人的行为负责吗？再比如在最近讨论很热的无人驾驶问题中，“人工智能 + 无人驾驶”颠覆了以往的人车关系和车车关系，驾驶汽车的不再是人，而是智能驾驶系统，那么在出现交通事故时，该如何判断机器系统是主观上的“故意”还是“过失”呢？可以让智能驾驶系统承担交通事故中的民事赔偿责任吗？

智能机器人的本质是机器，但它也有人的属性。虽然在目前技术的发展水平下，人工智能代替人类听起来像是天方夜谭，并且人工智能本身的发展距离人类智慧也很遥远，但是未雨绸缪才能防患于未然，我们必须提前讨论人工智能的伦理问题。与此同时，人工智能相关法律的制定也需要考虑伦理的范畴，对人工智能的伦理的研究也早于法律规定。

随着对于人工智能伦理问题探讨的深入，越来越多的国家和地区开始重视对人工智能伦理的研究。例如，欧洲机器人研究网络（EURON）制定了《机器人伦理学路线图》，韩国工商能源部发布了《机器人伦理宪章》，日本组织专家团队起草了《下一代机器人安全问题指引方针》，美国国家科学基金会和美国航天局为对“机器人伦理学”进行研究设立了专项基金。此外，许多机构也在强化人工智能专家在人工智能伦理规范方面的责任，例如谷歌设立了“人工智能研究伦理委员会”。在我国，2017 年 7 月，国务院发布了《新一代人工智能发展规划》，将发展人工智能确定为国家战略的同时，提出“制定促进人工智能发展的法律法规和伦理规范”，“加强人工智能相关法律、伦理和社会问题研究，建立保障人工智能健康发展的法律法规和伦理道德框架”。对人工智能伦理的讨论，不仅可以在一定程度上指导行业健康、可持续的发展，也可以在必要的时候，转化为法律规范，实现道德的法律化。

2017 年 1 月，主题为“有益的人工智能”（Beneficial AI）的会议在美国加利福尼亚州的阿西洛马召开。会议提出了“阿西洛马人工智能原则”，明确人工智能研究的目标不应该是建立无向的智能，而应该是创造有益的智能。并且该会议还呼吁，在发展人工智能的过程中全世界都应该严格遵守这些原则，共同保障人类未来的利益和安全。

2017 年 12 月，电气和电子工程师学会（IEEE）发布《人工智能设计的伦理准则（第二版）》，进一步完善了人工智能伦理的内涵，包括一般原则、价值嵌入、研究和设计的伦理方法、通用人工智能（AGI，artificial general intelligence）和超级人工智能（ASI，artificial super intelligence）的安全、个人数据、自主武器、经济和人道主义问题、法律、情感计算、教育和知悉的政策、经典伦理问题、混合现实、福祉指标这 13 个方面。

微软在 2018 年出版了《未来计算》（*The Future Computed*）一书，其中提出了人工智能开发的六大原则：公平、可靠和安全、隐私和保障、包容、透明、责任。清华大学人工智能与安全项目组提出了六条准则：福祉原则、安全原则、共享原则、和平原则、法治原则、合作原则。这些准则之间有相似之处，对人工智能的伦理问题，可以说达成了基本的共识。

欧盟委员会指出，“可信赖的人工智能”应该有三个必不可少的要素：一是合法，应该遵守所有适用的法律法规；二是合乎伦理，应该尊重伦理和价值观；三是安全可靠，应该避免因技术不足而造成无意的伤害。欧盟人工智能伦理高级专家组提出了人工智能伦理准则，列出了“可信赖人工智能”应满足以下七个关键条件：人的能动性和监督机制、技术的可靠性和安全性、隐私和数据管理、透明度、包容性、社会和环境福祉、问责机制。国际计算机学会下属的美国公共政策委员会发布文件，提出了关于算法透明和可责性的七条原则：意识、获取和救济、责任制、解释、数据来源、可审查性、验证和测试。

2019 年 6 月，国家新一代人工智能治理专业委员会发布了我国第一组人工智能治理原则《新一代人工智能治理原则——发展负责任的人工智能》，提出了人工智能治理的框架和行动指南。治理原则中重点强调了“发展负责任的人工智能”这一主题，提出了和谐友好、公平公正、包容共享、尊重隐私、安全可控、共担责任、开放协作、敏捷治理这八条原则。

应对人工智能对伦理的挑战，首先要树立的一个原则就是“以人为中心”，以人类的根本利益为中心，我们要解决的不是人工智能和人类平起平坐的甚至超越的问题，我们要解决的是如何利用人工智能来补充人类思维的问题。人类制造工具，而工具让我们走得更远，让人类从繁重的任务中解放出来。人工智能是需要以人的需求为出发点的，保障人类的利益发展和安全，兼顾技术和行业的发展，即人工智能是“为了人和人类的人工智能”，不应该是可以取代人或者对人有害的技术。

“以人为中心”这一原则可以通过“技术 + 责任”的路径来实现，在技术上不要一味地追求机器的自主性，而是在人工智能和人类思维之间实现对接，并将人类的价值观嵌入人工智能，通过技术标准、产品标准等指导技术在具体场景下的应用和发展，确保技术是安全的、透明的、可追溯的。在责任方面，要明确人工智能的责任主体，同时加强监督，并建立起可归责的责任体系。

腾讯董事会主席马化腾在 2018 年世界人工智能大会上提出，人工智能应该做到“四可”，即“可知”、“可控”、“可用”和“可靠”（ARCC：Available, Reliable, Comprehensible and Controllable），他在 2019 年世界人工智能大会上再次重复了这一点。随着人工智能技术更加广泛深入的应用，人工智能伦理指导和人工智能治理也更加紧迫，这也需要多方面的协同配合，共同探索人工智能的发展方向，实现科技向善。

AI 应用中的个人信息保护

随着人工智能的发展，新的产业形态和商业模式不断涌现。智能革命使得新技术推动生产力快速发展，在技术上对数据的获取和运算更加方便，相应地，对法律领域也提出了新的挑战和要求，其中比较突出的问题就体现在个人信息保护方面。

过去，大数据的概念还没有建立，政府作为社会管理者收集公民个人信息的主要用途便是社会管理和社会服务。但随着大数据和智能时代的来临，越来越多的企业，特别是电商网站、品牌公司和广告公司等都建立起了自己的数据库，利用各种方式收集数据，再利用人工智能模型对数据进行分类和分析，进行智能营销。电商可以了解到我们的商品搜索记录和购买偏好，外卖订餐和出行叫车软件可以定位我们的所在位置和每天的生活轨迹。毫不夸张地说，我们整个人都暴露在了互联网之上。现在大型互联网公司的价值，除了在于其开发的产品和服务以外，也在于其掌握的大量数据。未来的竞争是人工智能的竞争，其根本还在于数据战，谁拥有了大量的数据，谁就在市场竞争中占据了主动。所以，越来越多的技术应用到了大数据的收集当中，那么个人信息安全问题也就引起了越来越多的关注。在个人和数据管理者的博弈之中，个人是处于劣势地位的，个人信息保护的问题也会愈演愈烈。

人工智能和数据是分不开的。在大数据的时代，可以说涉及人的数据是最多的，其中包括人本身的身份信息、特征信息和行为信息等。这些个人信息很多涉及人的隐私。个人信息这个词有时候也被叫作个人资料或者个人数据，在我国，目前对个人信息这个概念的内涵和外延并没有一致的解释，但从司法实践来看，对个人信息的认定采取的是紧缩的态度，也就是将能够确认人身份的信息判定是个人信息，比如姓名、身份证号和电话号码等，而像网站浏览记录等不能直接判断人身份的信息就不能被划在个人信息的范围之内。但是随着技术的发展，人们逐渐能够做到将个人在网络空间上各种零星细碎的信息拼凑出完整的、足以反映其人格的关键信息。所以，目前对个人信息的认定也出现了放宽的趋势，即将人的特征和行为等间接的个人数据也划在个人信息的范围之内。

人是商业活动的主体，涉及人的数据是可以进行经济价值转化的，这正是大数据革命的核心，并且也会推动人工智能的应用和发展。一方面，我们要保护个人信息，不能非法采集和使用，另一方面，我们也不能让个人数据与市场活动绝缘，人为地阻断数据的经济价值，这不利于市场经济和技术的发展。并且，个人信息和个人隐私具有不同的性质和功能。个人隐私的要义在于保密，即不暴露，若有侵害则事后救济。而个人信息其实是一些已经是公之于众的，并且具有一些权利和财产的属性的信息，其权利的重点在于控制与利用。所以在人工智能时代，如果将个人信息进行了合法、合理的采集和使用，可以做到个人和商业的双赢。对个人信息的保护不仅仅是对法律规则的挑战，也包含经济因素和社会利益的考量，是一个价值衡量的问题。

针对个人信息保护，目前世界上已经有超过 100 个国家或地区制定了专门的个人信息保护法，尤其是西方的发达国家。在美国，个人信息保护是在隐私保护的范畴内，以行业自律为主，通过行业分散的规范和事后救济来实现。欧盟则是通过立法，凭借法律的强制约束力对个人信息给予相应的保护，从互联网行业对个人信息的获取途径、方式、运用和目的等各方面进行规范。我国的个人信息保护还在起步阶段，各方多次呼吁要制定专门的个人信息保护法，确立个人信息权，但具体法律法规仍未出台。

目前我国对个人信息保护的法律规定并不完善。《民法通则》仅从原则上规定了要对公民的个人信息进行保护。2017 年 6 月 1 日正式施行的我国首部网络安全的专门性立法《网络安全法》规定了网络运营商收集、使用公民个人信息的目的必须明确，而且应当获得个人信息主体的同意，也就是说目前我国对于个人信息采集的做法是“目的 + 知情”，收集公民个人信息的目的需要是合法、明确、正当且必要的，并且其目的必须在信息收集时已经明确，事后不能有冲突或者不兼容。个人信息收集的目的、方式和范围必须是透明的且需要征得信息提供者同意。信息收集者需要履行披露义务，收集后的信息在持有阶段必须确保信息的安全，对于个人信息的利用不得违反法律规定。《网络安全法》的重点不仅在于个人信息本身或者是对个人信息的保护，更多的是在于对个人信息的控制者和处理者的规制，包括个人信息的控制者和处理者对公民个人信息的收集、使用、加工和传输等行为。

但是，互联网对个人信息的收集、转化到使用等这些操作常常被用户所忽略。并且目前互联网对用户是普遍免费的，其赢利模式不是向用户收费，而是向第三方收费，也就是通过互联网广告赢利，例如世界最大的社交网站脸书，其收入的 98% 来自广告的精准投放。所以目前互联网的模式就是“免费 + 广告 + 增值”，其第一步就是扩大浏览并且获取个人信息。有些时候如果不注册、不提供个人信息，就无法享受服务，而我们也会以牺牲个人信息为代价，换取网络的服务和便利。所以互联网普遍免费的模式并不是真正的免费，而是以我们的个人信息为交换，供互联网服务商使用。并且，互联网模式对个人信息的保护并不充分，它往往虚化个人信息获取的同意规则，例如将同意规则掩埋在大量的信息中，或者默认选择同意等。2018 年新年的支付宝年度账单事件就是一个典型案例。大家在晒支付宝账单和年度关键词的时候，不知不觉又签了一个“服务协议”——支付宝个人年度账单首页有一行特别小的字：“我同意《芝麻服务协议》”，且页面上已帮你选择好了“同意”，默认选项允许支付宝收集用户信息包括在第三方保存的信息。查看年度账单和《芝麻服务协议》没有关联性，即使选择取消同意，人们依然能够看到年度账单；但如果没注意到，默认同意了这个协议，就意味着允许支付宝收集个人信息。所以，在收集个人信息时，不仅应该要求经营者做到必要的明示提醒义务，而且对于用户而言，也应该审慎为之，不然稍不注意信息就会泄露。

在互联网普遍免费的模式下，有人建议可以在用户选择服务时给用户一个选择的机会，即将选择权交给用户，如果选择免费服务模式，即享有普通的个人信息保护，如果采取付费的模式，则享有一个更高的信息保护层级。对于个人信息的采集和利用可以根据用户个性化的选择和付费情况，采取不同程度的保护力度。但是，这个改变在目前的互联网模式下推行存在难度。还是应该明确信息提供者、信息存储者和使用者以及系统开发者的责任，强化企业保护用户隐私的意识和责任，加强监督管理，防患于未然，并且建立健全完善的争端解决机制，让个人有寻求救济的途径。对于个人信息的保护不是一味地避免个人信息的获取和利用，也不是为了商业目的而牺牲个人权益，而是需要在个人信息的保护和正当的商业活动中寻求一个平衡。只有这样，才能获得双赢的局面。

爱因斯坦曾说过：“技术本身没有道德性，使用技术的人的道德能力决定了技术改变世界的方向和可能性。”技术的发展会产生新的社会关系，或使得现有的社会关系产生变化，影响甚至改变人类的某些生活方式及思维方式。技术的发展促使人们对于自然、社会和人本身以及之间关系认识的不断加深，也促进了法律内容的更新。伦理道德和法律是社会规范最主要的两种存在形式，伦理道德前置，可以激励和规范技术的发展，法律后置，可以抑制技术的负面的影响，提供有效的救济途径。无论是伦理道德还是法律，其规制的意义都在于引导和规范技术健康、可持续的发展，为人类创造福祉。

AI 落地的人为因素

前面我们探讨了人工智能模型和伦理法规的挑战，最后，我们论述一下影响人工智能落地的人为因素。人工智能，因人而诞生；AI 思维，最终也由人来实现。人工智能与人类息息相关，也因人而异。对于不同的人，人工智能所带来的改变可能完全不一样。同样地，对于人工智能，如果是由不同的人来实现，结果也会完全不同。人工智能是以服务人类为核心，完全围绕人类展开的，所以人为因素在其落地过程中发挥了极其重要的作用。

人工智能时代，人与人工智能关系的话题讨论一直热度不断，从科幻大片里人工智能试图与人类产生感情，到现实生活中人工智能人才的短缺，我们一直在思考、在探索。随着各个行业智能化水平的提高、人类对人工智能的依赖程度的上升，到底有哪些人会与人工智能直接接触？人工智能又赋予了哪些人专业的帮助和思想的灵光呢？下面我们就来具体介绍一下，在人工智能实际运营过程中，人类都涉及了哪些角色以及承担了哪些相应的职责。

AI 落地中的角色分工

第一，企业决策者，例如企业的 CEO 及其他高层管理者。无论在什么时代，企业决策者的思维方式和管理方法，对这个企业的发展和未来都起着举足轻重的作用。他们的目标是用更少的资源产生更高的收益。人工智能作为一个热点方向，会吸引决策者的注意，而有远见的决策者，更是会在人工智能上投入资源。

企业决策者需要在战略上支持人工智能应用。战略的支持包括资源的倾斜、给予足量的时间等，需要按照人工智能的规律来推进项目。一些企业决策者并不了解人工智能的发展规律，执行任何项目都把时间限定为三个月——无论是开发网站还是研发人工智能都是三个月，这显然违背了人工智能的规律。当然，并不是说研发人工智能一定是慢活，而是说要根据需要以及规律办事，不能一概而论。

第二，业务负责人，即直接负责一项业务的经理。业务负责人的思维方式和工作能力直接影响着所在部门的办事效率和工作业绩。他们没有企业决策者的权限大，但更加了解某个具体的业务，有执行层面的话语权。

业务负责人往往需要达成一定的业务目标，而时刻关注时代发展方向的业务负责人会了解到人工智能的先进性，会更加关注人工智能如何在企业落地，并且相信人工智能有助于实现他的目标。我合作过的优秀的业务负责人都有比较开放的心态，乐于接受人工智能这一新事物并能够与更大的团队一起分享成果。

第三，人工智能科学家，即受过专门训练并精通人工智能模型的专家，是不可多得的人才，人工智能在各个领域的落地实践离不开他们的专业能力。他们不仅需要熟悉人工智能的应用框架，精通并实践人工智能模型，而且要理解人工智能落地过程中需要分析和研究的数据，并具备足够的工程能力来分析和处理所涉及的数据。与此同时，他们也要对数据的业务价值有较深入的认识。所以说人工智能科学家并不等同于实验室里的科学家，他们既要了解数据，也要熟悉业务。

第四，数据工程师，即提取和处理数据的工程人员，他们直接管理、操作人工智能所需要的数据资源。数据工程师负责提供人工智能所需的数据支持，能够有效地满足人工智能科学家提出的数据需求。他们将人工智能与企业数据资源连接，是人工智能能够实现落地的关键一环。数据工程师最重要的特质是可靠、可依赖，不会因为自己管理了数据就偏私，只有这样才能高效地支持人工智能落地。

以军队为例，在一个军队里面，决策者是元帅，组织队伍去攻打堡垒。军队里的业务负责人是司令，带领着一批人马就朝堡垒前进了。人工智能科学家角色就是参谋长，他有着熟练的作战技术，但是他最终能否按照司令的作战策略率军出征，要看参谋长和司令，也就是人工智能科学家和业务负责人之间的配合程度。优秀的业务负责人和人工智能科学家，也就是司令和参谋长，需要相互磨合和理解，让业务与技术相匹配，发挥出最大的价值。在人工智能落地的过程中，参谋长不能过分许诺，司令也需要给足时间和空间，这样两者才能合作顺利，逐步解决各种问题。在双方合作出现问题时，也会因为彼此都有一个共同的理想，所以坚持走下去，共同实现业务目标。数据工程师在整个军队中的角色，则像参谋长的左膀右臂，没他们的话，参谋长的战斗力会大打折扣，打不了仗。

一直以来都存在这样一个问题，人工智能在企业落地可以没有企业决策者的支持吗？答案当然是否定的。如果缺少了高层的支持，人工智能很容易落地失败。但因此武断地认为只要企业决策者支持人工智能落地，过程就一定会比较顺利，也不完全正确。比如说，刚参加工作的时候，我作为人工智能科学家负责了一个人工智能落地项目。当时，公司领导非常支持这个项目，初步的发展也很理想，但到了项目需要使用大量数据的阶段，数据库的负责人（即前面所说的第四种角色）并不十分配合我的项目，既不支持人工智能所需的大数据提取工作，也不肯协助处理工程上的问题。起初，我由于无法独立处理大规模数据、无法驾驭复杂软件系统等问题，导致了项目的延误，但后来我痛定思痛，通过加强自身的工程能力，灵活构建程序，按照人工智能的需求去处理大量的数据，解决了这一阶段的问题。最终，这个项目成功收尾，人工智能在业务中发挥了巨大作用，直接帮助公司获得一轮巨额的融资。

除此之外，人工智能科学家的培养也是业界比较关注的话题，之前我也针对此问题写过相关文章进行详细的讨论。在我看来，人工智能科学家最重要的一个素质就是对数字的高敏感度。人工智能的开发和应用软件开发极为不同，应用软件开发过程只需要满足需求就可以了，程序和数据的错误可以在后期检验中发现，但人工智能模型里的错误在后期是难以发现的。如果让错误存留在系统里，对业务的负面影响会很大，所以人工智能科学家需要对数字十分敏感，保证人工智能系统处理的数据是准确无误的。其次，人工智能科学家也需要具备一定的工程能力，能够针对不同的模型快速进行实验。无论业务和专业的侧重点在哪里，对于人工智能科学家来说，基本的工程能力必不可少，只有这样才能保证人工智能成为业务提升的驱动力。

上面我们描述了在人工智能落地中所需的四种角色：企业决策者、业务负责人、人工智能科学家和数据工程师。这四种角色都有各自的特点，相辅相成，互为补充，在人工智能落地的过程中都承担了重要的责任。可以说，在整个人工智能项目中，这四类角色都是功不可没、缺一不可的。

AI 落地中的第五个角色——AI 产品经理

在现实情况中，实际的业务需求和人工智能模型之间存在巨大的鸿沟，双方没法有效地沟通，而在大多数机构中，也缺少能够有效地将业务需要翻译为人工智能需求的人员，这直接导致人工智能落地进展缓慢。所以，从这种情况来看，仅有刚才说的四种角色的人员组合，并不完备，我们还需要一个人工智能产品经理的角色。

按照通常的定义，产品经理能够将业务的需要翻译为对技术实现的需求。例如，现在要开发一个酒店的网站，产品经理会根据酒店的业务逻辑设计出网站的原型，像介绍页面、登录页面、订单页面等，并能够生成需求文档、对接具体开发网站程序的工程师。这种将业务需要翻译为人工智能需求的职位就是人工智能产品经理，而人工智能产品经理的缺席，会导致人工智能落地进展缓慢。既然说人工智能产品经理是促进人工智能落地的关键，下面就着重分析一下人工智能产品经理的角色。

如果在军队中，人工智能产品经理能够将司令的需要翻译成参谋长可以执行的工作，他们也许就不会有争执了。在抗战时期的战役里常常有这样的一个场景：参谋长认为自己指挥军队乘胜追击是正确的事情，但在司令看来，这却是莽撞的。优秀的产品经理可以在两者间做好有效沟通，一方面跟司令解释参谋长做的是符合战术逻辑又有助于战争的决定，另一方面跟参谋长也明确每场战役的目标，让他不因鲁莽而犯错。可想而知，如果军队中有这样一个产品经理角色，司令就不用整天大发雷霆来惩罚参谋长了。

然而一直以来，兼具深厚的人工智能专业背景和强大的产品思维能力的人才非常难得。比如说目前大多数新生代的人工智能专业人士都喜欢用深度学习去解决各种场景中的问题，但仅从人工智能模型的角度出发，很多场景问题是难以解决的，反而是传统方法更有效果。所以，合格的人工智能产品经理既要具备 AI 思维，也要了解行业，还要掌握机器学习和深度学习等人工智能领域的知识，这样多个方面的能力素养叠加起来，才能更好地解决市场所面临的问题，做出实用的人工智能产品。

我时常听闻一些互联网行业的产品经理将自己不懂的知识称为技术内容，这个观点对人工智能产品经理来说是十分不妥的。就像在工业革命的早期，如果你不了解蒸汽机的基本原理，你就不能做火车的产品经理；同样，如果你不具备 AI 思维，不了解人工智能解决问题的基本思路和框架，也难以胜任人工智能产品经理。出于这样的考虑，我们对人工智能产品经理知识的要求，既不会过多地涉及技术细节，也不会放过对产品形成有决定性的技术内容。对于一个合格的人工智能产品经理来说，我们主要看他是否掌握 AI 思维的核心要素，是否理解解决实际问题的 AI 炼金术，是否熟悉人工智能决策引擎的原理，并能够在 AI 思维的框架下逐步了解重要的人工智能概念。只有具备了人工智能视角、能够以数据和模型的方法论解决复杂问题的产品经理，才可以独当一面、解决业务难题，成为人工智能时代最需要的一类人。

AI 产品经理究竟在干什么？

我们前面说了人工智能产品经理的基本定位，那么从更深层的能力需求来看，人工智能产品经理都要做些什么呢？下面我们将产品经理的日常工作分解开来具体阐述。

产品经理是产品开发团队的主导人，需要从用户角度出发，协调研发、市场、销售等部门，对产品进行优化。具体来说，就是了解用户需求，负责产品功能定义、规划和设计，保证产品开发工作顺利开展。除此之外，还要对用户的新需求、竞争产品的信息进行收集和分析，研究产品的发展趋势等。

而人工智能产品经理是产品经理中的一个具体垂直分类，将负责的产品范围聚焦在人工智能领域。作为产品开发团队的主导人，人工智能产品经理的主要职责是寻找用户需求和人工智能能力的交集。例如，人工智能产品经理离用户更近，善于发掘和分析用户以及市场的需求；同时，他们也知道人工智能能够解决什么样的问题，能够根据实际需求设计理想的模型训练集和预测集，同时为模型提供评估指标。那么，相应地，人工智能科学家和数据工程师依据这些需求和指标，获取所需的数据集，开发并迭代出与需求相符的人工智能产品。比较人工智能产品经理和传统产品经理，可以看到二者区别主要在于，是否具有利用对数据和人工智能的理解，在动态业务中迭代产品的思维。

我们要明确的是人工智能产品经理的本质还是产品经理，所以其最核心的工作依然是找到用户需求，专注于提高产品价值。人工智能最终是解决问题的工具，它能够解决什么需求、如何更好地解决需求，都是人工智能产品经理日常需要考虑的问题，这其中最关键的问题就是要考虑如何促进人工智能更好更快地落地。在多数应用场景中，人工智能产品经理需要做的是把行业内的需求转化成人工智能实现层面的问题；在这其中，人工智能产品经理掌握的是数据，需要人工智能输出的是预测和决策。从人工智能落地的整个流程来看，人工智能产品经理不仅要了解数据的内涵，还要知道如何探索数据。例如，要实现某项业务的人工智能落地，人工智能产品经理要知道所需收集的数据内容及形式是什么、如何正确地理解数据并反馈到实际产品中。在开始进行产品设计时，人工智能产品经理还要基于业务需求确定人工智能产品的效果是提升营销响应，还是优化生产效率等，根据这些定下基础的模型框架。

在人工智能产品领域，数据越具有时效性、越具体，建立起的人工智能模型便越优良，所以在人工智能落地的全过程中，产品的完成并不是项目的终点，人工智能模型还需要在使用中进行动态的迭代和优化，以期能更好地服务用户。对人工智能产品经理来说，在人工智能产品完成后还需要进行持续的数据收集，通过产品的不断使用能够获得更多、更深入的数据进行人工智能模型训练，使得人工智能产品可以越来越准确和深入地解决问题。

同时，人工智能产品本身还具有很大的不确定性，人们无法像传统产品一样直观地了解到人工智能产品到底是什么，对它的智能水平的了解也十分模糊。这样就很容易出现用户对人工智能产品的预期很高，但产品并不能够完全满足用户需求的情况，或者出现用户提了太多超出产品功能的要求却没有得到正向反馈的情况。这些情况的出现会导致用户的心理落差很大，无法客观地评价人工智能产品。因此，人工智能产品经理在设计人工智能产品时，要注意对用户期望的把握。

基于人工智能产品开发的内在逻辑，人工智能产品经理的演化主要体现在三个阶段——第一个阶段，数据收集和管理阶段；第二个阶段，产品开发阶段；第三个阶段，产品落地阶段。在这三个阶段演化的过程中，也需要面对人工智能落地中的各种挑战。下面我们对这三个阶段进行具体分析。

在数据收集和管理阶段，高质量的数据是人工智能实现的基础，这个阶段人工智能产品经理最重要的工作就是进行数据的收集和管理。无论是在实现层面还是市场层面，人工智能产品经理只有先把数据管理做好，才能让数据发挥出价值，创造出真实契合市场需求的人工智能产品。数据管理里有很多具体内容，例如数据标准管理、数据质量管理、数据集成和关联等。此外，在本阶段还有一个重点是数据安全与隐私保护。数据安全是指系统中的数据受到保护，不因偶尔或者恶意的原因而遭到破坏、更改和泄露。数据的运用可能涉及相关主体的隐私问题，所以人工智能产品经理要具有保护数据隐私的意识，对保护数据隐私的措施有一定的敏感性。

人工智能落地的第二个阶段是人工智能产品开发。在这一阶段，人工智能产品经理要创造适用于行业的人工智能产品，从用户需求出发，切实找到行业痛点，通过对人工智能的理解，找到用人工智能解决难题的方式，然后抓住行业痛点和人工智能的结合点设计人工智能产品。真实有效的人工智能产品诞生后，能够实现用户体验和业务效果的大幅度提升，或是人工成本的大幅度降低，甚至能够颠覆行业现状。

人工智能落地的第三个阶段是产品落地，这时人工智能产品经理也应该以类似业务负责人的身份去考虑实际的落地问题。一位十分优秀的人工智能产品经理不仅要引导产品的发展，还要引导业务的发展。他既要是一个优秀的执行者，还要是一个项目和团队的管理者。他需要具备敏锐的洞察力，既能准确抓住用户心理，又能精研产品细节，最终打磨出惊艳的人工智能产品。在人工智能时代，只有把产品做到市场上的极致，不断进行产品突破，才能实现价值。

从整体来看，人工智能产品现在还处于起步的阶段，人工智能产品经理在人工智能产品开发中的经验也都并不丰富。在实践过程中，遇到的很多问题现在也都没有比较确定和成熟的方法论，缺少解决方案或经验总结，很多问题还寄希望于通过人工智能的不断发展和探索来解决。与此同时，人工智能本身的边界和能力也正在飞速发展中，人工智能产品经理需要及时跟上时代发展的步伐，对自己的工作做出调整。

可能有人会问："人工智能崛起后，世界还会好吗？"答案是肯定的。既然这个时代已然或者终将是人工智能的时代，我们就更加需要戳破虚高的泡沫，每个人都建立起一个客观理性的 AI 思维来面对这个新时代，并期待能够以这种 AI 思维去关照整个社会的发展，感受新生事物的脉搏，让自己过得更好，也能够看到整个世界变得更好。

参考文献

1. 新一代人工智能发展规划 . 中华人民共和国国务院 , 2017.
2. 最好的数据科学家，就是把自己给“干掉”. https://www.yicai.com/news/5433619.html.
3. 人工智能给投融资决策带来的震撼 . http://www.sohu.com/a/244997475_99985608.
4. 2017-2023 年中国大数据应用行业市场全景调查及未来前景预测研究报告 . 智研咨询集团 , 2017.
5. P. Li, L. Lindsey, M. Januszewski, et al. Automated Reconstruction of a Serial-Section EM Drosophila Brain with Flood-Filling Networks and Local Realignment. Microscopy and Microanalysis 25, 2019.
6. 视频精细化运营的 AI 时代，人工智能在芒果 TV 三大场景的应用 . http://www.sohu.com/a/278615402_508153.
7. P. Devries, F. Viegas, M. Wattenberg, et al. Deep learning of aftershock patterns following large earthquakes. Nature 560(7720), 2018.
8. V. Vapnik. The Nature of Statistical Learning Theory. Springer-Verlag, 2000.
9. 腾讯 AI “绝悟” KPL 击败职业玩家联队，晋升王者荣耀电竞职业水平 . http://www.sohu.com/a/331258396_129720.
10. “韩国小姐”的脸到底有多相似？ https://www.guokr.com/article/436974.
11. S. Roweis, L. Saul. Nonlinear Dimensionality Reduction by Locally Linear Embedding.

Science 290(5500), 2000.
12. X. He, S. Yan, Y. Hu, et al. Face Recognition Using Laplacianfaces. IEEE Transactions on Pattern Analysis and Machine Intelligence 27(3), 2005.
13. R. Souvenir, J. Babbs. Learning the Viewpoint Manifold for Action Recognition. IEEE Computer Society Conference on Computer Vision and Pattern Recognition, 2008.
14. D. Holden, J. Saito, T. Komura. A Deep Learning Framework for Character Motion Synthesis and Editing. ACM Transactions on Graphics 35(4), 2016.
15. 大数据是如何捧红《纸牌屋》的？ https://36kr.com/p/5073252.
16. 今天去买化妆品，接待我的导购是位机器人. http://www.sohu.com/a/195089245_630344.
17. 斯坦福大学用 AI 预测病人何时死亡，准确率达到 90%. https://36kr.com/p/5115081.
18. 数据驱动人工智能的实践. https://www.leiphone.com/news/201702/J8UHOe08IK9najS6.html.
19. 良品铺子转型启示录：到底什么样的企业需要中台？ https://www.leiphone.com/news/201906/6muA7flMvgJj48VG.html.
20. A. Ziai. Detecting Kissing Scenes in a Database of Hollywood Films. IEEE International Conference on Humanized Computing and Communication, 2019.
21. 人工智能再出新招，AI 已能识别小偷！ https://juejin.im/post/5ccfa285f265da039f0f2445.
22. Machine Learning Lessons: 5 Companies Share Their Mistakes. https://www.infoworld.com/article/3319665/machine-learning-lessons-5-companies-share-their-mistakes.html.
23. 解决您最棘手的规划和调度问题：业务经理如何使用数学优化技术. https://www.ibm.com/downloads/cas/JLZWPQ40.
24. 运筹 OR 帷幄，运筹优化的剖析与应用. https://ask.hellobi.com/blog/R_shequ/15549.
25. 帮企业解决运输优化问题，杉数科技推新产品小马驾驾. https://36kr.com/p/5172635.

26. I. Goodfellow, Y. Bengio, A. Courville. Deep Learning. MIT Press, 2016.
27. A. Krizhevsky, I. Sutskever, G. Hinton. ImageNet Classification with Deep Convolutional Neural Networks. NIPS, 2012.
28. T. Mikolov, M. Karafiat, L. Burget, et al. Recurrent Neural Network based Language Model. Interspeech, 2010.
29. 付登坡，江敏，任寅姿，孙少忆等 . 数据中台：让数据用起来 . 机械工业出版社，2020.
30. 手机 AI 芯片的诸神之争 . http://www.ceconline.com/it/ma/8800096402/01/?cf=newCont_past7.
31. 一篇文章带你看遍 Google I/O 2019 大会 . https://blog.csdn.net/guolin_blog/article/details/90049263.
32. Stitch Fix 公司 CEO：传统零售商想要模仿，是不可能的 . http://www.sohu.com/a/232556594_168180.
33. 斯坦福等高校联合研发律政界 AlphaGo，战胜 20 名顶级律师 . https://www.yicai.com/news/5402546.html.
34. 世界人工智能产业发展蓝皮书 . 中国信息通信研究院 , 2018.
35. 这些垃圾分拣机器人你听说过吗？ http://www.sohu.com/a/316298306_231178
36. T. Mitchell. Machine Learning. McGraw Hill, 1997.
37. D. Forsyth, J. Ponce. Computer Vision: A Modern Approach (2nd Edition). Pearson, 2011.
38. D. Lowe. Distinctive Image Features from Scale-Invariant Keypoints. International Journal of Computer Vision 60(2), 2004.
39. L. Ding, A. Yilmaz. Inferring Social Relations from Visual Concepts. IEEE International Conference on Computer Vision, 2011.
40. L. Rabiner, B.-H. Juang. Fundamentals of Speech Recognition. Prentice Hall, 1993.
41. J. Bollen, H. Mao, X. Zeng. Twitter Mood Predicts the Stock Market. Journal of Computational Science 2(1) , 2011.
42. 中华人民共和国 2019 年国民经济和社会发展统计公报 . 国家统计局，2020.
43. Y.Koren, R. Bell, C. Volinsky. Matrix Factorization Techniques for Recommender Systems, IEEE Computer Journal 42(8), 2009.

44. P. Fader, B. Hardie, J. Shang. Customer-Base Analysis in a Discrete-Time Noncontractual Setting. Marketing Science 29(6), 2010.
45. M. Newman, M. Girvan. Finding and Evaluating Community Structure in Networks. Physical Review E 69(2), 2004.
46. 邵蓥侠，冯是聪．社交网络分析在公共安全领域的应用．大数据 3(2), 2017.
47. 如何发现品牌潜客？目标人群优选算法模型及实践解析．https://blog.csdn.net/b0Q8cpra539haFS7/article/details/83005763.
48. 发现奇特新人群，戴森如何用全域营销做长期消费者运营？ http://www.sohu.com/a/214785374_356153.
49. 零售企业线下门店智能裂变刷脸支付、机器人导购纷至沓来．http://www.jiqirenku.com/faxian/47179.html.
50. 华菱星马汽车：自动化 + 信息化 + 智能化 实现生产数据和质量信息可追溯．https://cloud.tencent.com/developer/news/331167.
51. IIoT 与工业 AI 融合，NI 为无锡“雪浪制造大脑”打造边缘智算．http://www.eechina.com/thread-546070-1-1.html.
52. 借助科技体验华润五彩城打造智能交融式购物中心．http://finance.sina.com.cn/roll/2019-01-09/doc-ihqhqcis4345936.shtml.
53. 首开热销 26 亿！未来金茂府成北京楼市“超级硬通货”．http://bj.house.163.com/19/0625/18/EIHM5U14000782A6.html.
54. 华为云“火”在哪．http://ad.163.com/19/0724/16/EKS5EE7V000189DG.html.
55. ET 工业大脑助力浙江智能制造，带来数百亿利润空间．https://yq.aliyun.com/articles/73871.
56. 引领首席信息官在 2019 年部署人工智能的 5 种方式．http://www.d1net.com/ai/industry/557383.html.
57. 工业 4.0——未来生产力与制造业发展前景．波士顿咨询公司，2016.
58. 阿里推出“八卦盾”主动预警 黄牛和恶意订单一网打尽．http://www.sohu.com/a/273856531_505835.
59. 中国电子商务发展报告 2018–2019. 中国电子商务协会，2019.
60. 大数据、个性化？这一次，携程 CTO 甘泉跟你好好聊聊．http://www.sohu.

com/a/138976436_118838.

61. 零售巨头塔吉特：数据是最大的资产和挑战 . http://blog.ceconlinebbs.com/BLOG_ARTICLE_253477.HTM.
62. 从工具革命到决策革命—通向智能制造的转型之路 .http://www.aliresearch.com/Blog/Article/detail/id/21774.html.
63. 关于 2018 年房屋市政工程生产安全事故和建筑施工安全专项治理行动情况的通报 . 中华人民共和国住房和城乡建设部办公厅 , 2019.
64. 生态环境大数据建设总体方案 . 中华人民共和国环境保护部 , 2016.
65. 2018 年中国金融市场发展报告 . 中国人民银行 , 2019.
66. 被 AI 入侵的金融业——“AI+ 金融”行业研究报告 . 36 氪研究院 , 2018.
67. 打造基于大数据的智能化风控体系 . https://www.cebnet.com.cn/20180927/102524642.html.
68. 金融科技公司都在学习的 FICO，是一个怎样的存在？ .https://36kr.com/p/5093993.
69. 用数据解读摩羯智投 . https://blog.csdn.net/fens/article/details/84634574.
70. Kensho 和 AlphaSense 是怎样炼成的 . http://blog.memect.cn/?p=2944.
71. I. Goodfellow, J. Pouget-Abadie, M. Mirza, et al. Generative Adversarial Nets. NIPS, 2014.
72. M. Zeiler, R. Fergus. Visualizing and Understanding Convolutional Neural Networks. European Conference on Computer Vision, 2014.
73. 刘伟 , 赵路 . 对人工智能若干伦理问题的思考 . 科学与社会 , 2018 年 1 期
74. 智能时代的技术伦理观——重塑数字社会的信任 . 腾讯研究院 , 2019.
75. 吴汉东 . 人工智能时代的制度安排与法律规制 . 法律科学 , 2017 年 5 期
76. Asilomar AI Principles. Future of Life Institute, 2017.
77. Ethics Guidelines for Trustworthy AI. European Commission, 2019.
78. 新一代人工智能治理原则——发展负责任的人工智能 . 中华人民共和国科技部，2019.

后记

人们在各行各业的长期实践中积累了大量的知识。在这个过程中，数据经过处理成为信息，而信息提炼沉淀为知识。人们从各种渠道获得知识，文明由此而延续。然而面对浩海般的数据，传统的分析方法无论在效果还是效率上都显得力不从心。通过 AI 思维的支持，我们可以有效地拥抱海量的数据，驱动最佳的决策，从数据中挖掘持续的价值。得益于此，在人工智能时代，每个人的数据都可以转化为知识，使自己和他人受益。恰逢本书定稿之际，人工智能作为新型基础设施建设的方向之一，再次站上风口，这意味着人工智能有机会为未来社会的发展提供全方位的服务，真正能够为人人所用，使人人受益。

然而，人工智能的特点决定了这个领域的创新所带来的价值在时间上是有延迟的，不能够立竿见影，而且人工智能很难像华丽的交互界面那样为人所感知。如何在不确定的预测面前寻找确定性的业务结果，并带来可量化的价值，确实是困扰着机构和人工智能从业者的一大难题。所以，我希望本书能够为即将开展人工智能工作的人们提供一个相互理解与信任的平台，在这个平台中，他们能够了解人工智能的思维框架与运行逻辑，从而更有效地进行规划与交流。

最后，我想感谢在我从事人工智能工作以来，指导和帮助过我的师长、同事和合作伙伴，以及一同在这条路上探索的同人们。本书中许多观点的形成得益于和你们的讨论、交流以及思想碰撞。本书的部分内容源于我给中高层管理人员授课的材料，学员们的反馈坚定了我写作的信念。矫凤涛和刘书颉在本书写作过程中给予了大力协助，在此表示衷心的感谢。

“路漫漫其修远兮，吾将上下而求索。”虽然人工智能时代已经到来，但道路险阻，前途未知。幸运的是，同人们探索和深耕的决心，以及社会各方对人工智能的关注与支持，一直为我在这条路上的前行提供动力。我相信，人工智能的发展，未来可期。